ARTE INDÍGENA
CATEGORÍAS, PRÁCTICAS, OBJETOS

María Alba Bovisio y Marta Penhos

Coordinadoras

ENCUENTRO
Grupo Editor

**Facultad
de Humanidades**

ENCUENTRO
Grupo Editor

**Facultad
de Humanidades**

ENCUENTRO
Grupo Editor

Título original: *Arte indígena: categorías, prácticas, objetos*
Coordinadoras: María Alba Bovisio / Marta Penhos
Colección Contextos Humanos
Serie Intercultura=Memoria + Patrimonio
Responsable de la serie: Alejandro F. Haber
Autores:

Ticio Escobar

María Alba Bovisio

Marta Penhos

María Hellemeyer

Gustavo Verdesio

Lucila Bugallo

Pablo Wright

Guillermo Wilde

Florencia Ávila

Alejandro Haber

Escobar, Ticio
    Arte indígena : categorías, prácticas, objetos / Ticio Escobar ; María Alba Bovisio ; Marta Penhos ; coordinación a cargo de María Alba Bovisio y Marta Penhos. - 1a ed. - Córdoba : Encuentro Grupo Editor, 2010.
    184 p. ; 24x17 cm. - (Contextos humanos. Serie Intercultura=Memoria + Patrimonio)

1. Arqueología. I. Bovisio, María Alba II. Marta Penhos III. Bovisio, María Alba, coord. IV.

Penhos, Marta, coord. V. Título
    CDD 930.1

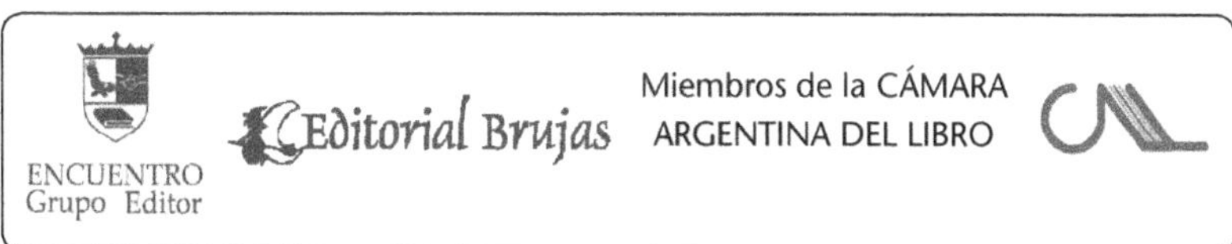

www.editorialbrujas.com.ar editorialbrujas@arnet.com.ar
Tel/fax: (0351) 4606044 / 4609261- Pasaje España 1485 Córdoba - Argentina.

Serie Inter/Cultura=Memoria+Patrimonio. Encuentro Grupo Editor,
Facultad de Humanidades, Universidad Nacional de Catamarca.
Colección Contextos Humanos

Índice

Introducción

María Alba Bovisio y Marta Penhos

Presentar este volumen en el año en que se celebra el bicentenario del inicio de los procesos de independencia en Argentina, significa darle una visibilidad diferente a obras, actores, fenómenos y contextos habitualmente ubicados en escenarios marginales o subsidiarios de la cultura argentina y latinoamericana. Pero no se trata de un gesto reivindicatorio que pretenda enaltecer y promover "lo indígena" considerado en bloque, y mucho menos "el arte indígena" como un cómodo recipiente en el que se depositen, de acuerdo a criterios importados, determinados productos y artefactos. La intención es más bien abordar la problemática del *arte indígena* con el fin de desmontar el surgimiento y diferentes usos de la categoría, presentando su articulación con prácticas y objetos diversos a lo largo de los siglos XIX y XX, y hasta el presente.

El "arte indígena" ha sido invocado desde distintos campos disciplinares -la arqueología, la historia del arte, la antropología, la sociología-, y desde prácticas políticas y económicas, sobre todo las referidas a la consolidación de identidades culturales y a la captación de un mercado turístico. En cada caso, esta difusa categoría adquiere sentidos, valores y significaciones muy diversas, ya sea que se la identifique con el arte prehispánico, el arte de pueblos etnográficos, un "arte popular" en el que perduran temas, técnicas, formas y/o funciones muy antiguas (prehispánicas o coloniales), o con un arte *for export* que remite arbitrariamente a "lo originario". En todos estos sentidos posibles subyace una referencia que legitima la categoría: la referencia al pasado indígena, ese pasado que la arqueología (re)construye a partir de las huellas de la cultura material. En este punto la problemática arqueológica se cruza con la de las otras disciplinas y prácticas, planteándonos una multiplicidad de preguntas a partir de las cuales proponemos pensar y discutir: ¿existe un "arte indígena"?, ¿quiénes y para qué lo crearon o lo crean?, ¿cómo se articulan el pasado y el presente de las diversas expresiones plásticas identificadas por medio de la categoría?, ¿qué disputas se juegan en la interpretación de esas expresiones "artísticas" del pasado?

Indagar el pasado para entender el presente ha sido una de las premisas básicas de la historia. Por ello conviene preguntarse quién indaga ese pasado indígena y con qué sentido, quién lo define e interpreta, en suma quién se apropia de esa historia y qué hace con ella. La pregunta por el "arte indígena" es una pregunta por el pasado indígena, reactualizado a través de sus imágenes, y por el sentido que puede adquirir esa reactualización según los paradigmas de tiempo, historia y cultura que se pongan en juego.

Existe un conjunto de publicaciones de diferente carácter e intención que pueden considerarse antecedentes significativos de la temática que nos ocupa. Haremos referencia a algunas de ellas, mientras que en la bibliografía de cada capítulo se aportan además otros títulos que resultan pertinentes para cada perspectiva o caso específico.

En un primer grupo encontramos libros dedicados sobre todo a relevar y ordenar diseños prehispánicos (la mayor parte de éstos ya dados a conocer en trabajos de arqueología), y en ocasiones a interpretarlos desde un punto de vista estético-filosófico. Es el caso de los textos de César Sondereguer, en los que aparecen ejemplos de Mesoamérica, Andes, NOA y Norteamérica desde el preclásico hasta la conquista, catalogados de acuerdo a nociones propuestas por el autor como: "figurativo-idealista", "abstracto-figurativo", cruzadas con variables temáticas: shamanes, felinos, serpiente, deidades del mantenimiento, etc.: *Arte cósmico amerindio,* 1999; *Arquitectura precolombina,* 1998; *Amerindia, introducción a la etnohistoria y a las artes visuales precolombinas,* 1999; *Civilización amerindia, Tipología histórico plástica,* 1998, este último en colaboración con Carlos Punta. Hay que mencionar también los trabajos de Juan José Rossi, como *Diseños nativos de la Argentina. Clásicos y actuales*, 2005, que trae un CDRom con imágenes.

Existen además en el mercado editorial innumerables títulos dedicados a las distintas comunidades -"arte mapuche", arte wichi", etc.- que presentan ejemplos de piezas y diseños sin hacer mayor énfasis en su interpretación. Un ejemplo es el pequeño libro de Leticia Muñoz Cobeñas que trata sobre el *Arte indígena actual. Noroeste argentino*, 1987, e intenta recorrer su "historia, problemas y perspectivas", aunque en la introducción pasa a hablar de "arte mestizo actual".

Otro rango de publicaciones son aquellas que identifican el arte indígena con el arte popular, entre ellos: Tomás Lago, *Arte popular chileno*, 1985; o Pedro Martínez Massa, *Artesanía en Iberoamérica. Un solo mundo,* 1992. Muchos de los autores de estos libros son especialistas en folklore y se limitan a una descripción de técnicas de producción artesanal tradicional sin problematizar la producción y las definiciones en torno a ésta. A raíz del Quinto Centenario se realizaron gran cantidad de muestras de arte prehispánico y de arte popular, y la categoría "arte indígena" funcionó sobre todo aplicada a este último. Los numerosos catálogos publicados incluyen textos muy generales, de carácter introductorio, como *México artesanías. Identidades mexicanas*, 1992; o bien *Viva o povo brasileiro. Artesanato e arte popular*, 1992. Hay también libros sobre producciones específicas vinculadas a la problemática de la artesanía, por ejemplo el de Catherine Good Eshelman, *Haciendo la lucha. Arte y comercio nahuas en Guerrero*, de 1986, dedicado a la producción de amates pintados.

Desde una perspectiva antropológica resultan sobresalientes los aportes de Ana María Llamazares y Carlos Martínez Sarasola sobre diferentes expresiones artísticas de pueblos indígenas. Se trata de varios artículos que se pueden consultar en la página www. desdeamerica.org.ar, así como el libro editado por estos autores *El lenguaje de los dioses. Arte, chamanismo, y cosmovisión en Sudamérica*, 2004, en el que se indaga la relación aludida en el título a través de estudios sobre arte prehispánico, música indígena del Chaco y sobre platería, textiles, cerámica y simbología del color entre los mapuches. También hay que mencionar *Arte indígena. Tesoros precolombinos del Noroeste Argentino*, el catálogo de la exposición realizada en el Museo de Arte Hispanoamericano de Buenos Aires en 2006, que cuenta con textos de Llamazares, M. Sarasola, y Nicolás Kriscautzky. En Chile, Pedro Mege y Margarita Alvarado han publicado varios textos sobre etnoestética mapuche, especialmente aplicados a textiles y cerámica, del primero *Arte textil mapuche*, 1990; de Alvarado "Perfiles para una genealogía del textil" de 1996, y "La tradición textil mapuche y el arte del tejido", 1999. Como puede advertirse, muchos de los textos citados están relacionados con exposiciones en las cuales rigieron diversos criterios de catalogación de los objetos, considerados "arte", "arte indígena" o "artesanía".

Desde un punto de vista teórico destacamos los libros de Ticio Escobar, abocados específicamente al arte de comunidades vivas del Paraguay, ya que plantean una discusión sobre categorías y conceptos, que si bien está referida a la producción de los grupos etnográficos que son su objeto de estudio, puede ser retomada para una reflexión más general. Mencionaremos *Mito del arte, mito del pueblo*, 1991, *La belleza de los otros. Arte indígena del Paraguay*, 1993, y *La maldición de Nemur. Acerca del Arte, El Mito y El Ritual de los Indígenas Ishir del Gran Chaco Paraguayo*, 1999. Hay que citar también los trabajos de Néstor García Canclini, que dentro de su contenido tratan casos de artesanías indígenas, como la producción de amates o la cerámica de Ocumicho (en *Culturas híbridas. Estrategias para entrar y salir de la modernidad*, 1990, y antes en *Las culturas populares en el capitalismo*, 1982). Sin ser libros enteramente dedicados al tema del arte indígena, no pueden soslayarse a la hora de revisar los antecedentes y distintos abordajes de la temática. Algo similar sucede con el texto de Mirko Lauer dedicado a la artesanía producida por el campesinado indígena, *Crítica de la artesanía, (plástica y sociedad en los Andes peruanos)* de 1982.

También es necesario tener en cuenta un número doble del Boletín de la Sociedad Suiza de Americanistas de 2000-2001 que contiene artículos en español y francés de colaboradores latinoamericanos y europeos con la coordinación de Gerhard Baer, Manuel Gutiérrez Estévez y Mark Münzel, bajo el título *Arte indígena y antropología*. Los artículos están dedicados a problemas teóricos puntuales vinculados con arte etnográfico de comunidades de distintos países latinoamericanos, por ejemplo, "Lo efímero en el arte de los indígenas sudamericanos", "La metamorfosis como principio estético", etc.

Buscamos en este volumen separarnos de los estudios realizados desde una perspectiva particular, así como de aquellos enfocados en tal o cual segmento del *arte indígena*. Para ello, por una parte planteamos una historiografía de la categoría, haciendo centro en su papel y funciones en diferentes relatos disciplinares en Argentina, lo que resulta una revisión necesaria para avanzar en el estudio del tema. Por otra, se amplía el espectro de los casos estudiados, al sumarse a los objetos etnográficos el material arqueológico y la producción y prácticas de una diversidad de actores en distintos contextos espacio-temporales: grupos indígenas del pasado, poblaciones actuales de origen indígena, poblaciones mestizas, indígenas y criollas, individuos de comunidades indígenas.

Se tratan así los alcances y límites de la categoría con la intención de abrir el tema a una pluralidad de perspectivas teóricas y metodológicas a través de revisiones historiográficas, estudios de caso y análisis de distintos materiales y fuentes. El volumen incluye una serie de reflexiones, por parte de autores provenientes de diversas disciplinas -historia del arte, antropología, arqueología y estudios culturales-, acerca de qué modelo de tiempo ha guiado la lectura de las imágenes identificadas con el arte indígena, y dialécticamente, qué modelo de imagen identificada como indígena ha orientado la lectura del pasado.

El recorrido propuesto se abre con un texto de Ticio Escobar que retoma muchas de sus reflexiones sobre los conflictos que presenta el propio concepto de *arte* en cuanto se lo aplica al ámbito de lo indígena, así como los que acarrean las diversas prácticas estéticas de las etnias cuando entran en situación de contacto o colisión con el modelo de mercado. La primera parte considera las razones que justifican el empleo del concepto *arte indígena* para referir a producciones plásticas etnográficas (plumaria, cerámica, cestería pintura corporal, etc.) a pesar de su cuestionamiento desde la teoría estética occidental, basado en la imposibilidad de discernir en ese tipo de productos la esfera estética de aquellas políticas, religiosas, etc. y en la inviabilidad de pensar dichas producciones en términos de géneros artísticos. Escobar opone a esta concepción el reconocimiento de modelos de arte alternativos a los de la modernidad occidental, refuta el prejuicio colonialista afincado en la existencia de formas culturales superiores e inferiores, y afirma que "la ausencia de autonomía estética no significa privación de lo estético" tal como lo demuestran las expresiones implicadas en el ámbito ritual. En la segunda parte, esboza dos rápidos cuadros que buscan facilitar la comprensión de las diferentes maneras que tienen los pueblos de asumir el impacto de aquel modelo, partiendo de la premisa de que las formas básicas del arte indígena se organizan en torno a dos matrices: el mito y la economía. Indaga en la problemática del cambio, es decir las apropiaciones y reelaboraciones a través de casos estudiados en sus trabajos de campo: el arte de los guaraní, grupos tradicionalmente agricultores, y el de los grupos chaqueños cazadores-recolectores.

En "La invención del "arte indígena" en la Argentina" estudiamos el surgimiento de la categoría en distintos relatos que se ensayaron en la primera mitad del siglo XX en la Argentina, y en algunas de sus proyecciones hasta el presente. Las preguntas que guían el texto son cuándo, por qué, para qué y para quiénes fue inventada esta categoría y qué pretende designar. El análisis se centra en primer lugar en los trabajos pioneros de los "padres" de la arqueología del NOA, Samuel Lafone Quevedo, Adán Quiroga, Juan Ambrosetti y Salvador Debenedetti, vinculados a la utilización del concepto de "arte indígena" identificado ya sea con el de "las antiguas civilizaciones de la Antigüedad", ya sea con las "artes decorativas". El segundo núcleo de análisis está dedicado a la construcción de la categoría en la producción de intelectuales americanistas ligados al ámbito de las artes y conocedores de los desarrollos de la arqueología del NOA, como Ricardo Rojas y Ángel Guido, que fundan su discurso en la necesidad de promover una cultura nacional nutrida de los aportes indígenas y españoles. El arte autóctono, identificado con las producciones prehispánicas, será concebido como la vía para alcanzar una sensibilidad estética americana. Este afán americanista entronca con la perspectiva de la Escuela del Sur, encabezada por el pintor uruguayo Joaquín Torres García, que ubica al arte indígena en el concierto del Arte Universal. Perspectiva que toma un nuevo impulso en los años '60 con la obra teórica y plástica de artistas como César Paternosto. Finalmente, abordamos la circulación de la categoría desde la década del '90 en el mercado turístico-artesanal, donde se halla vinculada con la promesa al extranjero de llevarse "objetos impregnados del espíritu de las poblaciones originarias".

María Hellemeyer estudia en el capítulo siguiente de qué modo los aportes teóricos realizados por los fundadores de la arqueología y la antropología argentinas se proyectaron en las prácticas sobre los restos materiales de los indígenas, es decir cómo se llevó a cabo la construcción del concepto de "arte indígena" de acuerdo al lugar que se dio a dichas producciones en distintos recorridos museográficos a partir de fines del siglo XIX. En ellos la autora advierte diferentes operaciones de catalogación, espacialización y temporalización atravesadas por el paradigma científico evolucionista. Una de estas operaciones es la atención centrada casi exclusivamente en las piezas arqueológicas, con el consiguiente desmedro de los objetos etnográficos, que trae como consecuencia la identificación de los grupos indígenas argentinos con el pasado del país, mientras se opaca su presente como actores culturales. Hellemeyer toma como casos el Museo de La Plata, el Museo Etnográfico y el Museo Nacional de Bellas Artes para identificar los cambios operados a lo largo del siglo XX respecto de los relatos museográficos decimonónicos, y también las inquietantes pervivencias que tienen en la actualidad.

Por su parte, Gustavo Verdesio explora los mecanismos por los cuales el concepto "arte" permea dos importantes publicaciones norteamericanas -*Early Art of the Southeastern Indians. Feathered Serpents & Winged Beings*, de Susan Power, y *Hero, Hawk, and Open Hand. American Indian Art of the Ancient Midwest and South*, editado por Richard F. Townsend y Robert V. Sharp- que tratan sobre objetos indígenas de las sociedades del territorio del *Midwest* y el Sureste de los actuales Estados Unidos conocidas por haber construido "cerritos" o *mounds*. Los autores estudiados insisten en atribuir un carácter artístico a las producciones de estas culturas precolombinas, a pesar de que las diferentes funciones que la mayor parte de los objetos cumplían en su sociedad de origen nada tienen que ver con la noción moderna de "arte." Para el análisis de esta cuestión Verdesio utiliza una perspectiva fenomenológica, de corte heideggeriano, que abre posibilidades interpretativas con base en el discurso filosófico occidental sobre el ser y el significado de las cosas. Al final del capítulo introduce una reflexión sobre las razones de la ausencia de una atención semejante a las culturas constructoras de cerritos en Uruguay, donde no hay ni siquiera un discurso que intente dar cuenta (fuera de la arqueología como disciplina) del sentido e importancia de la cultura material indígena. El autor plantea la existencia de relaciones significativas entre la visibilidad de los objetos procedentes de los *mounds* estadounidenses y de los cerritos uruguayos y la visibilidad de las poblaciones originarias del pasado y del presente de cada país.

El capítulo de Lucila Bugallo ahonda en la dimensión estética de ciertos objetos y prácticas rituales de la Puna jujeña. La autora avanza sobre la problemática definición de los retablos o *urnas* como "arte indígena" para preguntarse si en su realización y uso estamos frente a una experiencia estética o si se trata de una experiencia religiosa, y si ambas esferas son susceptibles de entenderse por separado. En los casos estudiados la sacralidad excede el ámbito específicamente religioso y se proyecta a otros órdenes de la vida de la comunidad, como son los ritos productivos. La estética y lo sagrado son parte de un universo de símbolos y rituales que sustenta y da sentido a los objetos. En las *urnas*, derivadas de los retablos portátiles de la época colonial, se articulan el pasado y el presente de las culturas indígenas de la región y se imbrican una cosmovisión y un calendario ritual-productivo andino de origen prehispánico con las imágenes cristianas resignificadas.

El siguiente capítulo, escrito por Pablo Wright y Marta Penhos, aborda el estudio las características formales, expresivas y simbólicas de un conjunto de ilustraciones realizadas por Ángel PitaGat, un hombre de origen toba procedente de la provincia de Formosa. En los dibujos de Ángel, realizados en el contexto de varias investigaciones antropológicas llevadas a cabo tanto en Formosa como en Buenos Aires en la década de 1980 y en los años iniciales de este siglo, se plasman de diversos modos símbolos, ideas, mitos e interpretaciones de la historia toba. Ángel lleva a cabo una singular apropiación de los materiales disponibles (papeles, biromes, lápices que provienen del ámbito del antropólogo) y desarrolla una técnica apropiada para transmitir un rico y denso universo de formas significantes. No se trata de imágenes concebidas como productos dentro de una esfera autonómica del arte de acuerdo a una concepción moderna, pero tampoco son objetos pertenecientes a la tradición formal y técnica de los toba. Esta ambivalencia permite confrontar la categoría "arte indígena" con una producción *sui generis*, indagando en la capacidad de estas obras para agregar un plus de sentido a nuestra comprensión del mundo. Y abre también la posibilidad de pensar al arte como medio de comunicación intercultural, a la vez que como herramienta de apropiación simbólica y material por parte de "los vencidos": en aras de dar cuenta de su universo mitológico toba, Ángel hace suyos los materiales del dibujo occidental.

En la primera parte de su texto, Guillermo Wilde propone una revisión de las dos aproximaciones que se han dado sobre las expresiones visuales y sonoras producidas en las misiones jesuíticas de guaraníes durante los siglos XVI al XVIII: una basada en el análisis de las formas y la determinación de estilos artísticos, y otra en la contextualización sociocultural y política de la relación entre religiosos e indígenas. La definición de un supuesto "arte misional" motiva al autor a plantear interrogantes estéticos, culturales e ideológicos: ¿en base a qué criterios se establece la frontera de los "objetos artísticos misionales"? ¿revelan éstos un punto de vista indígena particular? En la segunda parte Wilde analiza algunas expresiones figurativas que resisten a las clasificaciones comúnmente aceptadas del "arte misional", y en la tercera ensaya una interpretación de algunos de sus posibles significados culturales y cognitivos. Cierra el texto la apertura de una discusión sobre la naturaleza de la producción y circulación de objetos "estéticos" en el ámbito misional.

A partir de la pregunta "¿La imagen lo es todo?" Florencia Ávila plantea, en el último capítulo del volumen, la revisión del papel del concepto de *estilo*, importado de la historia del arte, en las investigaciones arqueológicas, y su vinculación con las interpretaciones sobre la identidad de las culturas prehispánicas, en particular las del NOA. La autora revisa un amplio repertorio de textos para discutir la idea de que los restos materiales funcionen como el reflejo de una entidad cultural que se mantiene homogénea a lo largo del tiempo y del espacio. Su argumentación se basa en el caso de la producción plástica yavi, identificada con el estilo alfarero del mismo nombre adscripto a un extenso período cronológico (S. X- XVI) y a una amplia área circumpuñeña (Valles de Tarija y Sudeste de Lípez en Bolivia, II Región de Chile, y Quebrada de Humahuaca, y Selvas Occidentales de Jujuy, en el NOA). Propone pensar al repertorio plástico como una dimensión de la práctica social, y a las imágenes, en su relación con objetos concretos insertos en diversas redes sociales, como elementos activos, capaces de generar tramas significantes en constante cambio.

A través de la lectura de los diversos artículos se pone en evidencia el debate que se abre respecto al uso y validez de la categoría "arte indígena", fundamentalmente en torno a la posibilidad de transformar la categoría misma de "arte" construida desde una episteme occidental en un instrumento que dé cuenta de los productos y prácticas surgidos en otros marcos epistémicos. En el caso de Escobar la reivindicación de la categoría supone la superación de los límites de los conceptos mismos de "arte" y "belleza", propios del occidente moderno y fundamentalmente de la estética kantiana, y la reconstrucción de esas categorías desde paradigmas que den cuenta de expresiones donde belleza, eficacia ritual y mecanismos de interacción con la modernidad capitalista, se dan la mano. Entiende esta reivindicación como un gesto político que afirma el derecho de la producción surgida de sistemas particulares de sensibilidad a ser considerada "arte". Cabe aquí la pregunta: ¿el afirmar el carácter artístico y/o estético de las producciones no-occidentales responde a una necesidad nuestra o de los otros?

En nuestro artículo intentamos demostrar que el periplo de la categoría de "arte indígena" da cuenta de las necesidades del occidente moderno, ya sea desde una visión positivista-evolucionista, ya desde una americanista-nacionalista. En este sentido proponemos una redefinición de las categorías centrada en la noción de arte como lenguaje expresivo (visual, musical, etc.) cuya especificidad lo vuelve irreductible, y de lo estético como experiencia sensible generadora de sentido. No se trata, entonces, de privilegiar las producciones indígenas con un título consagratorio sino de concebir el arte y la cultura latinoamericanos ya no como resultado de copias, mezclas o mestizajes sino de diversidades que coexisten e interactúan en contextos de conflicto entre lo hegemónico y lo subalterno. De modo que la reivindicación del carácter de arte de la producción popular, etnográfica o prehispánica deviene una *praxis* al interior de las disciplinas mismas, en particular de la historia del arte latinoamericana que, o bien la excluye de sus dominios o bien la estudia en función de las apropiaciones que ha hecho el arte contemporáneo (en un sentido similar al que se estudia la máscara africana en función de la obra de Picasso).

La problemática disciplinar atraviesa el artículo de Hellemeyer, en el que se analiza el relato curatorial de tres museos que ponen en juego la concepción del arte prehispánico planteada desde las Ciencias Naturales, la Etnografía y la Historia del Arte o las Bellas Artes. La autora sostiene que únicamente en este último caso se ha considerado la dimensión estética de los objetos prehispánicos superándose la operatoria taxonómica evolucionista que subyace en los otros dos. Aquí surge el interrogante acerca de la pertinencia de la categoría de "arte indígena" en función de las disciplinas y los géneros: ¿por qué debería importar el carácter estético de un objeto prehispánico en un museo de ciencias naturales? Pero además: si lo estético y/o artístico es pensado no como una cualidad del objeto o un juicio del sujeto sino como un sentido surgido de una *praxis* relacional sujeto-objeto desde un marco epistémico propio, la consideración de las cualidades plástico-estéticas específicamente no sería ni más ni menos que la proyección de la autonomía de lo estético propia de la episteme moderna occidental en objetos surgidos de otras epistemes. Cabe, entonces, otra pregunta: ¿cuál es el lugar de los objetos plásticos no-modernos, populares, etnográficos, prehispánicos?; ¿es el museo?; ¿qué género de museo?

El texto de Verdesio problematiza esta cuestión al señalar que en aras de reivindicar el carácter artístico de objetos plasmados para cumplir funciones de culto, rituales, etc., se corre el riesgo de manipularlos en función de los modelos de "obra de arte" y de objeto "museable", obligándolos a ser lo que no son: obras para ser vistas en una vitrina en razón de sus cualidades estéticas. Asimismo, el autor advierte que en la medida que objetos y sujetos configuran una trama de significaciones, las operaciones en torno a los objetos tienen implicancias directas en relación a los sujetos que participan de esa trama. La manipulación de los objetos fuera de su contexto de origen los vuelve extraños/exóticos no sólo a los ojos occidentales sino a los de sus propios hacedores e interlocutores puesto que pasan a ser parte de otra red de significaciones. El objeto ritual en el museo de Bellas Artes es significado como obra de arte modificándose su condición ontológica.

Ahora bien, podemos pensar, tal como señalamos más arriba, en la posibilidad de que el concepto de arte se reconfigure a partir de la inclusión de objetos ajenos a los paradigmas hegemónicos, objetos cuya función no es la finalidad sin fin, ni la contemplación, ni la belleza como armonía formal, y cuyo valor simbólico no implica un valor de mercado. En este sentido se podría pensar en una operación con resultados inversos a los que Verdesio denuncia: no se trataría de trasformar a los objetos en obras equiparables a las obras de arte del occidente moderno sino de transformar o al menos tensionar, a partir de su inclusión en el contexto de las historias del arte, los paradigmas imperantes habilitando la posibilidad de acceder a otros modos de lo estético y lo artístico.

Respecto de esta posibilidad Bugallo abre un camino al encarar la indagación de las imágenes religiosas populares en relación con los significados profundos que sustentan prácticas estéticas como el "florar". Funda su reconstrucción del proceso de generación de sentidos a través de lo icónico y lo plástico en un sistema categorial indígena, que justamente da cuenta de esos otros modos de lo estético.

Por otra parte, el trabajo de Bugallo permitiría afirmar la existencia de una dimensión estética que, si bien está lejos de ser autónoma, es una dimensión específica e irreductible: se necesita lo plástico, el adorno, la flor, el hilo torcido de determinada manera y determinado color, etc. para generar sentido y lograr la eficacia ritual.

Podríamos pensar en una clave similar la necesidad que aparece en Ángel, el protagonista del texto de Wright y Penhos, de apelar al dibujo para contar sus sueños y explicar su cosmogonía. Pero en este caso se abre otra cuestión: la de lo artístico o plástico como modo de comunicación intercultural y la posibilidad de los indígenas de circular e incluso apropiarse de ámbitos, prácticas y cosas que parecían destinados sólo a los sectores hegemónicos, pero sin asumirlos como propios sino como parte de un modo de coexistir con el otro occidental.

El caso estudiado por Wilde da cuenta, en cambio, de otro proceso en el que los guaraníes, a través de la apropiación de imágenes cristianas, reelaboran conceptos nativos. Aquí lo plástico es la vía a través de la cual, gracias al desplazamiento a la imagen de atributos que antes estaban en el cuerpo, se puede garantizar la continuidad de sentidos en relación a la identidad. Wilde, en sintonía con la propuesta de Verdesio, descarta el término arte y adopta el de "figuraciones u objetos visuales", porque entiende que el uso de aquel concepto ha obturado la posibilidad de ver las experiencias y relaciones de los que estas figuraciones son indicios. Una vez más cabe preguntarnos en la posibilidad de habilitar un paradigma diferente del tradicional concepto de arte que ha operado en esta obturación y que desde el propio campo del arte se ha puesto en cuestión hace ya un siglo. Desde principios del siglo XX, con el dadaísmo y Duchamp a la cabeza, se ha intentado demoler la noción de arte como objeto bello, autónomo, producto de la creatividad individual y la pericia técnica, etc., y más allá de la perdurabilidad de valores clásicos en gran parte del pensamiento y la cultura hegemónicos, estos intentos denotan que el paradigma no es monolítico y está en constante reformulación. Podría plantearse, con razón, que estas tensiones son producto del desarrollo mismo del arte occidental al interior de su propio campo y que nada tienen que ver con los desarrollos expresivos y simbólicos acontecidos en otros campos de otras culturas. Si bien esta afirmación es cierta, el resultado de este proceso de crisis y quiebre propio del arte occidental moderno ha habilitado la posibilidad de deconstruir y reconstruir las categorías en función de generar instrumentos que permitan diálogos interculturales.

Por otra parte, los casos estudiados por Bugallo, Wilde, Penhos y Wright nos hablan a las claras de la necesidad del lenguaje plástico, asimilable al concepto de arte en la medida que no supone una "obra de arte" sino un objeto expresivo, como medio para generar sentidos específicos y garantizar determinadas funciones rituales, sociales, o comunicacionales. El enfoque planteado por Ávila respecto del "estilo" contribuye a la reflexión sobre esta cuestión. La pregunta que anima a la autora no apunta a la aceptación o no de la categoría de "arte indígena" sino a la definición del concepto de estilo articulado con el de valor estético. Propone pensar el estilo de las producciones de una comunidad como el modo de manifestación de los valores estéticos propios surgidos de un entramado de prácticas sociales generadoras de sentidos. De este modo, el estilo no es una característica plástico-formal de las cosas sino que es un sentido y un valor, vehiculizados a través de lo plástico, pero que se genera en la construcción de saberes intersubjetivos; de ahí la necesidad de apuntar a la reconstrucción de las *praxis* en las que se insertan los objetos para acceder al significado estético de los mismos al interior de dichas prácticas.

Este libro comienza entonces su periplo. Esperamos que llegue a muchos lectores, no sólo a estudiantes, profesores e investigadores de disciplinas académicas, sino a todos aquellos dispuestos a reflexionar sobre el papel del arte en la construcción de nuestra identidad a partir de la defensa de la pluralidad cultural. Pluralidad que implica no solo atender a los diversos actores que configuran nuestro presente sino también a los del pasado, encarnados ahora en piezas arqueológicas que guardan la huella de sus hacedores y que son resignificadas por sus descendientes (directos o indirectos), hacedores a su vez de artesanías, objetos de culto, *souvenirs*, o dibujos para el etnólogo. Proponemos, a través de estos ensayos, pensar en la existencia compleja y multivalente de un "arte indígena" como lugar de la memoria y de la identidad, y también de la superación del dolor y el olvido.

Arte indígena: zozobras, pesares y perspectivas[1]

Ticio Escobar

Forzado a circular de contramano en el curso de una historia ajena, el arte indígena presenta inconvenientes serios: problemas teóricos, por un lado; contrariedades en su desarrollo, por otro. Este artículo trata en forma breve tanto los conflictos que presenta el propio concepto de arte en cuanto aplicado al ámbito de lo indígena, como los que acarrean las diversas prácticas estéticas de las etnias cuando entran en situación de contacto o colisión con el modelo de mercado. Así, la primera parte considera las razones que justifican el empleo de un término conflictivo, como el de *arte indígena*. La segunda, esboza dos rápidos cuadros que buscan facilitar la comprensión de las diferentes maneras que tienen los pueblos de asumir el impacto de aquel modelo.

I. Un concepto sospechoso

Impugnaciones

A la hora de hablar de arte indígena, nos sale al paso una cuestión previa, fundamental, que parece impugnar la validez misma del término: ¿en qué sentido puede nombrarse lo artístico en relación a culturas en las cuales la belleza –la forma estética- no puede ser separada de los otros momentos que conforman el conjunto social? El concepto "arte" se refiere a objetos y prácticas que realzan sus formas para generar una interferencia en la significación inmediata de las cosas e intensificar, así, la experiencia del mundo. La operación artística añade un plus de sentido. Y trastorna, así, la percepción ordinaria de la realidad para representar oscuros aspectos suyos, inalcanzables por otros caminos.

Como cualquier otra forma de arte, el indígena recurre al poder de la apariencia sensible, la belleza, para movilizar el sentido colectivo, trabajar en conjunto la memoria y anticipar porvenires. Pero, cuando se trata de otorgar el título de *arte* a estas operaciones, la teoría estética occidental presenta en seguida una objeción: en las culturas indígenas, el conjunto de imágenes que ella reconoce como arte no puede ser desmarcado de las otras dimensiones de la cultura: la política, la religión, la medicina, el derecho, la ciencia, etc. En el interior de aquellas culturas ni siquiera pueden diferenciarse géneros artísticos: la representación escénica, las artes visuales, la literatura y la danza entremezclan sus formas en apretados tejidos simbólicos: complejas unidades significantes que no admiten secciones.

Esta confusión supone un mentís serio a la autonomía del arte, figura central de la

---

[1] Este texto ha sido publicado en el catálogo del Museo del Barro-Centro de Artes Visuales de Asunción, Paraguay. Condensa y le da continuidad a muchas de las reflexiones del autor presentes en sus libros, cuyas referencias se encuentran en la bibliografía.

Estética moderna, erigida abusivamente en paradigma de todo modelo de arte. Esta figura se funda en dos premisas claras: la separación entre forma y función y el predominio de la primera sobre la segunda. Apoyada en Kant, la Estética determina que son artísticos los fenómenos en los cuales la bella forma desplaza todo empleo que contamine su pureza con el interés de una utilidad cualquiera (los oficios del rito, las aplicaciones domésticas, los destinos políticos o económicos, etc.). Pero, aunque su cumplimiento constituya el requisito primero, la autonomía formal no basta para que una obra sea considerada artística. Hay otras exigencias demandadas por el sistema moderno del arte: la genialidad individual, la innovación, la originalidad y la unicidad: la obra debe ser creada *ex nihilo* y provenir de un acto exclusivo y personal, irrepetible. Y debe significar una ruptura en relación a la tradición en la cual se inscribe.

Ahora bien, tales características corresponden a notas particulares de un momento de la historia del arte, el relativo a la modernidad entendida en sentido amplio (siglos XVI al XX), y no es aplicable a muchos modelos de arte, como el indígena, cuyas formas no son autónomas (dependen de finalidades religiosas, políticas y utilitarias), ni son producto de un acto creativo inaugural (surgen, más bien, como expresiones colectivas, aunque recojan la marca individual), ni aspiran a constituir un renovación radical (apelan continuamente a la tradición, aunque la reformulen siempre). Pero esto no ocurre sólo en relación con las culturas indígenas: toda la historia del arte no moderno carece de algunos de los requisitos que éste exige como canon universal a todo sistema que aspire a ser calificado de artístico[2].

Esta arbitraria pretensión (la de hacer del arte moderno occidental el paradigma universal de cualquier forma de arte) produce una paradoja en el centro mismo de la teoría estética. Por un lado, ésta sostiene que toda cultura humana alcanza su vértice en el arte, entendido en sentido amplio como producto de una tensión entre la forma (la apariencia sensible, la belleza) y el contenido (los significados sociales, las verdades en juego, las señales esquivas de lo real). Según esta definición, el arte es patrimonio de toda colectividad capaz de crear imágenes intensas mediante las cuales busca interpretar su historia y reimaginar su derrotero. Pero, por otro lado, el sistema teórico del arte olvida pronto esta definición (o esencializa sus términos volviéndolos principios abstractos) y sólo reconoce como legítimamente artísticas aquellas obras que llenen las exigencias del formulario moderno.

Este sistema introduce una dicotomía entre los dominios exclusivos del gran

---

[2] En este punto se advierte claramente la paradoja que instala la manipulación ideológica del término *arte*. Para legitimar la tradición hegemónica ilustrada, la historia oficial no tiene problemas en aplicar el término *arte* a productos de culturas ajenas que confirmen sus valores o coincidan con sus políticas de representación. Esto ocurre aunque tales productos sean anteriores al concepto moderno de arte y, carezcan, obviamente, de sus notas. Nadie vacilaría, en efecto, en hablar de arte chino, griego, egipcio o románico, aunque las expresiones designadas con esos nombres no absolutizan la forma, ni esencializan la creación, ni idealizan el papel del artista.

arte –soberano, desdeñosamente separado- y el prosaico circuito de las artes menores, constituido por manufacturas artesanales (o hechos de folkore o de "cultura material") que integran el cuerpo social confundidos con diversas finalidades suyas, instrumentales siempre. La distinción entre el arte superior –que idealiza la forma borrando las huellas de su producción– y las artesanías –, que exhiben sus empleos y recalcan la destreza manual del artífice y la materialidad de su confección– escinde radicalmente el mapa de las prácticas estéticas. Allá, el artista genial, cuyas obras circulan en bienales, galerías y museos de arte; acá el industrioso artesano, cuyas hechuras se ofrecen en los mercados, las ferias y los museos de historia, arqueología o etnografía, cuando no de ciencias.

Defensas

Ante los escollos que presenta la Estética moderna, podría concluirse que, como lo concerniente a cualquier término, lo relativo al término *arte* depende de convenciones arbitrarias y se encuentra sujeto al vaivén antojadizo que fraguan las palabras. Sin embargo, en este caso, como en otros, los valores políticos, éticos y culturales que se encuentran en juego, justifican que sean desenmascarados ciertos dispositivos ideológicos que fuerzan el lenguaje y desvían el sentido de los nombres. Por eso, este artículo defiende el uso del vocablo "arte indígena". Al hacerlo, no sólo busca ensanchar el panorama de las artes contemporáneas, embretado por una visión demasiado estrecha de lo artístico, sino alegar en pro de la diferencia cultural: reconocer modelos de arte alternativos a los del occidental y refutar el prejuicio colonialista de que existen formas culturales superiores e inferiores, merecedoras o indignas de ser consideradas como expresiones genuinas, excepcionales. En consideración a estos supuestos, se argumentará en pro del término "arte indígena" mediante dos alegatos.

Los borrosos lugares del arte

El primero de ellos se basa en la recuperación del concepto tradicional de arte basado no en el desplazamiento de las prosaicas utilidades por las puras formas, sino en la tensión entre éstas y los contenidos. (Una tensión insoluble, cuya indecidibilidad adquiere un valor significativo en la comprensión del arte contemporáneo). Los hombres y mujeres de diversos pueblos indígenas trabajan la belleza no como un valor en sí sino como un refuerzo de diversas funciones extrartísticas. La fruición estética constituye una experiencia intensa, pero no autosuficiente: marca una inflexión en un proceso más amplio dirigido a movilizar complejos significados sociales, a rastrear el curso oscuro de verdades esenciales.

Ahora bien, la ausencia de autonomía estética no significa privación de lo estético. Aun sumergida en la materia espesa del cuerpo social, la belleza actúa furtivamente apurando desde dentro el cumplimiento de contenidos económicos, religiosos o políticos ubicados mucho más allá del círculo de la forma. Lo estético conforma una dimensión potente, pero contaminada con banales funciones utilitarias o graves fines culturales, oscurecida en sus contornos, que nunca coinciden con los perfiles de una idea *a priori* de lo artístico. Los colores más intensos, los diseños más exactos y las más sugerentes texturas e inquietantes composiciones operan más allá de la lógica de la armonía y de la sensibilidad: recalcan a través de la representación aspectos fundamentales del quehacer social y despiertan las energías latentes de las cosas forzándolas a revelar sus vínculos con lo extraordinario.

Pero lo estético tiene otro límite. No sólo no alcanza plena autonomía, sino que a veces es reforzado, o aun reemplazado, por otros dispositivos que producen el extraña-miento del arte sin pasar por la bella forma. Este recurso, especialmente notorio en las culturas indígenas, no es privativo de ellas: constituye un expediente propio del arte en general. La escena del ritual, ámbito cardinal del arte indígena, constituye un buen ejemplo de la concurrencia de trámites diversos en el hacer del arte (figura 1).

Figura 1 Debylyby, ritual ishir, c. 1989. Fotografía: Ticio Escobar. DDI (Departamento del Centro de Artes Visuales/ Museo del Barro).

Esa escena se encuentra contorneada mediante fronteras tajantes. Al ingresar en ella las personas y las cosas cruzan un tiempo distinto y quedan investidas de excepcional-lidad: expuestas ante la mirada, unas y otras se desdoblan entre su presencia ordinaria y la ausencia de lo que está más allá de sí y de lo cual ellas constituyen indicios. Los oficiantes devienen dioses; las cosas comunes, elementos consagrados. Ambos quedan provistos de un excedente de significación que los aleja de su propia apariencia y los vuelve radiantes y extraños. Quedan auratizados. Es evidente que la belleza constituye un medio privilegiado para encender las cosas y los cuerpos y cargarlos de inquietud y sorpresa: los atuendos plumarios, la pintura corporal, la música y la coreografía realzan la apariencia de los actores y los utensilios rituales, los inscriben en el circuito del deseo y la mirada. Pero hay otro camino para auratizar lo que ingresa en la escena; es la vía del concepto: estos objetos y personajes se vuelven únicos e inquietantes en cuanto se los sabe emplazados dentro del círculo que se abre en medio del mundo cotidiano. Independientemente de sus valores expresivos y formales, ellos se han vuelto distintos, distantes: especiales[3]. Ubicados en la escena ceremonial, la maraca del shamán, los bastones de ritmo, los ásperos tejidos de caraguatá y los cuerpos sudados adquieren, aun en plena oscuridad y en silencio total a veces, la energía de una pulsión que trastorna sus sentidos originales.

En el arte indígena, como en el contemporáneo, los límites entre lo que es y no es arte se vuelven borrosos, indecidibles. Dependen de posiciones de enunciación, de localizaciones pragmáticas: ya no existe un concepto a priori de lo artístico, cuyos contornos se encuentran entreabiertos siempre y sus notas dependen de valoraciones, de circunstancias, de puestos y estrategias.

Los poetas diferentes

El segundo alegato que aboga en pro del término "arte indígena" apela a argumentos políticos, ya citados. El reconocimiento de un arte diferente ayuda a discutir el pensamiento etnocéntrico y discriminatorio según el cual sólo las formas dominantes pueden alcanzar ciertas cumbres superiores del espíritu, rúbrica de la tradición ilustrada. Esta crítica puede apoyar no sólo la demanda de los territorios físicos, sino la reivindicación de sus jurisdicciones simbólicas: la autodeterminación de los pueblos indígenas requiere el respeto de los particulares sistemas de sensibilidad, imaginación y creatividad (sistemas artísticos) desde los cuales ellos refuerzan su autoestima, cohesionan sus instituciones y renuevan la vocación comunitaria. Defender la existencia de formas alternativas de arte puede, por último, promover otras miradas sobre hombres y mujeres que, cuando no son despreciados, sólo son considerados, desde la compasión o la solidaridad, como sujetos de explotación y miseria. Reconocer entre ellos los artistas, poetas y sabios obliga a estimarlos como figuras notables, sujetos complejos y refinados, capaces no sólo de profundizar en clave retórica su comprensión del mundo sino de aportar soluciones e imágenes nuevas al menguado patrimonio del arte universal.

---

[3] Esto ocurre con claridad también en el arte contemporáneo: fuera de la escena de la galería o el museo, ciertos objetos banales (el urinario de Duchamp) carecen de brillo y de magia; dentro, se cargan de energías que los impulsan hacia otros registros significantes. Nada ha cambiado en su forma, sólo su ubicación los ha transmutado.

II. Las notas del arte
Lo propio y lo ajeno

Las formas básicas del arte indígena se organizan en torno a dos matrices primordiales. La primera comprende los mitos -que fundamentan las certezas de la comunidad y sostienen el armazón de sentido colectivo- y los rituales shamánicos, religiosos y sociales –que, al escenificar el origen y el diagrama de lo social, lo vinculan con el deseo y la memoria y permiten conservarlo, reinterpretarlo e impugnarlo mejor. Las formas del arte comprometidas con tan importantes funciones son reconocidas como parámetros de autoidentificación tribal y tienen como soporte primero el propio cuerpo humano: las pinturas corporales, el tatuaje y el arte plumario, por un lado, la representación actoral y la danza, por otro. Dada la jerarquía de estas formas, ellas se encuentran provistas de fuerte energía expresiva y seguridad formal y actúan como las fuentes principales de donde otras manifestaciones extraen patrones y significados.

La producción económica constituye otro vigoroso núcleo fundador de creación artística: por ejemplo, la cestería, entre los guaraníes, y los tejidos en caraguatá entre los chaqueños (figura 3). Cuanto mejor se vinculan con la subsistencia comunitaria, más se arraigan estos objetos en el fondo oscuro de los imaginarios colectivos. Y más se vinculan con la narrativa mítica y la escena ritual y requieren diseños ajustados, certeras soluciones espaciales y fuerza significativa.

Figura 3: Ajaka. Cesta mbyá guaraní. Colección CAV/Museo del Barro. Fotografía: Susana Salerno y Julio Salvatierra. DDI (Departamento del Centro de Artes Visuales/Museo del Barro).

Tanto las formas nutridas o generadas en el espacio mítico ritual, como las relacionadas con las prácticas de subsistencia asumidas como propias –y características- de la comunidad, pertenecen al acervo más íntimo de la comunidad y constituyen una valiosa matriz de identificación social. Por eso, estas figuras primeras tienden a ser más persistentes. Aunque no existe ninguna forma inmutable y aunque hasta los resortes más íntimos de significación están expuestos a cambios, las sociedades protegen con celo las imágenes y discursos que las expresan, sostienen y dinamizan. Pueden transformarse las técnicas de la pintura corporal o la factura de los utensilios básicos, pueden enriquecerse o abreviarse las coreografías rituales y alterarse el guión del ceremonial, pero la clave última, la que no se muestra, es sustraída como una reserva básica de sentido: como el enigma radical, el reducto de la diferencia. Incluso las culturas étnicas del Chaco, cuyo *ethos* de cazadores-recolectores los vuelve más permeables a las innovaciones y abiertas a procesos transculturales diversos, custodian obstinadamente ciertas zonas densas de significación, sustrayéndolas en lo posible a los embates neocoloniales.

Más allá de este centro amurallado, crecen las formas periféricas, conectadas subterráneamente con las centrales, pero provistas de articulaciones más flexibles que las abren a las novedades técnicas y expresivas acercadas por otras etnias o por las vecinas culturas de campesinos, misioneros, comerciantes, estancieros o militares. En cuanto no comprometen los pilares que soportan la arquitectura simbólica, estas formas periféricas se exponen más libremente a juegos de apropiaciones, sustituciones y cambios. El arte de abalorios, basado en los cristales europeos traídos desde los primeros tiempos coloniales, la espléndida decoración de la cerámicas chiriguano y caduveo, los motivos figurativos de los tejidos de lana chaqueños, la talla zoomorfa de casi todos los pueblos, la cestería *ishir*-chamacoco o los dibujos *nivaklé*, constituyen ejemplos de complejos y fecundos procesos de hibridación que dinamizan el curso de las culturas. Y lo hacen proveyéndolas de nuevos recursos aptos para enfrentar los desafíos difíciles que plantean modelos económicos invasivos.

Las escenas del cambio

La tensión entre formas centrales y periféricas, presentada acá en forma tajante para su mejor exposición, remite a dos escenarios donde ubicar las cuestiones relativas al cambio en el arte indígena. El primero tiene que ver con las modalidades básicas del conflicto cultural creado por la acción de procesos coloniales y neocoloniales; el segundo, con las diferencias culturales propias de los pueblos indígenas: la manera de responder a aquellos desafíos depende de temperamentos particulares de los grupos, de sensibilidades propias y talantes expresivos específicos que se traducen, a su vez, en complejos artísticos diferentes.

Historias de pueblos y de estilos

El impacto que produce el modelo capitalista de mercado sobre las culturas tradicionales depende en sus características y resultados de las particularidades étnicas de los diversos pueblos indígenas. Debe considerarse la diferencia que existe entre los pueblos cazadores-recolectores (básicamente instalados en el Chaco) y los agricultores, que corresponden esencialmente a los guaraníes[4]. Los primeros, condicionados por el dinamismo de un tránsito constante y la inmediatez en la obtención de los productos, tienden a desarrollar sistemas culturales más flexibles, permeables a la incorporación de aportes transculturales. Los guaraníes se encuentran vinculados a territorios estables y sujetos al tiempo diferido de las cosechas. Esta situación, unida a complejos factores socioculturales, condiciona un régimen simbólico más conservador y desmarca con gravedad lo propio de lo foráneo.

Sobre esta distinción, que no indica más que tendencias, cabe diferenciar temperamentos expresivos que se traducen en estilos particulares del arte indígena. Nuevamente estamos hablando de condicionamientos y propensiones: ninguna explicación es suficiente en el plano de la producción estética. Y, conscientes de su limitación, estamos empleando categorías extrañas a las culturas indígenas: buscando exponer mejor ciertos conceptos, recurrimos arbitrariamente a denominaciones propias de la historia del arte universal, cuya extrapolación, si bien forzada, puede aportar referencias en un terreno baldío, omitido por esa historia.

Las oscilaciones del gusto guaraní

Los pueblos guaraníes orientales (los *païtavyterä, avá y mbyá*) promueven valores estéticos basados en la proporción y el ritmo, la armonía y la síntesis. Por equiparación, podría hablarse de una sensibilidad clásica: sus motivos decorativos responden a planteamientos y soluciones sucintas, sus diseños son nítidos y sus formas, equilibradas. Estas notas habían colocado el arte guaraní en las antípodas del impuesto por los misioneros, especialmente los jesuitas, cuyos exuberantes modelos barrocos significaban el extremo más opuesto del lacónico ideal guaraní. El arte plumario emplea pequeños manojos llamados "flores" (*poty*) cuya gama, escuetamente amarillo-rojiza, se relaciona con la fructificación del maíz, la luz solar y el fuego de las rozas; las túnicas ceremoniales de algodón, solamente conservados hoy por los *païi*, son siempre blancas y carecen de todo ornato; la pintura facial se reduce

---

[4] Esta oposición debe ser tomada sólo a título de referencia amplia. Por una parte, no sólo porque existen grupos pertenecientes a la familia lingüística guaraní que viven en el Chaco (chiriguanos) o desarrollan economías basadas en la caza y la recolección (*aché*), sino porque los propios guaraníes también practican la caza y la recolección. Por otra parte, y sobre todo, porque la hegemonía de los modelos capitalistas altera dramáticamente los modelos tradicionales de subsistencia: gran parte de los pueblos chaqueños, por ejemplo, debe complementar o sustituir sus prácticas de caza y recolección con actividades de pequeña agricultura y diversas labores de jornaleros. La ausencia de correctas políticas indigenistas provenientes del Estado, hace que, quebradas sus bases socioculturales, indígenas de todas las etnias, abandonados a su (mala) suerte, ni siquiera puedan acceder a estas alternativas y terminen sufriendo la más extrema marginación social.

a signos mínimos, rojos (*pai*) o negros (*mbyá*). Este rigor formal también se expresa en la manufactura de utensilios. La decoración de la cestería desarrolla una geometría estricta, hiperformalizada; sus cuerpos –así como los de la cerámica, hoy desaparecida– adquieren contornos exactos y tajantes. La economía visual guaraní se mantiene en las expresiones nuevas: las esculturas zoomorfas realizadas en madera de cedro revelan el empleo de líneas claras y composiciones depuradas, limpias de cualquier superfluo motivo ornamental.

Los guaraníes emigrados al Chaco desde los primeros tiempos coloniales, o quizá un poco antes, son conocidos comúnmente como chiriguanos o guarayos, aunque ellos se autodenominan *avá* o *mbyá*. La constante itinerancia que supone un movimiento migratorio tan importante, ocurrido a lo largo de mucho tiempo, así como los condicionamientos medioambientales radicalmente diferentes a los de la Región Oriental, promovieron esfuerzos dramáticos de adaptación para adecuar los conservadores principios de la identidad guaraní a los requerimientos cambiantes de una historia complicada. La gran ceremonia anual de los chiriguanos, llamada *areté guasú* (figura 2), expresa bien la forzosa elasticidad que hubo de adquirir la severa cultura guaraní: conserva la memoria del rito tradicional, pero lo hace desde una escena promiscua, aunque bien ajustada, que incorpora máscaras de origen chané-arawak, capirotes católicos coloniales, música andina y campesina paraguaya y disfraces provenientes del modelo del carnaval criollo, al que se acopla sin culpas.

Figura 2: Arete Guasu, ritual chiriguano, c. 1989. Fotografía: Ticio Escobar. DDI (Departamento del Centro de Artes Visuales/Museo del Barro).

La alfarería de los chiriguanos, hoy sólo realizada del lado boliviano, también constituye un ejemplo de hibridez transcultural bien manejada por el grupo: sus formas derivan de la inquietante cerámica guaraní (empleada tanto para usos culinarios como para los ritos de la chicha, el entierro y la antropofagia) pero adquieren pronto una soltura impensable en aquella: formas diversas y profusa decoración basada en motivos coloniales, chaqueños y subandinos.

Los *aché* se encuentran emparentados lingüísticamente con los guaraní, pero los rasgos expresivos de su cultura, nada tiene que ver con los de aquellos. De entrada, su economía de cazadores-recolectores marca una diferencia considerable y señala la existencia de registros visuales ajenos entre sí: por un lado, la estética seca y arisca, agresiva casi siempre, de los unos; por otro, la sensibilidad mesurada y sutil de los otros; ambas se cruzan sólo en su austeridad. Los *aché* han erradicado todo color de un mundo construido sólo con los tonos crudos de los elementos de origen natural y vegetal que utilizan; sus tejidos son ríspidos; sus adornos, erizados de colmillos salvajes; su cerámica, sombría y rotunda; sus pinturas corporales, amenazantes, oscurísimas. Son los únicos indígenas que no emplean tintes para colorear sus cuerpos y sus productos, pero también son los únicos que desprecian la gala de las plumas: sólo recurren a ellas, con un sentido meramente instrumental, para confeccionar las bases de sus flechas o pegar plumones al cuerpo en ciertas prácticas mágico terapéuticas. Pero este mundo áspero y huraño guarda una vena poética intensa: no sólo alcanzan sus expresiones una belleza dura e intensa, sino que sus cánticos-poemas transmiten una delicada calma y, aun, un lirismo inesperado que contrarresta la rudeza de las imágenes.

Las diferencias del Chaco

Desde el punto de vista de sus talantes estéticos, los pueblos cazadores-recolectores del Chaco pueden ser clasificados hoy en dos grupos básicos: los llaneros y los silvícolas. Sin embargo, una mirada histórica estricta exigiría incluir un tercer grupo: el de los caballeros y canoeros pertenecientes a la familia lingüística *guaykurú*. Comencemos por éstos, que constituyen una situación especial.

Los casos más interesantes de la estética *guaykurú* –de los cuales sobreviven en territorio paraguayo sólo los toba-*qom*[5]– se encuentran entre los *payaguá* y los *mbayá*, temibles jinetes éstos, aquéllos expertos navegantes del río Paraguay; agresivos saqueadores ambos, cuyos asaltos a los pueblos guaraní y criollos y a las embarcaciones, en el caso de los piratas payaguá, alcanzaron durante la Colonia estatuto de leyenda. Resultan especialmente notables los suntuosos motivos ornamentales de la cerámica y la pintura corporal de los *mbyá* caduveo, que combinan libremente retorcidos motivos barrocos de origen colonial con la esquemática geometría de influencia subandina acercada por sus

---

[5] El exterminio *payaguá* comenzó durante la Guerra de la Triple Alianza, a fines del S. XIX; la última mujer de ese pueblo murió en la década de 1940. Los *mbyá* emigraron de territorio paraguayo y se encuentran establecidos en la zona de Corumbá, Brasil.

vasallas guaná-chané. Esta exuberancia visual se vincula con la flexibilidad del mundo de los cazadores-recolectores, dinamizado, a su vez, por la movilidad ecuestre –practicada desde los primeros tiempos coloniales– y marcada por un aristocrático y exaltado sentido de ostentación etnocéntrica. Los *payaguá*, conocidos hasta fines del S. XVIII como "los altivos señores del Río Paraguay" eran eficientes canoeros y astutos comerciantes que, amenazados en su supervivencia a fines de la Colonia, terminaron negociando con los criollos de Asunción. En la periferia de esta ciudad desarrollaron una extraña cerámica de grandes formas que recapitulan las coloniales y las guaraníes. La estética de los toba-*qom* se halla asimilada a las pautas de los chaqueños llaneros, comentadas a continuación.

Pertenecientes a las familias lingüísticas mataco y *maskoy*, los pobladores de los grandes llanos del Chaco desarrollan formas fluidas y armoniosas, enriquecidas con influencias andinas y relacionadas quizá con la itinerancia continua, el panorama extenso y plano y el horizonte abierto, lejano siempre. El esteticismo ágil, casi liviano, de estos grupos se expresa bien en el particular refinamiento con que combinan los tonos, tanto en el elegante contraste entre los colores blancos de las plumas y los rojos de la lana teñida, como en las caprichosas oposiciones cromáticas de los abalorios (figuras 4 y 5). Los diseños de los tejidos de lana y caraguatá desarrollan un esquema geométrico básico, interferido por juegos imprevistos y transgresiones de su propia lógica. El minucioso pulido de las tallas en madera, especialmente las *nivaklé*, les otorga un aspecto sensual y delicado, diferente al de las severas esculturas guaraní y las contundentes figuras ishir.

Figura 4: Danza ritual maká, 2008. Fotografía: Ticio Escobar. DDI (Departamento del Centro de Artes Visuales/Museo del Barro).

Figura 5: Danza ritual maká, 2008. Fotografía: Ticio Escobar. DDI (Departamento del Centro de Artes Visuales/Museo del Barro).

Los zamuco (*ishir*-chamacoco y ayoreo) pueblan las regiones selváticas del norte chaqueño. Sus expresiones estéticas, condicionadas por este hábitat diferente al resto del Chaco, las influencias de los pueblos chiquitanos y su carácter extrovertido e impetuoso, se encuentran cargadas de un dramatismo que, prosiguiendo con el arbitrio de usurpar nombres de la historia del arte occidental, configura un estilo calificable de expresionista o romántico, de barroco a veces. Las técnicas, los materiales y las soluciones formales del arte *ishir* y ayoreo se desmarcan con nitidez de los de otros grupos chaqueños, muchas de cuyas figuras más características aquéllos desconocen (tejidos de lana, tapones auriculares, abalorios, tatuajes, etc.), aunque compartan otras (como los tejidos con fibras de caraguatá). El arte plumario de los zamuco es desmedido: mezcla colores y tipos de plumas que ningún otro grupo indígena combina y lo hace de manera profusa y desenfadada. Su vigorosa pintura corporal se basa en la tensión entre los tonos negros y rojos, mediados por el blanco a veces, y desarrolla, especialmente entre los ishir, una iconografía exuberante, ilimitada en sus motivos. Estos densos elementos constituyen un cuerpo visual vigoroso y radiante, un universo único sobre cuyas imágenes, como sobre las de todos los otros grupos, pende una amenaza fatal, conjurable quizá por las nuevas formas que crea el obstinado afán de supervivencia.

Tres figuras conflictivas

La expansión avasallante de la modernidad hegemónica sobre todas estas culturas tradicionales tiene consecuencias y alcances diversos, que podrían ser expuestos resumidamente mediante tres casos. El primero expresa la destrucción de tales culturas o, por lo menos, la de momentos importantes suyos. Comenzó con la Conquista europea de América sobre las poblaciones aborígenes originales que, sometidas por la acción cruzada de fuerzas militares y misiones religiosas, fueron arrasados en sus signos propios y obligados a adoptar los coloniales. El complejo mítico-religioso-ceremonial vertebra el eje de formaciones estéticas, políticas, económicas y jurídicas; desmantelado él, zozobran las instituciones y entran en crisis las referencias de la identidad social y los impulsos de la cohesión social. Una vez desmontado ese denso complejo simbólico, resultó fácil erradicar las otras formas: el arte plumario, la cerámica, la pintura corporal y muchas otras manifestaciones ya no tuvieron demasiado sentido en el espacio extraño que abrieron los misioneros. En medio de las ruinas de la cultura vencida, éstos impusieron sus propios modelos de arte; formas barrocas cuya profusión y vehemencia ocurrían en el otro extremo del mundo visual guaraní, escueto y mesurado. En muchos casos estos extremos llegaron a acuerdos y negociaciones (el llamado arte barroco guaraní), pero el conflicto entre el exceso barroco y la armonía del arte guaraní nunca pudo conciliarse.

El etnocidio histórico de la Conquista continuó luego de la Independencia, cruzó todo el siglo XIX y persiste hoy: de modo encubierto en ciertas prácticas discriminatorias e intolerantes de las sociedades nacionales y de ciertas misiones religiosas, y desembozadamente en otras (como la Misión *A Nuevas Tribus*), cuyos compulsivos métodos evangelizadores se basan en la demolición de toda creencia diferente, considerada hereje y bárbara. En pocos años, varias comunidades han sido presa de fulminantes prácticas etnocidas, que se complementan con brutales procesos de genocidio y ecocidio. Este programa se apoyó, se apoya, en el saqueo o la ocupación de los territorios étnicos y, en muchos casos, en la reducción de los indígenas, principalmente chaqueños, en reducciones misioneras donde se los adiestró para servir de mano de obra barata a los colonos y militares, así como a los habitantes de poblaciones cercanas. Este escenario no resulta propicio para el arte, y aunque ciertas formas reaparecen desde el fondo de una memoria quebrada o en pos de deseos nuevos, muchas otras han pasado a formar parte del registro arqueológico o han sido simplemente olvidadas.

El segundo caso se refiere al resguardo de las imágenes propias y comprende desde las situaciones históricas de rebeliones y de resistencia activa para proteger el territorio, los sistemas propios de vida y la autonomía política hasta las disputas en torno a la conservación y el sentido de formas particulares de arte. Diferentes pueblos indígenas desarrollan dramáticas acciones de defensa de sus creencias y usos. Mediante ellas, conservan hasta hoy matrices propias de significación, núcleos duros, inflexibles ante el asedio colonial aunque coexistentes con otras formas que negocian su supervivencia y se adaptan a las condiciones nuevas. Muchos rituales, como el *jeroky ñembo'e* de los *avá*, el *kunumí pepy* de los *paï*, el *areté guasú* de los chiriguanos, el *debylyby*, de los *ishir* chamacoco (figura 6), entre otros, mantienen con pasión la vigencia de su curso original, a pesar de que deben ser continuamente readaptados a condiciones nuevas, apremiantes siempre. Esta continuidad asegura la vigencia de potentes expresiones visuales vinculadas a la ceremonia: pinturas corporales y arte plumario básicamente. También se conservan diseños, técnicas y motivos de utensilios básicos ligados a la producción económica; por ejemplo, la cestería *mbyá* y *aché*, así como los tejidos de caraguatá *nivaklé* o ayoreo, siguen desarrollando básicamente sus mismos patrones de origen precolonial aunque deban siempre negociar sus alcances.

La última situación generada por el choque intercultural incluye los cambios, sustituciones y apropiaciones que, forzadas o seducidas, realizan las culturas indígenas al incorporar imágenes, soluciones, funciones o procedimientos occidentales. Estos casos afirman el derecho, y la necesidad, que tienen las diversas culturas a adoptar medidas de adaptación, indispensables para afrontar los retos que plantean las situaciones nuevas. Considerar que las formas del arte indígena se encuentran obligadas a permanecer siempre intactas e idénticas a sí mismas supone aceptar el criterio etnocéntrico que discrimina entre el derecho al cambio continuo que tendrían las culturas ilustradas y el congelamiento en el pasado que distinguiría las indígenas.

El arte indígena se encuentra ante el reto ineludible de asumir el peso casi insoportable del modelo adverso que se le ha venido encima. Para hacerlo, no tiene otra salida que reajustar muchos de sus códigos, patrones estilísticos, procedimientos, y aun sensibilidades, a los imperativos del régimen de mercado. Pero el peligro no radica en el cambio en sí, sino en la imposición del cambio. Si la comunidad logra mantener principios de autogestión desde los cuales decidir cuáles innovaciones le convienen y cuáles no, conservará sus posibilidades de producir imágenes capaces de corroborar las referencias identitarias, hacer recordar el relato primario y convocar, oscuramente, las huidizas señales del tiempo entero.

Figura 6: Debylyby, ritual ishir, c. 1989. Fotografía: Ticio Escobar. DDI (Departamento del Centro de Artes Visuales/ Museo del Barro).

La invención del arte indígena en la Argentina

María Alba Bovisio y Marta Penhos

Consideramos que las categorías pretenden "definir", es decir "ordenar" el mundo y que este "orden" implica siempre una ficción en el sentido de una "construcción/invención", motivada y fundada en una diversidad de intereses y supuestos. Con este punto de partida, nos proponemos indagar el surgimiento de la categoría arte indígena[1] dentro de los relatos que, desde diversas prácticas disciplinares, se ensayaron en la primera mitad del siglo XX en la Argentina. Nos preguntamos por qué, para qué y para quiénes se inventa esta categoría y qué pretende designar.

El relato canónico de la historia del arte aplica el concepto de "arte" en Latino-américa, desde la colonia, sobre todo a la producción occidental importada de Europa, y a ciertas obras y artistas que siguieron esas pautas, sumándose a partir del siglo XIX lo realizado en las academias locales, versiones de las europeas, donde se formarán los artistas nacionales. Desde el último tercio del siglo XIX los museos, salones y colecciones legitimarán un paradigma de arte basado, precisamente, en los cánones académicos. Mientras tanto, la producción plástica indígena será ubicada en el ámbito de "lo artesanal" y/o "lo popular". ¿En qué momento surge la idea de un "arte indígena", expresión que parecería conciliar lo inconciliable? ¿Es la paradoja de esta conciliación la que tensiona el uso de la categoría? Revisaremos, entonces, algunos de estos usos en la Argentina desde principios del siglo XX.

El "arte indígena" para los primeros arqueólogos del Noroeste Argentino

En los trabajos pioneros de Samuel Lafone Quevedo, Adán Quiroga y Juan Ambrosetti sobre la arqueología del Noroeste Argentino, el hincapié está puesto en el carácter de documentos históricos de los objetos arqueológicos y en el valor de las imágenes como textos con mensajes simbólicos; sin embargo, encontramos también algunas consideraciones acerca del valor "artístico" de estos objetos, que ponen en evidencia el parámetro fundado en la tradición greco-latina. A modo de ejemplo podemos citar lo escrito por Adán Quiroga sobre el "arte" del Noroeste Argentino:

Estos objetos de arte son tan importantes, tienen tal valor comparados con otros de las antiguas civilizaciones del Viejo Mundo, que muchas veces lo superan por lo admirable de la obra artística [...] en Santiago del Estero hánse hecho preciosos hallazgos. En

---

[1] Esta categoría surge aplicada a objetos (cerámicas, esculturas líticas, tallas, textiles, etc.), de modo que centraremos la discusión en el ámbito de las expresiones plásticas, conscientes de la posibilidad de ampliarla a los de la música, la danza y la literatura.

esta región, dice el Dr. Moreno: "vivió un pueblo dotado de un sentimiento artístico muy avanzado; la alfarería es aún mas fina, más elegante que las de Troya y Micenas en la Grecia Antigua…".[2]

Todas las apreciaciones referidas a la "belleza" plástica están atravesadas por la idea de que lo artístico pertenece a la esfera de lo bello (y de las Bellas Artes), tal como lo entendía la estética idealista, esfera a la que se accede a través de la emoción, la intuición, etc., y que nada tiene que ver con la labor científica del arqueólogo (supuesto que en gran medida sigue vigente hasta el presente).

En junio de 1928 una de las principales capitales del arte, París, le concede un lugar al arte precolombino en la célebre exposición *Les Arts Ancient de l'Amérique*, montada en el Pabellón Marsan del Louvre, dedicado a las artes decorativas. Esta exposición marca un hito por varias razones: por un lado, es la primera vez que se exhiben piezas prehispánicas presentadas como "arte", aunque claro está "arte menor", tal como se consideraba a las artes decorativas; por otro lado, articula la participación de antropólogos, escritores y artistas, algunos de ellos vinculados a la antropología argentina y la plástica latinoamericana. El etnólogo Alfred Métraux[3] y Georges-Henri Rivière, estudiante de música que llega a ser museólogo etnográfico, tienen a su cargo el montaje, y Raoul d'Harcourt, George Bataille, Paul Rivet y el propio Métraux, los textos del catálogo que publica la editorial G. Van Oest. A causa del éxito de la muestra, Rivet, director del Trocadero, contrata a Rivière para la reorganización de dicho museo, lo que dará origen al Museo del Hombre.

En 1931, nuevamente en París, se expone la colección Muniz Barreto y la misma editorial, G. Van Oest, publica el catálogo de esta muestra con un texto de Salvador Debenedetti, *L'Ancienne Civilization des Barreales…*, que formará parte de la colección *Ars Americana* (figura 1). El texto de Debenedetti expresa claramente la visión dicotómica entre arte y ciencia, y destaca el doble valor de las piezas: "científico", en tanto son documentos del pasado, y "artísticos", en tanto objetos bellos; a la vez que deja en claro que se trata de "obras de arte", pero identificadas con las "artes primitivas" y las "artes decorativas". En el prólogo, Paul Rivet insiste en el valor "belleza" dando a entender que es por éste, más allá del valor histórico que esos objetos tienen, que son dignos de exhibirse: "M. Benjamin Muniz Barreto [...] ha constituido la colección arqueológica más hermosa de las altiplanicies argentinas".[4]

---

[2] Quiroga, A., "Calchaquí, epopeya de las cumbres", 1893, p. 191.

[3] Métraux se instala en la Argentina desde fines de 1928 y funda el Instituto de Etnología de Tucumán, que dirige hasta 1934.

[4] "…avait ainsi constitué la plus belle collection archéologique des hautes plateaux argentin qui soit au monde", Rivet, P., prólogo a *L'Ancienne Civilisation des Barreales…*, 1931, p. 5.

Figura 1: Jarro Ciénaga, cerámica negra grabada, 14 cm. de alto, colección Muniz Barreto (M.L.P), incluida entre las piezas exhibidas en París y analizadas por Debenedetti en *L'Ancienne civilisation de Barreales...,* 1931.

Debenedetti aborda los aspectos "científicos" al describir los sitios, las características medioambientales, y al ubicar las piezas estratigráficamente, etc.; para luego concentrarse en los "valores artísticos" de las piezas, que denotan para el arqueólogo el alto "grado de evolución" de sus hacedores, quienes habrían pertenecido a "antiguas civilizaciones", merecedoras de un lugar destacado en la arqueología y la historia del arte americano[5]. Pondera a los ceramistas por la habilidad para seleccionar la mejor arcilla, modelarla con "prodigiosa maestría", decorarla de "una manera artística y segura"; señala también la "perfección de la cocción y de las formas", "la regularidad de la técnica, la "precisión en la ejecución", "solo comparables" a las de las cerámicas de Nazca[6]; suma a los valores técnicos, los plásticos: la evidencia de un "canon riguroso" y un gran "sentido de la composición", ante la cerámica ciénaga "se admira una y otra vez la perfección de las formas, la regularidad de la técnica y la precisión de la ejecución"[7].

---

[5] Debenedetti, S., *L'Ancienne Civilisation des Barreales,* 1931, p. 13.

[6] Ibidem, p. 14.

[7] "On ne cesse d' admirer la perfection des formes, la régularité de la technique et la justesse de l' exécution".

Pero, más allá o más acá de todos los elogios, en el discurso de Debenedetti, y en sintonía con el discurso del arte y la etnología de los años 1920 y 1930, queda claro que el lugar que le cabe a estas "bellas piezas" en el sistema de los artefactos culturales es el de "arte primitivo" y "arte decorativo". A propósito de la representación del hombre en estas cerámicas, el autor señala que tiene un lugar muy importante, "como en todas las cerámicas decoradas de carácter primitivo"[8]. Sostiene que se da una evolución desde un arte "naturalista" hacia uno "esquemático", donde el "artista primitivo" no pierde de vista los rasgos fundamentales de los motivos que representa, "basado siempre en la realidad del medio", y les atribuye valor de "símbolos", pero cuya interpretación no aparece como problema para el arqueólogo. Por otro lado, señala que estos objetos portadores de cualidades estéticas deben entenderse en relación a sus funciones ceremoniales y rituales, pero no ahonda en este aspecto porque el hincapié está en la valoración artística de la colección, como si ambas dimensiones fueran inconciliables en un único discurso.

El texto de Debenedetti se publica en el momento en que se está dando el pasaje del Museo Trocadero al nuevo Museo del Hombre, donde los objetos premodernos ("arte primitivo"), a la luz del humanismo etnográfico, devendrán "artefactos culturales". Este paso de un modelo de museo a otro implica la clara diferenciación de los paradigmas etnográfico y artístico. Paul Rivet, su director, emitirá una orden de uso interno en la que se declara contrario al tratamiento estético de los artefactos, y establece que éstos deben presentarse en contextos reconstruidos, interpretados y clasificados según su ubicación espacio-temporal y su función. Paradójicamente este afán científico implicaría la anacrónica integración del arte prehispánico al espacio de las culturas etnográficas, homologándose las expresiones de estados complejos como el inca y el azteca con el de organizaciones tribales de África y Oceanía -concepción consolidada por la etnología de Lévi-Strauss[9].

Además, volviendo a los valores que expresa el texto de Debenedetti, el arte prehispánico, en tanto presente rasgos que respondan a las obras de las "grandes civilizaciones", será merecedor de entrar en el ámbito del arte, aunque más no sea en el de las "artes menores", pero la producción plástica de los herederos de esas "antiguas civilizaciones", los indígenas y campesinos vivos, no será considerada como digna de ese ámbito y será confinada al espacio de lo artesanal, en el que nada tienen que hacer ni los amantes de las Bellas Artes ni los científicos.

La arqueología, conforme se consolida como disciplina científica, asume definitivamente la existencia de dos dimensiones inconciliables: la estética y la científica. El *Manual*

Ibidem, p. 15.

[8] "La représentation de l'homme dans la céramique de La Ciénaga et de La Aguada tient un place très importante, comme dans toutes les céramiques décorées de caractère primitif." Ibidem, p. 19.

[9] El periplo de la colección prehispánica de Nelson Rockefeller es elocuente al respecto: en la década del '30 dona parte de esta colección al Metropolitan de Nueva York. Sin embargo, el museo no considera pertinente incorporar esas piezas a su patrimonio y las envía al de Historia Natural. Recién en 1982 el Met los recibe pero en la sala *Artes de África, Oceanía y América*, donde se exhibe esta colección junto con piezas etnográficas.

de la Cerámica Indígena de Antonio Serrano, publicado en 1958, es elocuente acerca de
la concepción sobre los estudios de "arte" que imperó en los estudios arqueológicos hasta
entrada la década de 1960. Serrano afirma la idea de estilo cerámico como "índice [...]
para fijar áreas, secuencias e interferencias culturales", vale decir, como "fósil-guía"[10].
Privilegiando el hecho de que es uno de los materiales más abundantes y frecuentes en
el registro, lo adopta como indicador dejando de lado toda indagación problemática de
la relación iconografía/soportes. Aún cuando admite que habría que conocer el trabajo
en otros materiales, entiende que en el caso de "los pueblos cuya cerámica alcanzó un
alto grado de desenvolvimiento encontramos en ella la fuente más ponderable" de su
desarrollo artístico. Nunca explica a qué llama "artístico", pero se infiere que comparte
la misma concepción que sostenía Debenedetti casi treinta años antes. Le otorga también
a la cerámica un valor "mitográfico", que no problematiza sino que reduce a la idea de
que "el ceramista estampó en vasos sin duda de carácter religioso personajes míticos y
escenas cosmogónicas"[11]. En realidad, cuando desarrolla el análisis de la cerámica de las
distintas regiones se limita a describir motivos y clasificarlos, y jamás busca ese "valor
mitográfico". No contempla ninguna existencia específicamente plástica de las piezas,
ni sus avatares como "realidades expresivas", sino que considera a las cerámicas como
"documentos para el conocimiento de aspectos económicos y sociales del núcleo étnico
al que pertenecieron"[12], en otras palabras, como reflejos de la estructura socio-económica.
Queda claro en el capítulo II, "Normas para la descripción de la cerámica arqueológica",
que se ha asumido la idea de un análisis científico básicamente descriptivo y taxonómico.
El arqueólogo ha de considerar: el sitio de donde provienen las piezas (que será el "sitio-
tipo"), la materia prima, los tipos de pastas, las técnicas de elaboración, las morfologías,
el tamaño, la decoración, la distribución. Ya nada queda de ideas tales como "escritura
pictográfica", símbolos y metáforas, deidades y mitos. Aquello que no se puede describir, medir o pesar no merece entrar en el campo de una disciplina científica como la
arqueología.

El arte indígena para los americanistas Ricardo Rojas y Ángel Guido

La Historia del Arte como disciplina académica no otorgó demasiada atención
al "arte indígena" (ni del pasado, y mucho menos del presente): resulta ilustrativa la
consideración sobre el arte prehispánico del Noroeste Argentino que hace Schiaffino, el
padre de la Historia del Arte argentino, quien siguiendo el paradigma de Winckelmann
sostiene que los objetos de las culturas del pasado sólo alcanzaron un desarrollo artístico
homologable al de la cerámica griega arcaica[13]. En su texto más difundido, publicado en

---

[10] Serrano, A., *Manual de la Cerámica Indígena*, 1966, pp. 7-8.

[11] Ibidem, p. 13.

[12] Ibidem, p. 8

[13] Schiaffino, E., *La pintura y la escultura en la Argentina*, 1933, p. 53.

1937, José León Pagano, retomando un artículo periodístico del crítico de arte Francisco de Aparicio, eleva la consideración del "arte diaguita" parangonándolo al de la "Edad de Bronce", sin sumar aportes significativos respecto de la comprensión y aprehensión de estas producciones plásticas[14].

Sin embargo, el surgimiento del Salón de Arte Decorativo en la Argentina hacia 1918 se acompaña de la aparición de la noción de "arte indígena" en el ámbito de intelectuales y artistas identificados con el nacionalismo nativista e indigenista. En el contexto del desarrollo de "las artes decorativas" hallamos, entre otros objetos, las cerámicas de Alfredo Guido y José Gerviño, de "inspiración calchaquí y peruana", que se exhibieron en la galería Witcomb de Buenos Aires. Estas manifestaciones fueron elogiosamente comentadas en revistas de arte porteñas como *Augusta*[15] y en medios gráficos nacionales como el diario *La Nación*, siempre en el contexto de las "artes decorativas o aplicadas"[16]. Es desde esta categoría que se rescata el "arte indígena", que también encontrará un espacio en las páginas de estas publicaciones. Por ejemplo, *Augusta* publica un artículo de J. Blanco Villalta que acompaña la publicación de las piezas traídas de La Rioja por el arqueólogo Eric Boman en 1914, en el que se destaca la belleza de estas piezas concebidas en un remoto pasado americano[17].

Dos figuras, cuyas posturas convergen de modo elocuente, tienen un lugar destacado en el desarrollo de los discursos americanistas: el escritor Ricardo Rojas y el arquitecto Ángel Guido, a quien el primero dedica su texto *El Silabario de la Decoración Americana*, definiéndolo como "arquitecto de *Eurindia*". Eurindia es el nombre no sólo de otro de los célebres libros de Rojas, sino de una verdadera "teoría" de América. En el *Silabario...* (1930) el autor retoma la propuesta de *Eurindia* (1924): promover una estética nacional y americana reivindicando el mestizaje hispano-indígena. La atención se concentra específicamente en las artes plásticas, con objetivos tales como: "conciliar la emoción indígena con la técnica europea" y extender "nuestra nacionalidad artística a todo lo americano". Se trata de una propuesta estética cargada de contradicciones y tensiones propias del pensamiento de la generación del Centenario, urgido de modernidad y nacionalismo, en un contexto donde aún quedaba pendiente un asunto crucial en el proceso de consolidación ideológica del estado:

---

[14] Pagano, J. L., *El arte de los argentinos...* El artículo de Aparicio se titula "Arte de los aborígenes del territorio argentino" y apareció en *La Prensa* en 1933.

[15] *AUGUSTA*, vol. I, Buenos Aires, 1918, revista de arte fundada por el galerista y coleccionista Franz van Riel.

[16] Con motivo del primer Salón de Artes Decorativas realizado en noviembre de 1918 podemos leer en un artículo de *Augusta*: "La sala que abarca en su conjunto obras de mayor mérito artístico es, sin duda alguna la destinada a representar tapices, alfombras y cacharros indígenas", cit. en Scocco, G., "El despertar de la cerámica: trabajo, compromiso y renacimiento", 2005.

[17] En similar sintonía se puede poner el proyecto de Pedro Figari, quien como director de la Escuela de Artes y Oficios propone incorporar el arte prehispánico como fuente didáctica. En 1916 un grupo de once alumnos y docentes acompañan a Figari a conocer el patrimonio arqueológico del Museo Etnográfico de Buenos Aires y del Museo de Ciencias Naturales de La Plata. El primero estaba dirigido por Ambrosetti, con quien Figari establecerá un fluido intercambio epistolar.

la definición de la identidad nacional[18].

¿Cuándo se inicia la historia de la nación argentina? ¿Quiénes fueron sus "fundadores"? Rojas ocupa un lugar clave entre los intelectuales nacionalistas que dieron respuesta a estas preguntas asignando a indígenas y españoles el rol de artífices de nuestra patria. Esta posición responde a una tendencia dominante en la redefinición del mapa político latinoamericano a principios de siglo, generada por la pérdida por parte de España de sus últimas colonias. La "Madre Patria" aparecerá como posible aliada frente a quien, de ahora en más, será visto como el enemigo potencial realmente poderoso: los EEUU. En este contexto se propugna la consolidación de la idea de nación no solo a través de la exaltación de las bondades del mestizaje hispano-indígena, sino de la necesidad de una "educación estética americana", entendiendo lo americano como resultado de ese mestizaje. Así lo propone Rojas en *La restauración nacionalista,* informe sobre la enseñanza de la historia realizado en 1909 por encargo del Ministerio de Justicia e Instrucción Pública. Ahora bien, la herencia hispana era la aprendida y aprehendida por todos (idioma, religión, costumbres), por ende, era necesario rescatar la herencia olvidada: el pasado indígena. Al respecto, Rojas proclama en *Eurindia*:

> El exotismo es necesario a nuestro crecimiento político; el indianismo lo es a nuestra cultura estética. No queremos ni la barbarie gaucha, ni la barbarie cosmopolita. Queremos una cultura nacional, como fuente de una civilización nacional, un arte que sea la expresión de ambos fenómenos. Eurindia es el nombre de esta ambición[19].

En este sentido será necesario impulsar tanto el conocimiento "estético" de las culturas indígenas como el histórico. El primero a través del análisis de su arte (técnicas, diseño, composición, simbología) y el segundo mediante la investigación arqueológica. Conocedor de la arqueología y el folklore local y americano, Rojas reivindicó la importancia de los investigadores, no sólo en el ámbito específico de esas disciplinas, sino en el de la cultura en general. Dentro de su *Historia de la literatura argentina. Ensayos filosóficos sobre la evolución de la cultura en el Plata* (1922), en el volumen dedicado a "Los modernos" incluye a Juan Ambrosetti, Adán Quiroga y Samuel Lafone Quevedo, investigadores de arqueología y folklore calchaquí que analizaron la iconografía del arte indígena en relación con sus sentidos mítico-rituales, trascendiendo el contexto exclusivamente local, e insertando al Noroeste argentino en la tradición cultural andina.

No podemos ahondar aquí en el pensamiento de Rojas como lo hemos hecho en otros trabajos[20] pero vale la pena notar que su obra fue clave en la configuración de una geografía histórico-cultural jerárquica de la Argentina, dentro de la que se otorgaba sin-

---

18 Botana, N., *El orden conservador*, 1986.
19 Rojas, R., *Eurindia*, 1924, p. 20.
20 Bovisio, M. A. y M. Penhos, "La 'construcción' de América en la obra de Ricardo Rojas y Ángel Guido", 2002.

gular valor al Noroeste Argentino, mientras que se relegaba a los grupos indígenas de la llanura, que hasta hacía pocas décadas se resistían a someterse al estado nacional, a un estadio de salvajismo que conlleva la carencia de una producción cultural[21]. Para Rojas, el arte autóctono sería la vía para suprimir, a través de la configuración de una sensibilidad estética americana, el enfrentamiento entre indígenas y europeos. Sin embargo, no se interesa en absoluto por el arte producido por los indígenas y mestizos vivos, ni considera que este pueda contribuir en la construcción de la "sensibilidad estética americana". El valor nacional no habita en la cultura aborigen contemporánea sino en la de un pasado remoto. Rojas adscribe así a la reconstrucción histórica propuesta por Quiroga, Lafone Quevedo y Ambrosetti.

Respecto de Ángel Guido, su figura forma parte también del movimiento que concibió las formas artísticas como vías privilegiadas para la construcción de una identidad nacional. Si Rojas operó la valorización estética de la ornamentación prehispánica, Guido, junto con Martín Noel entre otros, participó de la restauración historiográfica de la producción de la colonia. Aunque con matices de acuerdo a cada país, el siglo XIX fue, en Latinoamérica, fuertemente antiespañol. El reciente pasado colonial era considerado una época de opresión y oscurantismo, y el arte y la arquitectura no escaparon a esa valoración. Dentro de las preocupaciones de algunos intelectuales latinoamericanos de la primera mitad del siglo XX, los estudios sobre arte colonial, a la luz de la revalorización del vínculo con España, ocuparían un importante lugar en la búsqueda de nuevas respuestas al problema de las identidades nacionales.

El texto más interesante de Guido es, sin duda, *Redescubrimiento de América en el Arte* (1944), en el que desarrolla ampliamente su postura[22]. La apelación a Eurindia funciona como marco y sentido de los contenidos analizados por Guido en cada capítulo. Las obras son tomadas como evidencia de un proceso mecánico de mezcla en el que sobre la base del barroco español se va imbricando la "voluntad de forma" indígena, dando por resultado un arte propiamente americano (figura 2). A partir de la obra de Guido la categoría "arte mestizo" o "estilo mestizo" tendrá una enorme difusión, consagrándose su uso hasta el día de hoy.

Es importante señalar que por estos años la historiografía del arte colonial se debatía entre corrientes hispanistas e indigenistas que buscaban definir y caracterizar una producción escasamente estudiada. La polémica llegó a rebasar el ámbito académico y adquirir, como en México, acusados ribetes políticos. El énfasis en la impronta española o en la herencia indígena para explicar las manifestaciones artísticas coloniales pronto dio paso a interpretaciones basadas en su conciliación, a través de ideas de *mezcla*, *fusión* o

---

[21] En aras de no exceder los alcances de este texto baste señalar que desde este lugar privilegiado del NOA en el pensamiento estético hegemónico (fundamentalmente porteño) implicó su reducción simbólica a una suerte de metonimia de "los valores de las antiguas civilizaciones".

[22] Algunos otros títulos de su producción: *Fusión hispanoindígena en la Arquitectura Colonial* (1925), *Eurindia en el Arte Hispanoamericano* (1930), *Estimativa moderna de la pintura colonial* (1943).

mestizaje cultural. Si "lo español" resultaba relativamente fácil de identificar, a través de la presencia de elementos de los estilos históricos en las obras coloniales, la consideración del elemento indígena tropezaba desde el inicio con su problemática definición: ¿qué es lo indígena en esas obras, una tendencia formal, la aparición o el énfasis en determinados temas iconográficos, o la marca de una difusa mano de obra? La posibilidad de conciliar ambos términos resultó sin duda atractiva para superar la dicotomía y buscar una renovada vía de valoración de la producción colonial. Los escritos de Guido resultan, en este sentido, esclarecedores. Dice en *Redescubrimiento...*:

Figura 2: Fachada de la iglesia de San Lorenzo de Potosí (Bolivia), siglo XVIII. Uno de los ejemplos paradigmáticos en los que Ángel Guido basó su interpretación de la "fusión hispano-indígena" en el arte colonial.

Tal es, pues, la influencia indígena americana en el Barroco español, sorprendida en sus dos aspectos: el objetivo y el subjetivo. Tal el *estilo mestizo*, maridaje maravilloso entre un arte europeo y un arte indígena.
Finalmente queda demostrada nuestra ecuación de arte planteada en un principio. Nuestro *arte criollo* del siglo XVIII es auténticamente, la suma real o mágica, de lo español con lo indígena americano[23].

La idea de *mezcla* de alguna manera permitía subsanar la cuestión de la indefinición de "lo indígena", al identificar los rasgos originales o notables de una obra con la presencia ya mestizada de los elementos formales, iconográficos o "espirituales" prehispánicos. La fortuna posterior de las categorías asociadas a la palabra *mestizo*[24], con su amplio abanico de significaciones, puede explicarse en parte por la aparente capacidad del término para aliviar la tensión entre dos polos opuestos[25].

Rojas y Guido no sólo afirmaron la existencia de un arte indígena entendido como arte prehispánico, sino que lo reivindicaron como fuente para la construcción de un arte nacional y moderno, que consolidara una estética americana. Sus escritos fueron claves en la conformación de nuevos discursos sobre la nacionalidad, sobre el lugar de la Argentina en el contexto latinoamericano y sobre su inserción en el concierto mundial. Utilizaron los incipientes desarrollos de la arqueología del Noroeste Argentino para fundar una prosapia entroncada con la prestigiosa cultura incaica, y encontraron en las obras del arte colonial expresiones genuinas de un mestizaje "feliz". Una versión del país en la que los indígenas del presente poco o nada tenían para aportar.

El "arte indígena" para los artistas del constructivismo

La exposición *Les Arts Ancient de l'Amérique* que mencionamos más arriba fue visitada por el artista uruguayo Joaquín Torres García, residente en Europa desde 1891, quien estaba imbuido del espíritu vanguardista europeo y atravesado por su adscripción a la filosofía neoplátonica y pitagórica[26]. Torres ve esa exposición el mismo año en que, como él mismo cuenta en su autobiografía, en su obra "se inicia otra cosa. El sentido arquitectural constructivo de su pintura. Se produce una disociación entre dibujo y color que quedan como cosas separadas pero en el tono, en el color y en la línea y no en lo

---

[23] Guido, A., *Redescubrimiento…*, p. 96.

[24] A partir de mediados del siglo XX los investigadores bolivianos Teresa Gisbert y José de Mesa revitalizaron el sentido de la palabra en las categorías "estilo mestizo", "pintura mestiza" y "arte mestizo" aplicadas a expresiones del arte colonial. El uso y significado de tales categorías fueron objeto de intensas discusiones entre especialistas en historia del arte y la arquitectura colonial, ver Penhos, M., "De categorías y otras vías de explicación: una lectura historiográfica de los *Anales* de Buenos Aires (1948-1971)", 2005. No obstante, han alcanzado una amplia difusión, encontrándose habitualmente en relatos museográficos y textos turísticos.

[25] Ver Penhos, M., "Hispanismo/Indigenismo: una tensión permanente", en prensa.

[26] Al igual que otros vanguardistas europeos y latinoamericanos, un amplio arco de personalidades desde Mondrian, Kandisnky, Itten hasta Ricardo Rojas y José Vasconcelos, entre otros.

representativo. Estos elementos ahora se representan a si mismos"[27]. Es decir, está arribando a su teoría y práctica del Universalismo Constructivo, que tendrá como fuente, además del arte clásico, las "artes negras" y las antiguas, y el arte precolombino[28]. A partir de 1930 va a "experimentar" sistemáticamente con imágenes tomadas del arte prehispánico, obras aztecas, mayas, incas y preincaicas, y de los indígenas de Norteamérica, considerando que estas culturas pueden ubicarse, al igual que las mediterráneas, entre las antiguas civilizaciones que supieron aprehender una verdad trascendente en la relación con la naturaleza (figura 3):

El hombre que nos antecedió supo distinguir perfectamente el espíritu que moraba en cada cosa y lo configuró en un signo. Y tal signo, para él fue un talismán. Su vista penetró más profundamente en la naturaleza que no la del hombre de hoy puesto que llegó a tal intuición: trascendió la materia. Todo fue espíritu para aquel hombre (y estuvo en lo cierto) el fuego, los vientos y el trueno, cualquier bicho o piedra...todo en su panteísta concepción universal[29].

Figura 3: J. Torres García, Construcción en negro y blanco (1938), témpera sobre cartón, 47 cm. x 60 cm. Iconos y palabras que refieren a la América prehispánica.

---

[27] Torres García, J., *Historia de mi vida*, 2000, p. 142.

[28] El hijo mayor de Torres, Augusto, trabajaba en el Museo del Trocadero y ambos lo recorrían con frecuencia para admirar las colecciones de "arte primitivo".

[29] Manifiesto N° 2, Montevideo, diciembre 1938, reproducido en *La Escuela del Sur. El taller Torres García y su legado*, 1991.

Para Torres García la regla de oro era "el eslabón que nos une a través de los siglos" y que permite alcanzar la meta de traducir ideas trascendentes a símbolos geométricos. Excede las posibilidades de este texto ahondar en la cuestión del "primitivismo" en este artista, pero interesa señalar que su perspectiva, a diferencia de la de Debenedetti y los antropólogos del Museo del Hombre, integra en una unidad universalista los valores plásticos y mágico-rituales del arte. Propone "no copiar" el arte precolombino sino "identificarse con el espíritu de los creadores", que lograron la síntesis entre abstracción y figuración a través del símbolo pictográfico, "signo talismán".

Respecto de su valoración del arte prehispánico, dice Mari Carmen Ramírez:

Lo que Torres García definió como el orden abstracto o universal no solo sirvió para legitimar la cultura prehispánica en el contexto de las civilizaciones del mundo, sino que situó su contribución artística al mismo nivel que la de las civilizaciones clásicas de la Antigüedad. El principio de la universalidad en la forma abstracta que vinculaba la contribución artística de los incas a la de los egipcios o la de los griegos arcaicos implicaba el derecho de los latinoamericanos no solo a participar del legado de las civilizaciones universales sino también a utilizar las convenciones de esas culturas en su arte[30].

Al instalarse en Montevideo en 1934, después de 43 años de vida y desarrollo profesional en Europa, con la intención de fundar una "Escuela del Sur", se acentúa su interés por el estudio del arte prehispánico andino. En 1944 concreta su proyecto con la apertura del Taller Torres García y la publicación en Buenos Aires de *Universalismo Constructivo*, obra donde compendia sus postulados en forma de lecciones teórico prácticas. La proyección de sus enseñanzas alcanzará a artistas de ambas márgenes del Río de La Plata, a los que trasmite su interés por ese arte, en particular por el arte incaico que "encajaba" mucho mejor que otras expresiones en su teoría del universalismo constructivo, ya que como el propio maestro señala: "la cultura inca [...] en su sencilla unidad [...] puede utilizarse como el modelo más conseguido"[31] (figura 4).

El americanismo de Torres se diferencia de quienes, como Rojas, reivindican el mestizaje hispanoameriano, ya que él propone retomar el punto en que quedó suspendida la historia de América:

...si queremos hallar altura, nobleza, mesura, orden [...] podemos hallar eso en la cultura arcaica del continente [...] Limpiarnos de vulgaridad y chabacanería (el gauchismo) y de la herencia de intriga [...] de los invasores [...] Fuésemos como fuésemos, puros o compuestos, con sangre indígena o no, por el hecho de haber nacido aquí nuestra consigna debiera ser, y fuésemos de Chile o de Méjico, del Plata o del Brasil, buscar a América: profundizar en la viva entraña de la tierra...[32]

---

[30] Ramírez, M. C., "La Escuela del Sur: el legado del Taller Torres García en el arte latinoamericano", 1991, p. 121.

[31] Torres García, J., *Metafísica de la prehistoria indoamericana*, 1939, p. 3.

[32] Torres García, J., "El Nuevo Arte de América", Montevideo, abril, 1942. *Universalismo Constructivo*,

Figura 4: J. Torres García, Monumento cósmico, granito, 2 x 4 m., Parque Rodó, Montevideo. Expresaría el logro de Torres que se propone al llegar al Uruguay: "plasmar en la piedra y en el muro lo que ya realicé en la tela con la ilusión de crear un movimiento en Montevideo que supere al de París promoviendo un arte monumental americano que retome la tradición originaria en el punto en que quedó interrumpida por la conquista", *Metafísica de la Prehistoria indoamericana*.

Esta lección será retomada por uno de los artistas argentinos vinculados con el legado de Torres García, que se destaca porque también él articula una riquísima producción plástica con una no menos rica producción teórica, César Paternosto. Este artista, residente desde hace más de 30 años en Nueva York, encara a partir de los años 1960, a la luz de la abstracción geométrica y el minimalismo, la búsqueda de una identidad fundada en los valores ancestrales de la cultura latinoamericana, valores que la conectan con una dimensión humana universal. Rescata el arte precolombino como "...arte abstracto que florece gracias a los parangones simbólico-estructurales de las artes aborígenes, es decir, las únicas artes originales del hemisferio, que en sus cualidades de equilibrio, proporción, ritmo, simetría, expresa un orden cósmico"[33].

Ahora bien, si en el caso de la concepción etnográfica el arte indígena prehispánico queda en el ámbito anacrónico de las culturas etnográficas, en los rescates de Torres y Paternosto (ambos complejos y dignos de discutirse extensamente) queda en el espacio metafísico de las "antiguas civilizaciones universales". En un caso se le pide a estos objetos, más allá de sus cualidades artísticas o por ellas mismas, que remitan a la alteridad etnográfica, en el otro esas cualidades lo remiten a la antigüedad originaria, existencia

---

tomo 2, Alianza, Madrid, 1984, p. 818.

[33] Paternosto, C., 1989, *Piedra abstracta. La escultura inca: una visión contemporánea*, p. 25.

atemporal, puesto que "su verdad" está más allá del tiempo[34].

En un texto posterior, Paternosto modifica esta demanda sobre el "arte prehispánico" y se preocupa de indagar críticamente en la concepción historiográfica que encuadró a éste junto con otras expresiones plásticas en el contexto de las artes tildadas de "decorativas", contexto en el que se incluyen las artesanías pasadas y presentes:

> ...toda manipulación de materiales –pienso en el tejido o en la cerámica- que no se ajustaba a las prácticas jerárquicas establecidas desde el Renacimiento pasó a ser marginal [...] en el mejor de los casos ahora oímos acerca de un "fiber art" (arte de las fibras), con referencia al tejido; sin embargo ¿a quién se le ocurriría llamar a la pintura un "arte del óleo"?[35]

Plantea la necesidad de confrontar con una cuestión ligada a su reivindicación del arte indígena prehispánico como el único original del continente: "la relación intelectual con esa herencia cultural permanece sin resolver: si no es de total negación, se prolonga en la ambivalencia"[36].

En su interés por decodificar la especificidad del arte prehispánico, en particular el andino, Paternosto sostiene la tesis de que, tal como el título de su texto lo expresa, la abstracción es un paradigma que da cuenta de una cosmovisión basada en un modelo conceptual expresado en la retícula textil:

> ...quiero volver la luz al sentido primigenio que el tejido tenía en las sociedades arcaicas como generador de formas artísticas-planas, abstractas. Mucho antes de que emergiera como hegemónico modelo eurocéntrico el concepto de "bellas artes"-centrado en la pintura de caballete-el tejido tenía un ascendiente indisputado en la generación de formas artísticas [...] Aún si los modelos desparecieron algunas formas derivadas del tejido ya anunciaban las escritura u operaban como eficientes sustitutos de la misma.[37]

En su reivindicación del arte indígena prehispánico subyace un supuesto teórico que define su carácter de arte por su adecuación al paradigma de la abstracción ideogramática, vale decir, el valor del arte indígena radica en su carácter de símbolo abstracto, y por ende, en definitiva, universal. Pese a la vuelta de tuerca que Paternosto propone en lo últimos

---

[34] Entre octubre y diciembre de 2006 se desarrolló en el Museo de Arte Precolombino e Indígena de Montevideo una exposición dedicada a los "Imaginarios Prehispánicos en el Arte uruguayo: 1970-1970". El texto introductorio del catálogo da cuenta de la vigencia de la mirada universalista: "Imaginarios...pretende ofrecer una muestra rigurosa de la filosofía que rige la misión del MAPI dentro del rico contexto cultural uruguayo, abierto a [...] todo viajero [...] que sale al encuentro de verdades universales y a maravillarse con las diversas manifestaciones con que el ser humano intenta explicarse a si mismo", *Imaginarios Prehispánicos en el Arte uruguayo: 1970-1970*, MAPI, 2006, p. 7. Cabe aclarar que el algunos de los artículos incluidos en el catálogo problematizan esta mirada.

[35] Paternosto, C., *Abstracción el paradigma amerindio*, 2001, p. 15.

[36] Ibídem, p. 75.

[37] Ibidem, p. 48.

años, perdura en el fondo de su concepción el legado neoplatónico de Torres.

El "arte indígena" para el mercado

El retorno de la democracia impulsó el surgimiento o restablecimiento de ferias artesanales urbanas y de ferias "tradicionales" en diversos puntos de la Argentina, en tanto que el crecimiento casi ininterrumpido del flujo turístico alentó el florecimiento de numerosos locales de venta de lo que se denomina "artesanía tradicional", de "proyección folklórica" o "arte indígena". En los "valores" invocados por el mercado en su apropiación de dicha categoría se ponen en juego tanto el mito originario y cósmico, el que remite a "lo autóctono", como la "funcionalidad folklórica" del antagonismo "arte vs. artesanía". Es sugerente el slogan bilingüe de *Wayra*, negocio con dos locales *for export* en barrios pudientes de Buenos Aires: "Origen, arte y cultura: en *Wayra* va a encontrar la mayor variedad de piezas *hechas a mano* de Argentina. Conozca los trabajos de *verdaderos artesanos indígenas* realizados con *técnicas milenarias*". En sus locales podemos encontrar: cerámica hecha con obvios tornos y hornos eléctricos y arcilla procesada industrialmente (sorprendente uso del concepto "milenario"), y "dijes con motivos de culturas prehispánicas argentinas" entre los que hallamos reproducciones en pequeña escala de máscaras chimú (sorprendente concepto de "nuestro" y de "argentino"); para no mencionar que en un relevamiento de los "artesanos indígenas" que venden sus piezas a *Wayra* nos topamos con casos de descendientes de europeos, residentes en ciudades como Córdoba y la misma Buenos Aires, por ejemplo, que se dedicaron a la artesanía como salida laboral frente a la desocupación.

Otro caso a mencionar es el de las remeras de algodón pintadas a mano con leyendas que las identifican como "Arte indígena del Sur", "Remeras con motivos de Arte rupestre argentino", que se venden en diversos puntos de la ciudad de Buenos Aires. Conviven en ellas motivos procedentes del arte rupestre de Cerro Colorado (Córdoba, 1500-1600 d. C.), de la Cueva de las Manos (Santa Cruz 10.000-5000 a.C.) y de ceramios de culturas tardías como Santa María y Belén (noroeste argentino, 900-1500 d.C.): mezcla de tiempos, espacios, soportes.

La aplicación de motivos prehispánicos a la decoración de diversos objetos funcionales o decorativos (sin referencia alguna a su soporte original, aunque es posible que se indique, a veces acertadamente, época y cultura a la que pertenecen) es uno de los "géneros artesanales" más exitosos que pueden hallarse en los principales circuitos turísticos de la ciudad de Buenos Aires, tales como la feria de Mataderos (figura 5), la de Caminito (barrio de La Boca), negocios del barrio de San Telmo, del barrio de Recoleta y de Palermo Viejo, y en otros sitios del país (figura 6). La falta de precisión, e incluso los errores, acerca de la procedencia y la ubicación histórico-cultural de las iconografías y técnicas adoptadas no representa impedimento alguno para despertar el interés del comprador extranjero e incluso del comprador urbano local, igualmente ajeno tanto

Figura 5: Feria de Mataderos: puesto de platería con "diseños mapuches" elaborada por orfebres porteños de ascendencia europea.

Figura 6: Mates con diseños de cerámica prehispánica del N.O. argentino en un negocio de "Artesanías regionales" en Colón, Entre Ríos.

al tiempo como al lugar al que remiten esas imágenes y prácticas. Ambos se muestras igualmente ávidos de adquirir piezas "exóticas" que les confirmen la existencia de "lo popular" como reservorio de las utopías por fuera de la historia y del mercado (casi a la manera de los románticos del siglo XIX, o de los surrealistas, neorrománticos del siglo XX). Los *souvenirs* seducen al turista, tanto por el contraste con los objetos de su vida cotidiana, como por la posibilidad de poder incorporarlos a su vida. En tanto expresión de lo que permanece siempre igual, "lo eterno" espera que lo auxilien en la ardua tarea de resistir el tiempo, el cambio, la muerte. Baudrillard señala que a los objetos "marginales" (los objetos barrocos, antiguos, exóticos, folklóricos) se los constituye en objetos míticos a través de "la nostalgia por los orígenes y la obsesión de la autenticidad"; el tiempo de estos objetos "es lo que tiene lugar en el presente como si hubiese tenido lugar antaño, y lo que por esa misma razón está fundado en sí mismo, es auténtico..."[38] Pero en el caso del comprador local, este arte indígena, en tanto representa "nuestro pasado actualizado en el presente a través de técnicas e imágenes milenarias", cumple además la función de generar la ilusión de comunión con ese pasado en el que míticamente está ese "nuestro" del que supuestamente participa.

El objeto prehispánico primero, y el artesanal después, entendidos como "arte indígena", adquirieron diversos sentidos, como signos polivalentes que fueron y son, pero en cierta medida en todos estos subyace el de "objeto mitológico", carácter ligado al de su extrañeza y antigüedad (real o imaginaria). "El objeto antiguo se nos da como mito de origen", afirma Baudrillard[39]. El Occidente moderno pareciera demandar en la construcción de los sistemas de objetos que posee (recolecta y colecciona), objetos excéntricos, espacial y/o temporalmente, es decir que remiten siempre al pasado, ya sea por antiguos o por etnográficos, ya que en su "premodernidad" aunque fueran coetáneos a los ojos de Occidente corresponden a etapas previas de su "evolución". Inscriptos en un pasado lejano, perdida su función original, se constituyen en objetos mitológicos existentes en un tiempo consumado, perfecto, el tiempo originario.

Refiriéndose a la exposición *Primitivismo en el Arte del Siglo XX* realizada en el Museo de Arte Moderno de Nueva York a mediados de los 1980, Clifford señala que "el catálogo logra demostrar no tanto una afinidad esencial entre lo tribal y lo moderno o siquiera una actitud modernista coherente hacia lo primitivo, como el deseo y el poder incansable del moderno Occidente de recolectar el mundo"[40]. La muestra, en la interpretación del antropólogo, ponía en evidencia el afán coleccionista ligado tanto a la necesidad de recuperar a través de esos objetos el tiempo originario perdido, como a la de negarle a los hacedores de estos objetos una historia y un presente propios. La concepción establecida desde el siglo XIX de que el tratamiento de objetos premodernos como "arte"

---

[38] Baudrillard, J., *El sistema de los objetos*, 1985, p. 83.
[39] Ibidem, p. 86.
[40] Clifford, J., *Dilemas de la cultura*, 1995, p. 235.

implica dejar de lado su contexto histórico original porque el arte es universal y atemporal (razón por la que a su vez la dimensión estética se excluye de la mirada científica de la etnología) da cuenta no sólo de la apropiación que la antropología hizo de estos objetos sino de la necesidad de que sólo puedan ser "estéticos" desde el paradigma etnográfico del "arte primitivo" o desde el paradigma de un esteticismo universalista.

Pero el arte indígena latinoamericano no sólo fue aprehendido y coleccionado en tanto "arte primitivo" sino que se le demandó, a través de la reivindicación de una estética americanista fundamentalmente mestiza, una función integradora o más bien, negadora del conflicto entre los indígenas y los blancos del pasado y del presente. Si el "arte negro"[41] fue reducido por la modernidad a la evidencia de que los primitivos concebían la forma como cubistas y expresionistas, recolectándolo para el *corpus* de las obras vanguardistas, las piezas prehispánicas y las artesanales (sobretodo su iconografía) fueron leídas en clave de la "simbología universal" donde convergían en plano de igualdad las "civilizaciones" que estaban en los orígenes de blancos e indígenas. El mestizaje se propuso como solución conciliadora frente a un choque de culturas, obviándose la realidad de un proceso que en América Latina se inserta en un ámbito de tensiones y conflictos entre los que se reconocen como subalternos y los que se pretenden hegemónicos. En una clave similar funciona para el mercado local la artesanía o" arte indígena que remite al pasado argentino y americano.

Ya sea concebido como "primitivo", como "mestizo", como "artesanía tradicional o "de proyección folklórica", el arte indígena latinoamericano termina instalado en la atemporalidad de un idealismo esteticista. Éste excluye la posibilidad de pensarlo como el resultado de creaciones merecedoras de ser estudiadas desde una perspectiva histórica interdisciplinaria que permita reconstruir la dimensión estética en la especificidad de las prácticas encaradas por sus hacedores e interlocutores.

Arte indígena: para qué y para quiénes

Retomemos, a fin de dejar planteadas algunas hipótesis, las preguntas iniciales que han guiado este recorrido: con qué fines y para quiénes se inventa la categoría "arte indígena". A nuestro entender el para qué de su invención a principios del siglo XX está signado por la necesidad del pensamiento hegemónico (moderno), encarnado en etnólogos, arqueólogos, historiadores del arte y críticos, de ubicar a la producción indígena, fundamentalmente la del pasado prehispánico, en un lugar concreto en la jerarquía de las Artes, el de las Artes Decorativas, incluidas entre las Artes Menores. De este modo se lo colecta, ordena y clasifica, reafirmando su lugar entre la producción de los subalternos. Su ubicación en el ámbito de las Artes se justifica al reconocerles un "valor estético" desde una perspectiva kantiana, vale decir, la experiencia estética remite a un valor universal

---

[41] Esta denominación se utilizó desde fines del siglo XIX y hasta mediados del XX en el ámbito de la etnología y de las artes plásticas para referirse al arte de Africa y Oceanía.

y atemporal, por fuera de la dimensión histórico-cultural. El reconocimiento de estos valores desde esta perspectiva es congruente con su inserción en la jerarquía de las artes desde un paradigma evolucionista tal como el proclamado por Winckelmann: el objetivo del arte es plasmar la belleza, cuyo ideal se encarna en el arte griego clásico del siglo V a.C, y el desarrollo del arte está determinado por el camino hacia ese ideal.

Ahora bien, una vez que se consolida la arqueología como disciplina científica de acuerdo al modelo de las ciencias naturales, la categoría de "arte indígena" queda fuera de su dominio en la medida que se descarta el problema del valor estético (descartándose también el de su valor semántico), y las piezas pasan a ser exclusivamente fuentes de información con valor documental que deben ser clasificadas. Serán los americanistas del ámbito de la historia, el arte y la literatura quienes sustenten esa categoría alentando tanto la consideración del valor estético como la del valor simbólico, y otorgándole un nuevo para qué: el de la configuración de una estética americana que da cuenta de los orígenes culturales de la Argentina. Se produce aquí una fisura en el ámbito del pensamiento hegemónico: al reconocer la existencia de un "arte indígena" que debe ser difundido en aras de desarrollar "una sensibilidad estética americana", los intelectuales americanistas entran en colisión con el discurso canónico de la Historia del Arte que, en sintonía con el proyecto modernista, anhelaba su consagración académica de acuerdo con los modelos europeos. Sin embargo, en su reivindicación del mestizaje son funcionales a la negación del conflicto subyacente en los proyectos modernistas.

Con el constructivismo queda planteada claramente la división de aguas en el seno del discurso de la historia del arte y de las artes plásticas: por un lado un discurso europeizante que dominará las academias durante la mayor parte del siglo XX[42] y por otro, el de las vanguardias americanistas y nacionalistas que propugnan la construcción de un arte moderno y propio buscando en el arte prehispánico las raíces de un arte original[43]. Se desdeña la idea de lo mestizo, pero se retoma la del primitivismo originario y una vez más el arte prehispánico queda atemporalizado y deshistorizado al ubicarse en un pasado americano mítico y remoto cuyas creaciones dan cuenta de un "orden abstracto universal". El para qué está determinado en este caso por la necesidad de la vanguardia latinoamericana de la primera mitad del siglo XX de construir una tradición propia y original. En el discurso más reciente de Paternosto el arte indígena, identificado específicamente con el arte prehispánico andino surgido del modelo conceptual de la matriz textil, no sólo se

---

[42] Una revisión a los programas de estudio de las escuelas nacionales de Bellas Artes, vigentes durante los dos primeros tercios del siglo XX (hasta el retorno de la democracia en 1983) y de las licenciaturas en Historia del Arte de las universidades nacionales (salvo en el breve intervalo del gobierno de Héctor Cámpora, 1973-1974) es elocuente al respecto: el estudio de la Historia del Arte se articula en base al desarrollo del arte occidental europeo, iniciándose con las "civilizaciones de la media luna fértil" y "culminando" con los "ismos" de principios del siglo XX (expresionismo, fauvismo, cubismo, futurismo, abstraccionismos).

[43] Peluffo, refiriéndose a la Escuela del Sur sostiene que "los referentes prehispánicos aparecen como la primer metáfora de enraizamiento", Peluffo Linari, G. *Historia de la pintura uruguaya*, tomo 2, Banda Oriental, Montevideo, 1999, p.75.

constituye en la evidencia de que los americanos contamos con una tradición original sino que se afirma su identificación con la abstracción. Aquí Paternosto propone revertir el relato canónico de la Historia del Arte Latinoamericano, centrado en la llegada, desde el siglo XVI en adelante, de influencias, aportes y modelos europeos, para reivindicar su origen prehispánico y para postular la existencia de una abstracción americana que se anticipa en siglos a la de occidente, producto tardío de un desarrollo marcado por la tensión figuración-no figuración. Los artistas americanos contemporáneos deben entonces abrevar en esas fuentes que nada le deben ni a Kandinsky, ni a Mondrian, ni a Malevich. El problema a nuestro juicio radica en la persistencia de un pensamiento esencialista que reduce "la cosmovisión americana" al paradigma de la abstracción, poniendo en un plano casi anecdótico la consideración de las particularidades histórico-culturales.

Como hemos visto los "para qués" variaron a lo largo del tiempo y de acuerdo a la filiación e intereses de quienes generaron los distintos discursos en torno al arte indígena, aunque, como ya señalamos, en todos funciona la necesidad de afirmar a esta producción en términos de "objeto mitológico". En este sentido parece quedar en evidencia que el "para quiénes" no incluye a los creadores de estos objetos o a los que podrían identificarse como sus descendientes. La necesidad de un arte indígena en la Argentina habría sido hasta el presente un problema fundamentalmente de los modernos occidentales, ya sea para la invención de orígenes propios, para identificar esos orígenes con un estadio ideal y utópico, para reconstruir una tradición artística independiente y original, para reconciliar a indígenas y españoles en una tradición mestiza, para garantizar un mercado de objetos "auténticos" y "puros", etc. Sin embargo, tal como los textos incluidos en este volumen demuestran, esta categoría puede ser repensada, reapropiada y reconstruida en aras de habilitar la posibilidad de un diálogo con los protagonistas, a través de la indagación de los sentidos e intencionalidades que dieron origen a los objetos del pasado prehispánico, como así también de los sentidos puestos en juego en el presente, tanto en relación con esos objetos como en relación a nuevas prácticas y concepciones post conquista.

A nuestro entender la posibilidad de reivindicar la existencia de un arte indígena referido a objetos prehispánicos y a producciones posteriores y actuales, implica atender a la existencia de un tipo de objetos cuyo sentido y función se pone en juego a través de un lenguaje específico, que podemos llamar plástico en tanto que opera a través de formas, colores, texturas, etc. Aquí la pregunta por la necesidad del "arte", como sistema de comunicación irreductible a otro modo, nos lleva a la cuestión estética o de la belleza, pensada no desde la experiencia moderna de lo bello autónomo sino ligada al sentido que se vehiculiza a través de lo plástico.

En uno de sus libros Escobar narra que cuando le preguntó al cacique Túkule, chamán de la comunidad *chamacoco* de Peichióta en el Chaco paraguayo, por qué agregaba en el centro de su brazalete ritual (*oikakam*) de plumas negras, verdes y amarillas una hilera de plumas rojas, este respondió:

Para que sea más hermoso […] Pero después sin desmentir lo dicho, agrega que el rojo significa el resplandor de ciertos seres sobrenaturales que él representará en el círculo ceremonial. También, explica después de un silencio, ese color llama a los frutos de la tuna y a las mieles transparentes de ciertas avispas salvajes. Por último, confiesa en voz baja, esa pieza le signa como persona y como miembro del clan.[44]

La belleza del rojo para Túkule implica la experiencia compleja de significaciones y asociaciones en torno a ese color, o mejor dicho en torno a las plumas rojas, una experiencia que, entendemos, sólo puede ser evocada a través de la forma, la textura y el color de esas plumas. Desde esta perspectiva la experiencia estética se constituye en un proceso de significación a través de lo plástico.

---

[44] Escobar, T., *La belleza de los otros. Arte indígena del Paraguay*, 1993, pp. 15-6.

Arte indígena o el triunfo del evolucionismo

María Hellemeyer

Estudios indígenas e identidad nacional

La antropología argentina nace como disciplina científica a fines del siglo XIX y, bajo el paradigma imperante del positivismo heredado de Europa, adhiere al modelo de las ciencias naturales y al evolucionismo spenceriano. Tal postura se condice con el proyecto de modernización del país representado por la generación del 80, que considera a las poblaciones indígenas desde el modelo sarmientino de *civilización vs. barbarie*: la *civilización* representada por la sociedad y cultura anglosajona es el modelo a seguir para superar el estado de *barbarie* identificado con los indígenas.

Como señala Madrazo[1], en esta etapa todavía no existe una clara definición de los límites de la disciplina antropológica sino que incluye estudios etnológicos, arqueológicos, paleontológicos, folklóricos y lingüísticos. Si bien una vertiente sigue el modelo descriptivo de las ciencias naturales, se desarrolla paralelamente otra con un interés filológico. Hija del colonialismo europeo, la antropología que sigue la primera de las orientaciones estudia a los "otros" colonizados (o a sus restos materiales) como parte del plan de dominación política y cultural. En esta perspectiva se inscriben los estudios de poblaciones indígenas funcionales a las políticas de exterminio en tanto están vinculados a las avanzadas militares previas a la Campaña del Desierto. Tal es el caso del trabajo de Francisco P. Moreno (1852-1919) y de Estanislao Zeballos (1854-1923), quienes desarrollan tanto tareas de investigación etnográfica y arqueológica como actividad política. En 1879 Zeballos redacta, a pedido de Julio A. Roca, *La conquista de 15000 leguas*, que sirve al entonces Ministro de Guerra para conseguir que el Congreso apruebe la financiación de la campaña de exterminio en las regiones de la Patagonia. El fruto del trabajo de Moreno y Zeballos fue una colección de "objetos", numerosos cráneos, piedras talladas y restos fósiles, que posteriormente formaría parte del patrimonio de museos como el de Ciencias Naturales de La Plata.

Como respuesta al modelo científico naturalista de la época los objetos fueron descontextualizados, operación que implicaba negar la identidad histórica de los indígenas a los que pertenecían e incorporarlos al reino de la naturaleza como una especie más: "… de ahí la necesidad de recolectar sus cráneos -pieza osteológica hipervalorizada por la antropología física de la época- para llenar los museos como prueba y demostración del fin de la historia indígena"[2]. Esta recontextualización de las piezas estuvo acompañada de

---

[1] Madrazo, G. "Determinantes y orientaciones en la antropología Argentina", 1985.

[2] Stagnaro, A. "La antropología en la comunidad científica: entre el origen del hombre y la caza de cráneos-trofeo (1870-1919)", 1993, p. 62.

una falta de interés sobre las personas reales a quienes pertenecían dichas producciones en tanto sus descendientes estaban siendo excluidos del proyecto de nación.

No sólo los "restos" fueron trasladados para su exhibición en museos sino que varios indígenas fueron tomados como prisioneros y obligados a trabajar como empleados[3] en el Museo de Ciencias Naturales de La Plata hasta su muerte, momento en que pasaron a sumarse a las piezas exhibidas en las vitrinas como patrimonio del museo[4].

Como exponente del positivismo evolucionista de esta etapa inicial se puede citar el caso de Florentino Ameghino quien, mediante sus estudios geológicos y paleontológicos en la región pampeana, llega a afirmar el origen sudamericano del hombre prehistórico. Paralelamente a estas investigaciones, se desarrollan estudios en las regiones del Noroeste argentino que incorporan una perspectiva de corte humanista. Tal es el caso de Adán Quiroga, Samuel Lafone Quevedo y Juan Ambrosetti. Este último suma a su formación en ciencias naturales un vasto conocimiento del folklore. Dichos investigadores bregan por una reivindicación del origen de la población indígena argentina comparable a las grandes civilizaciones de la humanidad.

Mientras el proyecto de nación de la generación del 80 incluye la necesidad de encontrar/inventar sus orígenes "tras el océano"[5], Quiroga, Lafone y Ambrosetti van a desarrollar una propuesta alternativa, específicamente en el estudio de la cultura calchaquí. Ambrosetti (al igual que Ameghino) niega la influencia incaica en la cultura calchaquí, y su análisis de los calchaquíes lo lleva a considerarlos como un grupo inculto. Al estudiar el simbolismo de la serpiente señala que: "los indios supersticiosos y por lo tanto fetichistas empezaron por temer y concluyeron por adorar [a la serpiente]. Su cerebro inculto nunca pudo dirigirse a lo bello porque el saber distinguirlo de lo que no es, requiere cierta educación intelectual que ni tenían [...]"[6].

La idea de que estas piezas pudieran identificarse con el "arte" queda excluida, ya que Ambrosetti no encuentra en ellas un ideal de belleza, lo que atribuye al bajo nivel intelectual de sus creadores. En contraste, Quiroga, en su búsqueda de un pasado glorioso idealiza la cultura calchaquí. Mientras que Lafone reivindica la civilización draconiana sosteniendo la teoría de que dicha cultura se desarrolló en época previa al imperio incaico y fue invadida por "hordas salvajes" calchaquíes, quienes entraron en contacto con los españoles y cuyos descendientes serían los pobladores actuales, representantes de un estado de salvajismo y falta de civilización. Señala Lafone: "En América, como en todas

---

[3] Podgorny y Lopes señalan que los indígenas presentaron resistencia a someterse al trabajo que se les imponía, ver Podgorny, I. y M. M. Lopes, *El desierto en una vitrina. Museos e historia natural en la Argentina 1810-1890*, 2008, p. 227.

[4] El 22 de junio de 2001, los restos del cacique ranquel Mariano Rosas fueron restituidos a sus descendientes en un acto declarado de interés cultural por la Cámara de Diputados.

[5] Haber, A., "Supuestos teórico-metodológicos de la etapa formativa de la arqueología de Catamarca (1875-1900)", 1995, p. 38.

[6] Ambrosetti, J., "El símbolo de la serpiente en la alfarería funeraria de la región Calchaquí", 1896, t. XVII, p. 224.

partes hallamos razas que fácilmente asimilan cualquier civilización [...] y otras que, a pesar de todo quedan nómadas, salvajes, cazadoras hasta el día de hoy, lo que sirve de disculpa a muchos para abogar por su exterminio"[7].

La civilización original estaba representada en las piezas coleccionadas que son comparadas con la belleza de las piezas de grandes civilizaciones antiguas. Al analizar la figura de la cruz en América, Lafone Quevedo sostiene que: "si en América más bien se relaciona la cruz con el agua y con los fenómenos atmosféricos [...] en el Viejo Mundo Neptuno, había tenido que ceder el lugar a Júpiter, aquel dios acuático, éste atmosférico [...]"[8]. De esta manera, identifica las piezas arqueológicas "más elaboradas" con esa civilización primigenia, comparable a las tradiciones culturales del Viejo Mundo, y los "más burdos" con los grupos invasores, ubicados en una Edad de Piedra americana que encuentra continuidad con el presente de algunos grupos indígenas. El criterio de selección de los objetos respondía a un interés filológico, de acuerdo con su potencial interpretativo hermenéutico. Tanto en Lafone como en Quiroga y Ambrosetti se encuentra la preocupación por la cuestión de la interpretación del significado de las imágenes[9]. Este interés lleva a los tres investigadores a plantear la existencia de ideogramas y signos fonéticos en la iconografía de las piezas indígenas. Lafone se pregunta: "¿Cuál es entonces la dificultad que nos priva de conceder que la cruz, el espiral, el meandro, el triángulo y tantos otros, sean símbolos de una lengua sagrada que sería propia de nuestra raza antes de la separación que produjo las diferentes etnias de la época prehistórica?"[10].

En el caso de Quiroga y Lafone el hecho de dotar a estos grupos de un sistema de escritura, requisito para identificarlos como "civilizados" dentro del paradigma evolucionista imperante, permite la comparación con las culturas clásicas y con culturas que poseían escrituras ideográficas

El interés por el significado simbólico de esos objetos constituye un caso excepcional dentro de la corriente positivista y es abandonado a medida que esta corriente reclama a la arqueología bajo sus postulados y la incluye dentro de las ciencias naturales. A partir de la década de 1970 y siguiendo la línea evolucionista, la arqueología, ligada intrínsecamente a los objetos materiales aborda el análisis de las imágenes con una fuerte influencia de la teoría clásica del arte, como puede verse en los trabajos de Alberto Rex González.[11]

Cabe señalar que no sólo desde la arqueología se construyó un discurso fundacional

---

[7] Lafone Quevedo, S. "Prólogo a *La cruz en América* de Adán Quiroga", 1977, pp. 12-13.

[8] Ibidem, 1977, p. 12.

[9] Bovisio, M. A., "Leyendo el pasado: los caminos del Arte y la Arqueología en la Argentina", 2004.

[10] Lafone Quevedo, S., op. cit., 1977, p. 12.

[11] En la medida que se asigna a la arqueología el estudio de las imágenes identificadas con la cultura material proveniente del registro arqueológico, la antropología social argentina contemporánea las ha excluido de su campo de análisis. En el caso de la antropología visual no se consideran las imágenes desde una perspectiva amplia que incluya producciones fuera del registro fílmico o a lo sumo fotográfico. Hasta hoy, la imagen sigue teniendo un carácter marginal dentro de las producciones de la antropología social y su aparición se limita, en la mayor parte de los casos, a una mera "ilustración" del texto escrito.

del origen de la nación, sino también desde la teoría y la historia del arte. Ricardo Rojas contribuyó a la idealización de lo indígena, rescatando su estética como aporte cultural fundamental para la construcción de la identidad nacional. La idea de "lo americano" resulta, a su entender, del mestizaje entre lo europeo y lo indio, que expresa en su concepto de Eurindia: "Eurindia es doctrina de amor, que aconseja ayuntar en cópula fecunda lo europeo y lo indiano. […] Queremos reducir ambas fuerzas en la unidad de un nuevo ser, y superarlas[12]".

Para lograr este ideal, Rojas propone tanto el estudio del arte indígena como de su historia, que enlaza en sus orígenes con la de una única civilización primigenia surgida en tiempos en que la tierra conformaba un solo continente, y considera a América como el lugar de origen de dicha civilización. Rojas también interpreta las imágenes como texto, específicamente como signos de escritura, justificando así el carácter civilizado de esta cultura originaria. Es notable que su valorización y rescate del arte indígena se restrinja únicamente a los materiales arqueológicos ya que no tiene en cuenta las producciones de los indígenas contemporáneos, que quedan excluidos del proyecto de construcción de la cultura "eurindia", sustento de la identidad nacional[13]. Pero el triunfo del positivismo va a terminar por anular los contradictorios intentos de Rojas por rescatar el valor de las culturas indígenas. En el proyecto de nación triunfante los indígenas son suprimidos, al mismo tiempo que queda anulado el valor cultural de sus producciones, tanto presentes como pasadas.

Dentro de este panorama surge la historia del arte como disciplina. Bovisio señala que la pretensión de Rojas de rescatar el arte prehispánico como pilar de la disciplina y herramienta de la educación artística nacional fue y sigue siendo marginal. Cuando la historia del arte se interesó por las producciones prehispánicas lo hizo desde el puro formalismo, despojándolas de su contexto socio-histórico, y tomando en consideración sólo sus aspectos técnico-formales. En cierta medida lo que trascendió del proyecto de Rojas fue la apropiación de "motivos indígenas" para aplicarlos al diseño contemporáneo pero trasformada en un gesto, no de rescate simbólico-estético, sino de una mera reelaboración formal[14]. Llama la atención cómo esta actitud sigue vigente, en tanto los últimos trabajos sobre diseño precolombino consisten en muestras de motivos agrupados por sus aspectos formales, descontextualizados y sin ningún tipo de análisis en torno a su significado y función originarios, etc.[15].

---

[12] Rojas, R., *Eurindia*, 1993, v. 1, p. 107.

[13] Esta paradoja ha sido señalada por M. Penhos en "Nativos en el Salón. Artes plásticas e identidad en la primera mitad del siglo XX", 1999, p. 117.

[14] Bovisio, M. A., op. cit., 2004.

[15] Como ejemplo se puede citar el libro *Mitogramas*, de A. E. Fiadone, 2004. Ver una crítica de este tipo de enfoques en Bovisio, M. A. y M. Penhos, "Introducción" de este mismo volumen.

El lugar de las imágenes: de la tierra al museo

Dentro de este panorama político y científico de las últimas décadas del siglo XIX, el surgimiento de los museos responde a la necesidad de "fosilizar" la historia indígena. Las piezas son desenterradas de sus contextos y desterradas de su historia al ser exhibidas de acuerdo con criterios de clasificación evolucionistas y universalistas, que escinden el presente del pasado indígena.

El Museo de La Plata

En 1877 se funda el Museo Antropológico y Arqueológico de Buenos Aires. Moreno dona su colección arqueológica, antropológica y paleontológica de más de 15.000 ejemplares y es nombrado director vitalicio de la institución. Con la fundación de la ciudad de La Plata en 1882, el gobierno decide trasladar ese museo, que dirigía Burmeister desde 1863, a la nueva capital de la provincia. En 1888, a partir de las colecciones de Moreno, se funda el Museo de Historia Natural de La Plata bajo su dirección. Burmeister sigue a cargo de la dirección del Museo Público, que pasará a ser el actual Museo Argentino de Ciencias Naturales. Ameghino, a su vez, es nombrado vicedirector del Museo de La Plata, y se le asigna la sección de paleontología (que acrecienta con su propia colección), pero sus diferencias con Moreno lo hacen renunciar tempranamente. Cuando el Museo pasa a formar parte de la Universidad de La Plata y se nacionaliza, se inaugura una nueva etapa en la que Moreno abandona la dirección y se hace cargo Lafone Quevedo, quien será Director del Museo y Decano de la Facultad entre 1906 y 1919. Moreno concibió al Museo como una herramienta de civilización, como un arma de instrucción en aras de la consolidación de la identidad nacional. Con la creación de la Universidad Nacional de La Plata, el museo comienza a desarrollar, paralelamente a su labor de exhibición, difusión y resguardo patrimonial, actividades de investigación y de enseñanza superior de Ciencias Naturales.

El edificio fue construido bajo la dirección de los arquitectos Carl Heynemann (alemán) y Henrik Aberg (sueco) entre los años 1884 y 1889. Su tipología responde a los cánones neoclásicos siguiendo el gusto arquitectónico de la época: la entrada, con un frente de columnas griegas, está custodiada por dos esculturas de tigres de dientes de sable realizados por el artista italiano Víctor de Pol. La mezcla de estilos griegos y precolombinos presentes en la ornamentación del edificio condice con una concepción estética alineada con la postura de Rojas en *Eurindia*, una fusión de elementos europeos y americanos.

Desde sus inicios, la disposición de los objetos exhibidos sigue un criterio evolutivo natural, que va desde la sección de minerales, pasando por los restos fósiles, hasta las especies animales y vegetales locales. En esa época, una segunda línea evolutiva del hombre y su cultura comenzaba con restos de la época glacial hasta los restos de los indígenas muertos durante las campañas militares. Actualmente sólo se exhiben piezas arqueológicas y no restos fósiles humanos. Como culminación de esta línea de evolución se encontraba la Sala de Bellas Artes (actualmente cerrada) y la Biblioteca.

En la planta baja, desde los orígenes del museo hasta la actualidad, la rotonda central exhibe frescos realizados por artistas europeos (inmigrantes) como Reynaldo Giudici, Emilio Coutaret, José Bouchet y Juan Jorgensen, que representan escenas de la vida "prehistórica" pampeana, incluyendo tanto animales como grupos indígenas (figura 1). Actualmente el museo propone continuar el recorrido en la Sala II donde se "pretende introducir al visitante en el concepto de evolución [ya que] los mismos principios rigen el funcionamiento de todo: una célula, un árbol, un dinosaurio, el hombre y el sistema solar" [16]. En la Sala III el eje de exhibición es el surgimiento de la Tierra y el origen de la vida desde una visión evolucionista que organiza su recorrido "de lo simple a lo complejo, de lo antiguo a lo moderno[17]". Las salas siguientes exhiben muestras de paleontología, entomología y zoología además de una sección de materiales arqueológicos egipcios. Un poco apartada del resto se encuentra una pequeña sala que recibe el nombre de Víctor de Pol, en donde hay muestras temporarias, individuales o colectivas de artistas contemporáneos, donde, precisamente no priman aquellos vinculados o pertenecientes a comunidades indígenas.

Figura 1: Rotonda central del Museo de La Plata con detalle de los frescos.

---

[16] www.fcnym.unlp.edu.ar

[17] Idem

Figura 2: Pieza Ciénaga, Museo de La Plata.

Situada en el primer piso, la sala de antropología biológica se encuentra actualmente cerrada puesto que se han retirado de exhibición los restos indígenas momificados. Según informes del museo, mediante esta acción "se atienden los reclamos de los descendientes de los pueblos originarios efectuados en diferentes foros, las sugerencias de códigos éticos internacionales y el espíritu de la actual legislación nacional[18].

En las salas aledañas se exhiben piezas arqueológicas de culturas de los Andes, de Mesoamérica y del Noroeste argentino (figura 2). Siguiendo la línea de evolución que marca el recorrido del museo, en este caso comienza con un mapa donde se indica el ingreso del hombre al continente americano en coexistencia con la fauna exhibida en las salas de paleontología. En los textos que describen el contenido de las salas americanas se hace referencia a "artistas", "artesanos", y al "enorme valor artístico" de algunas de las piezas exhibidas, como por ejemplo, los famosos "suplicantes" de Alamito del período formativo del Noroeste Argentino[19]. En contraste, llama la atención el texto sobre los ceramios de la cultura Chankay, de la costa central peruana, en el que aparece una valoración negativa: "de sus tumbas procede un tipo de cerámica peculiar, artesanalmente descuidada"[20]. Se evidencia así una visión valorativa basada en la calidad plástico-técnica.

---

[18] Idem

[19] Idem

[20] Idem

Otra de las salas americanas es la de Botánica donde se presentan especies vegetales propias del continente, en especial argentinas, en una elocuente organización: "siguiendo el sentido de circulación por la sala, las primeras vitrinas a la derecha muestran las plantas inferiores"[21]. Al parecer el criterio evolutivo rige la lógica de exhibición tanto de materiales naturales como culturales.

Sin embargo este criterio evolucionista presente desde los orígenes del museo fue transformándose histórica y políticamente. Como resultado de ello, puede observarse la sala de Etnografía donde se exhiben piezas provenientes de la región que se extiende desde Tierra del Fuego a los Andes, como así también de otras regiones de América y extra-americanas. La propuesta se distingue de la visión evolucionista que predomina en el museo, ya que se acompañan los objetos con una contextualización de la situación actual que viven los grupos indígenas. Dentro del proyecto de remodelación de dicha sala se señala que la misma "apunta a un mejor conocimiento de nuestras raíces culturales y a valorar la diversidad cultural como fundamento del diálogo entre culturas."[22] Se exhiben tanto piezas arqueológicas como contemporáneas, así como fotos y videos que registran prácticas actuales de los grupos presentados (figura 3).

Figura 3: Traje de la Morenada, Diablada de Oruro, en la sala etnográfica del Museo de La Plata.

---

[21] Idem

[22] http://www.fcnym.unlp.edu.ar/museo/salas/01_introducion.pdf

En la rotonda central del primer piso se exponen objetos provenientes de las Misiones Jesuíticas y, al igual que en la planta baja, se exhiben frescos de estilo naturalista y academicista, en este caso dedicados a paisajes de la Argentina. Cabe señalar que los indígenas no están presentes en ellos, a diferencia de los frescos de la planta baja cuya temática general es la Prehistoria.

En los inicios del museo el recorrido culminaba en la sección de Bellas Artes y la Biblioteca. Es ahí donde se mostraba el arte "más elevado", "punto de llegada y cúpula de la evolución argentina"[23]. Actualmente, el arte europeo se encuentra representado en los frescos y las esculturas de la galería central. El "arte indígena", si bien se enuncia en los textos de la página de Internet, no aparece como tal a lo largo del recorrido: las piezas están ordenadas y expuestas según un criterio cientificista, que es el que finalmente triunfó dentro de la arqueología argentina, como parte del registro arqueológico de un tiempo remoto. Es evidente, además, que la iluminación y la agrupación en las vitrinas no permiten destacar los aspectos plásticos de cada una de las piezas.

Como señalamos, una excepción es la muestra de la sala de Etnografía, donde se presentan piezas arqueológicas y contemporáneas con un cuidado montaje y una iluminación que destaca sus aspectos formales y materiales. Al exhibir piezas y objetos de uso contemporáneo se propone salvar la distancia temporal con los grupos indígenas actuales establecida por el evolucionismo. Sin embargo, al analizar la organización del resto de las salas y del conjunto en general, se observa que se sigue manteniendo un criterio de desarrollo unilineal. El Museo de Ciencias Naturales reafirma su concepción evolucionista del surgimiento de la Tierra y el desarrollo de la vida y monta sus muestras en función de este paradigma general: al ingresar encontramos en la puerta del museo un empleado que indica a los visitantes que el recorrido se debe hacer "siempre por la derecha".

El Museo Etnográfico

En 1904 la Facultad de Filosofía y Letras de la Universidad de Buenos Aires fundó el Museo Etnográfico[24]. Su organizador y primer director fue Juan B. Ambrosetti, quien donó su colección personal de más de veinte mil piezas arqueológicas. Desde su gestión como director del museo, Ambrosetti promovió y desarrolló estudios arqueológicos con un criterio científico, como así también estimuló los estudios etnográficos y folklóricos de sociedades contemporáneas en el país. En esta etapa abandonó sus intereses humanistas y se ubicó dentro del positivismo imperante de la época, lugar desde el que orientó la labor del museo hacia la "investigación científica" y organizó las colecciones en función de ofrecer un panorama universal de las "sociedades primitivas".

---

[23] Andermann, J. y Á. Fernández Bravo, "Objetos entre tiempos: Coleccionismo, soberanía y saberes del margen en el Museo de La Plata y el Museo Etnográfico", 2003.

[24] A. Roca ha publicado un meduloso estudio sobre el Museo Etnográfico, su historia y su actualidad, en especial la museografía y las actividades de extensión educativa, ver *Objetos alheios, histórias compartilhadas. Os usos do tempo em um museu etnográfico*, 2008.

Concebido como un centro de investigación, el museo cuenta con un depósito de Antropología Biológica con piezas óseas (alrededor de 10.000) de poblaciones aborígenes de Argentina, de América y otros continentes, una colección de Arqueología y de Etnografía y un archivo fotográfico y documental que, junto con la biblioteca, forman parte de su patrimonio y están a disposición para la consulta de los investigadores. El cuidado de las colecciones está cargo de un laboratorio de conservación y restauración.

Como las tareas de docencia e investigación que se desarrollan en el museo fueron restando espacio a las salas de exhibición (que se destinaron a aulas, depósitos y laboratorios), recientemente se inició una política de apertura al público acondicionando los espacios para muestras permanentes, visitas guiadas y talleres tanto para adultos como para niños. Una de las exposiciones permanentes es "Mas allá de la frontera" en la que se exhiben objetos pertenecientes a grupos aborígenes que habitaban la Pampa y la Patagonia en el siglo XIX. Otra de estas muestras se denomina "Entre el exotismo y el progreso", y en ella se reúnen objetos de culturas diversas, como arte plumario de los aborígenes del Amazonas, tallas de madera de la Isla de Pascua y un altar budista japonés, objetos que de acuerdo con la filosofía del progreso de finales del siglo XIX eran considerados prueba material de formas de vida pre-modernas. La muestra "En el confín del mundo" exhibe instrumental de las sociedades aborígenes de Tierra del Fuego; y "De la Puna al Chaco, una historia precolombina" (figura 4) presenta una colección arqueológica de textiles, cestería, cerámica, metalurgia, tallas en piedra y madera, como así también los instrumentos técnicos usados por arqueólogos que participaron en las expediciones[25].

Figura 4: Vista de la muestra "De la Puna al Chaco" del Museo Etnográfico.

---

[25] Roca vincula estas secciones con diferentes etapas en la historia del museo, op. cit., cap. I.

El nacimiento del museo estuvo enmarcado en la filosofía del progreso que consideraba los restos pertenecientes a otras culturas como ejemplos de etapas superadas por la modernidad. Dentro de este marco, la colección fue concebida como muestra no sólo de la prehistoria y la etnografía americanas, sino de la ubicación de los pueblos "primitivos" en el esquema de evolución universal. El exotismo y el evolucionismo universalistas se erigieron como pilares fundantes del museo. La más clara evidencia de este paradigma aparece en la sala denominada "Entre el exotismo y el progreso" que actualmente el texto oficial del museo define como "la formación de las colecciones exóticas del museo a principios del siglo XX"[26]. El criterio de adquisición de piezas ligado al exotismo-evolucionismo se conserva aquí como vestigio del modelo que dio origen del museo. En el resto de las salas las piezas se reúnen según la pertenencia a un grupo etnográfico particular. A disposición del público, un folleto de cada sala describe el contenido general de las distintas muestras y, en el caso de "En el confín del mundo", "De la Puna al Chaco" y "Más allá de la frontera", sirve para contextualizar las colecciones.

Si bien el criterio ligado al exotismo ha sido dejado atrás, desde los orígenes del museo hasta la actualidad las piezas son exhibidas como objetos de estudio antes que como obras con valores estéticos. El museo, que pertenece a la Universidad de Buenos Aires, muestra así parte de los resultados de las investigaciones arqueológicas, y expone lo que gracias a ellas son ahora "sus" objetos. Los mismos se presentan en función de reconstruir en términos históricos y sociales la información perteneciente a grupos aborígenes del pasado, en tanto pertenecen al museo y son ejemplos de "un patrimonio cultural tan vasto y complejo como poco conocido"[27]. El texto del folleto institucional termina con esta frase que no es más que una continuación de la que figura al comienzo cuando habla de sus orígenes: "se quiso que las colecciones sirvieran para dar cuenta, de un modo más general, de todas las culturas no europeas, distantes en el tiempo o en el espacio"[28]. Aunque en esta frase se observa una reminiscencia del exotismo, la idea de lo diferente ligada a una visión evolucionista parece superada y una nueva mirada se explicita en los textos que acompañan las muestras, tales como "…nuestro relato se opone a la idea del supuesto atraso y marginalidad de los pueblos aborígenes que ocuparon la región andina"[29], que corresponde a "De la Puna al Chaco". En el caso de "Más allá de la frontera", sobre aborígenes de la Pampa y la Patagonia, se hace referencia al proceso actual de lucha por la recuperación territorial y cultural, cerrando el texto con la cita de una mujer mapuche[30], mientras que "En el confín del Mundo" concluye con el testimonio de una mujer chamán *selk'nam* y presenta una serie de fotos contemporáneas de indígenas, junto a otras históricas. En un panel de la sala puede leerse una cita de Hernán Vidal en la cual se pone en

---

[26] "Entre el exotismo y el progreso". Folleto del Museo Etnográfico.
[27] Folleto del Museo Etnográfico Juan Bautista Ambrosetti.
[28] Idem
[29] "De la Puna al Chaco". Folleto del Museo Etnográfico.
[30] "Más allá de la frontera". Folleto del Museo Etnográfico.

juego la paradoja del avance de Occidente sobre las sociedades aborígenes y el lugar del museo. La misma lleva a reflexionar no sólo sobre este museo etnográfico sino sobre los museos en general como instituciones de preservación y conservación de piezas obtenidas mediante campañas de exterminio tanto físico como cultural: "Curiosa paradoja la de Occidente, que no puede conocer sin poseer y no puede poseer sin destruir"[31].

Museos y Nación

Andermann y Bravo señalan que los Museos de La Plata y el Etnográfico funcionaron como "puestas en escena de distintas construcciones de soberanía a través de la incorporación material y simbólica de los márgenes […] en las que está cifrado un debate científico, estético y político sobre modernidad, cosmopolitismo y tradición"[32]. Como fruto de la anexión de nuevos territorios, en el Museo de La Plata se reunieron objetos de la Patagonia y el Chaco, y en el Etnográfico del Noroeste andino y parcialmente de las tradiciones orales de la frontera misionera. La formalización de un pasado que sustentara la identidad nacional se configuró a partir de dos estrategias distintas en cada uno de los museos. En el caso del Museo de La Plata, Moreno lo concibió como una herramienta moral, como un espacio de difusión dirigido a un público que debe ser instruido, como un instrumento para educar a las clases populares. En contraste, el Museo Etnográfico se concentró más en la investigación dentro del ámbito de la élite científica. Como parte de la operación de construcción de un pasado que se proyectaba al futuro, Ambrosetti, en la línea de Ameghino, formó una colección de piezas que daba cuenta de la antigüedad del hombre americano. De esta forma, "la manipulación de objetos hace posible construir un relato relativamente flexible, capaz de ser empleado para proyectar hacia el futuro una nueva raza, producto de la fusión entre inmigrantes y criollos. La intervención del Museo permitiría obtener evidencia tangible para una fábula de identidad necesaria para dotar a la ciudadanía cosmopolita de un relato unificador"[33]. Construir una identidad nacional no sólo requería la eliminación física y simbólica del "salvajismo" sino también enfrentar la diversidad inmigratoria al otorgar un modelo de pasado y futuro sobre el cual edificar la nación. Es aquí donde los museos se convierten en espacios de creación de identidad nacional.

De este modo, "la política de acumular y exhibir como estrategia de apropiación y colonización del interior sólo recientemente anexado al territorio de la nación reproduce, en escala nacional y latinoamericana, la acción que otros museos ejercían sobre sus colonias, un imperialismo interno montado sobre la naturaleza y la cultura material en los bordes del Estado-nación"[34]. La apropiación, descontextualización y recontextualización

---

31 "En el confín del mundo". Folleto del Museo Etnográfico.
32 Andermann, J. y A. Fernández Bravo, op. cit.
33 Ibidem
34 Ibidem

de objetos indígenas en un ámbito oficial funciona como una forma de enajenación del patrimonio cultural y del territorio indígenas como parte del plan de civilización propuesto por la generación del 80.

La exhibición de objetos materiales respondía a la visión evolucionista que los considera como pertenecientes a culturas ya extinguidas y niega el pasado de los habitantes actuales de las regiones de las cuales dichos objetos fueron extraídos. Esta negación del pasado de esos habitantes implicaba la negación de su presente y la justificación de su exterminio y/o marginación. Es así que el discurso de exhibición que ligaba estos materiales al reino de lo natural (tanto en el Museo de La Plata como en el Etnográfico) respondía no sólo a un interés dentro del ámbito académico sino a una política de estado. Los objetos son expropiados y apropiados por los círculos científicos, grupos de poder académico y político. Excluidos del proyecto de nación, los indígenas, en muchos casos, fueron la mano de obra utilizada para obtener las piezas en las excavaciones, a la vez que sistemáticamente se les negó la posibilidad de reclamar derechos sobre las mismas. Los objetos fueron cosificados, extraídos de su contexto, violando así el valor sagrado, simbólico, y funcional que éstos poseían. Las piezas fueron reubicadas espacialmente en centros urbanos para ser exhibidas en una vitrina y observados por un público al que se pretende formar o simplemente para quedar dentro del circuito académico universitario. De esta forma, los indígenas fueron despojados de sus tierras, sus objetos, su pasado y su historia, con la consecuente negación de su presente y de su futuro.

Actualmente hay en el Museo Etnográfico una intención de "dar voz" a los pueblos indígenas a los cuales pertenecían originalmente los objetos que allí se exhiben. La estrategia de las citas pertenecientes a miembros de comunidades indígenas y las referencias a los procesos actuales de luchas territoriales y reivindicaciones culturales da cuenta de una nueva postura ideológica en la que se valora a las comunidades indígenas contemporáneas; sin embargo el lugar privilegiado en la exhibición lo siguen teniendo las piezas arqueológicas, no ya como muestras de primitivismo, pero tampoco como obras en las que pueda reconocerse un valor estético.

En el caso del Museo de La Plata, si bien la visión evolucionista sigue guiando la organización general de las muestras, la sala de Etnografía da cuenta del proceso histórico experimentado por dicho criterio, planteando una nueva mirada al exhibir piezas contemporáneas y presentarlas dentro de un montaje que recupera su valor cultural, estético y expresivo.

El Museo Nacional de Bellas Artes

En el contexto del triunfo positivista de la generación del 80, que obturaba la posibilidad de pensar en la existencia de un "arte indígena" como parte del patrimonio cultural nacional, se otorgó al "verdadero arte", aquel identificado con las bellas artes europeas, su propio espacio. El Museo Nacional de Bellas Artes se inaugura en 1896, siendo su primera sede el edificio de la tienda francesa *Le Bon Marché* (actualmente Galerías Pacífico). En 1909, dado el incremento en la cantidad de obras, el museo debe trasladarse al Pabellón Argentino, una construcción creada para la exhibición de las obras que representaron a la Argentina en la Exposición Universal de París de 1889, donde permaneció durante dos décadas hasta ser trasladado a su actual edificio. Dirigido por el pintor y crítico de arte Eduardo Schiaffino el museo se concibió a la manera de los museos europeos, en consonancia con los modelos estéticos y culturales con los cuales la elite ilustrada local se identificaba. Desde esta concepción la colección de obras exhibidas (y en depósito), provenientes de donaciones privadas y de adquisiciones del museo, se fue conformando principalmente con obras de artistas plásticos europeos y argentinos de origen europeo.

Figura 5: Vasos y pipas Condorhuasi en la Sala Permanente de Arte Precolombino del Museo Nacional de Bellas Artes.

Tan solo recientemente, en noviembre de 2005, fue inaugurada la sala de Arte Precolombino Andino como parte de la colección permanente del museo, ubicada en el primer piso junto a la colección de arte argentino y latinoamericano. La muestra incluye más de 60 piezas de cerámica, metal y textiles (figura 5). Las primeras corresponden a la ex-colección Guido Di Tella, algunas donadas y otras adquiridas por la Secretaría de Cultura en 1988. Los textiles de las culturas Paracas, Nazca y Chancay (figura 6) provienen de una colección privada que la Asociación de Amigos adquirió en 1990, y de la donación reciente de la especialista Ruth Corcuera[35]. Según el propio Di Tella, el criterio de incorporación de piezas a su colección fue puramente estético y no arqueológico, aunque muchas veces contó con el asesoramiento de Alberto Rex González. Para Di Tella el destino de su colección -que le llevó más de veinte años reunir- era el de un museo público, pero no cualquiera sino el de Bellas Artes, como forma de valorizar la estética precolombina en función de un diálogo con la cultura contemporánea[36].

Figura 6: Textil Nazca en la Sala Permanente de Arte Precolombino del Museo Nacional de Bellas Artes.

La muestra está dividida en cuatro secciones: en la primera, "El espíritu de la piedra", se exhiben piezas de distintas culturas que datan desde 1500 a.C. al 300 d.C. de la región del N.O argentino. Incluye las esculturas de los "suplicantes" de la cultura Alamito, junto con una serie de menhires tallados, cuyo particular tratamiento de espacios huecos evoca claras asociaciones con la escultura contemporánea. La segunda sección, "El mundo simbólico", incluye piezas cerámicas de las culturas Alamito, Condorhuasi, Ciénaga y Aguada, de los períodos Fomativo (300 a.C. - 400 d.C.) y de Integración (400 – 900 d.C.) que expresan la cosmovisión andina. La tercera sección, "Imagen y poder", reúne objetos y herramientas de las culturas Santamariana del período de Desarrollos Regionales (1000 - 1450 d.C.), e incaico (1450 - 1535 d.C.), y finalmente "Textiles andi-

---

[35] http://www.aamnba.com.ar/esp_mnba_precol.htm
[36] Canakis, A. E., "Cómo se formó la colección Di Tella", 1992.

nos" contiene piezas enteras y fragmentos de las culturas Paracas, Nazca y Chancay de la costa centro-sur del Perú.

La iluminación general de la sala es tenue, con una luz focal sobre las piezas y una intermitente sobre los textiles (como estrategia de preservación). Es la única sala del museo donde existe una ambientación sonora con música ejecutada con instrumentos etnográficos de viento, que remite a los sonidos de la naturaleza, de modo que música e iluminación dan al ambiente una carga de misterio[37]. En este sentido, si bien a través de su presencia en el museo se equipara el valor artístico del arte precolombino al europeo y latinoamericano contemporáneo, las piezas son "otras" respecto del resto de las obras del museo, y el espacio de exhibición también es "otro", que remite a un ámbito natural y religioso con el que estuvieron intrínsecamente ligadas en su tiempo. Si bien la exposición busca destacar el valor estético de este patrimonio, cumpliendo con la finalidad educativa, que es razón de ser histórica del museo moderno, en la sala el visitante dispone de la información contextual que povee la arqueología y permite acercar algunas de las ideas que dieron origen a este arte, para sumarlas a la interpretación estética.[38]

Este rescate de la dimensión estética del arte precolombino es exclusivo del Museo de Bellas Artes. En el Museo Etnográfico no se hace ninguna referencia a las piezas en este sentido y en el Museo de La Plata, aunque en los textos de la página web se haga una alusión a su valor artístico, el principio rector general de la museografía, que mantiene su carácter evolucionista, coloca las piezas de las salas de arqueología latinoamericana y arqueología del Noroeste Argentino agrupadas en vitrinas según su procedencia, sin ninguna preocupación por sus aspectos plásticos. Paradójicamente, el único museo que mantiene vigente su origen evolucionista ligado a las Ciencias Naturales es el que tiene una sala en donde se exhiben piezas de indígenas contemporáneos; aunque no se explicite la consideración de su dimensión estética, su tratamiento museográfico habilita la apreciación de sus cualidades plásticas.

Conclusiones

Analizando el contexto histórico y los criterios de exhibición actuales de cada uno de los tres museos estudiados, lo que surge como denominador común es la afirmación de la escisión entre un criterio cientificista naturalista y evolucionista y una vertiente humanista que rescataba el valor simbólico de los objetos estudiados. Esta última no separaba necesariamente de forma irreconciliable la ciencia y el arte. Cabe recordar nuevamente a Quiroga, para quien la poesía y la ciencia no estaban contrapuestas[39]. Dentro de este

---

[37] Las responsables del guión curatorial y la museografía de la sala explican que "el diseño de la iluminación apunta a crear un ambiente mágico donde la luz no muestra sino que revela lo oculto", ver M. F. Galesio, M. J. Herrera, V. Keller y M. Rodríguez, "El Arte Precolombino Andino en el Museo Nacional de Bellas Artes", 2009, p. 203.

[38] Ibidem, p. 209.

[39] Haber, A., op. cit.

contexto, y del consiguiente triunfo de la primera sobre la segunda, la concepción de un posible arte indígena no tuvo mayor desarrollo, aunque algunos autores pudieran rescatar el valor estético de las piezas arqueológicas. La vertiente cientificista basa sus estudios en el estudio de piezas arqueológicas, lo cual liga indefectiblemente esta posible concepción de arte al pasado. En el Museo de La Plata, el tinte evolucionista que hereda desde sus orígenes sigue presente en el recorrido general de sus salas, con la revisión actual de dicho criterio a través de la incorporación de la sala de etnografía. Como señalamos, aunque el interés de esta muestra no esté centrado en el valor artístico de sus piezas, los recursos puestos en juego en su disposición muestran un especial cuidado en resaltar sus aspectos estéticos. En el Museo Etnográfico, marcado en sus inicios por el mismo criterio evolucionista, se exhibieron las piezas como objetos de estudio arqueológico, otorgándoles el valor de "dato" científico de culturas pasadas. Si bien hoy día hay un interés por rescatar los procesos contemporáneos de reivindicación cultural de los grupos indígenas, que aparece en los enunciados textuales, en las salas de exhibición sólo hay lugar para las producciones ligadas al pasado. El Museo Nacional de Bellas Artes, finalmente, expone las piezas precolombinas junto a obras de arte occidentales. No se trata de un eslabón, de un recorrido evolutivo (como sucedía en los orígenes del Museo de La Plata), sino que hay una intención de brindar a estas piezas un valor similar y no inferior al resto de las obras del museo, tanto europeas como latinoamericanas. Pero también aquí surge una idealización del arte indígena que recuerda la postura de Rojas, en la medida en que sólo se valoran como artísticas las producciones del pasado. Ninguno de los museos analizados tiene lugar para obras indígenas contemporáneas consideradas en su dimensión estética.

Podemos pensar que la construcción de una identidad nacional propuesta en los proyectos políticos y científicos desde finales del siglo XIX dio sus frutos. Hoy sólo podemos mirar a través de las lentes de los museos las piezas de arte indígena y, por ende, a sus creadores, como parte de un pasado ya extinguido. Un pasado que no nos pertenece y que no tiene ninguna relación con nuestro presente[40].

---

[40] Roca coloca "los usos del tiempo" en el centro de su análisis, justamente en relación con relatos museográficos que tienen el efecto de generar distinciones y, por lo tanto, identidades y otredades, op. cit.

Esto no es una pipa: el discurso sobre la cultura material de los constructores de montículos de tierra en los Estados Unidos y Uruguay

Gustavo Verdesio

Este trabajo se centra sobre dos libros y una ausencia. Los dos libros son *Early Art of the Southeastern Indians. Feathered Serpents & Winged Beings*, de Susan Power, y *Hero, Hawk, and Open Hand. American Indian Art of the Ancient Midwest and South*, editado por Richard F. Townsend y Robert V. Sharp.[1] La ausencia refiere, no sólo a la inexistencia de libros sobre objetos indígenas producidos por los constructores de cerritos del Uruguay, sino también de un discurso sobre ellos en la esfera pública.

La comparación puede llegar a ser instructiva debido a que los libros antes mencionados se dedican a comentar y a exhibir fotos de objetos indígenas producidos por las sociedades constructoras de cerritos o *mounds* en diferentes momentos de la historia de las ocupaciones humanas del territorio del *Midwest* y el Sureste de los actuales Estados Unidos. Estas construcciones son estructuras de tierra cuyo tamaño varía según las regiones y los sitios. Las fechas de construcción van desde el periodo arcaico -Watson Break, cuyo fechado es 5400 AP, es considerado el sitio con complejos de *mounds* más antiguo- hasta la época final de la cultura del Mississippi hacia el 1400 AD.

Estas estructuras se disponen en grupos de montículos de diferentes formas: cónica, piramidal, y *ridges* (camellones), que probablemente funcionaron como marcadores territoriales. En algunos casos, como en el de la cultura Mississipi, sobre los *mounds* se construían templos o residencias para miembros de la élite; en otros es evidente la función funeraria, ya que se han encontrado enterramientos tanto primarios como secundarios, cuyo número varía según las estructuras. Se ha postulado también que pudieron haber estado destinadas a observaciones astronómicas, como en el caso de algunos complejos de estructuras del periodo conocido como Hopewell. Por último, otra función que algunos de esos monumentos pueden haber tenido es la de proteger o salvaguardar propiedades o tumbas de las inundaciones típicas que ocurren en las tierras bajas, que es el tipo de zona donde se encuentran la enorme mayoría de estas construcciones, tanto en Estados Unidos

---

[1] Power, S. C. *Early Art of the Southeastern Indians. Feathered Serpents & Winged Beings*, 2004; Townsend, R. F. y R. V. Sharp, eds.*Hero, Hawk, and Open Hand. American Indian Art of the Ancient Midwest and South*, 2004. Tanto Power como Townsend trabajan sobre el arte y la cultura de los indígenas de EEUU y han publicado artículos, libros y catálogos sobre el tema. Power dirige investigaciones sobre arte anterior al contacto con el europeo, mientras que Townsend es curador del Departamento de Arte de África, América y Oceanía del Art Institute of Chicago, y se especializa también en la cultura azteca.

como en Uruguay[2]. Durante varias décadas los colonos norteamericanos y europeos se resistieron a reconocer en esos monumentos la mano de los indígenas locales, atribuyéndoselos a una larga lista de posibles constructores: los vikingos, una de las doce tribus de Israel, los egipcios, los fenicios, los mayas, los aztecas, y muchos más.[3]

Este tipo de construcciones que modifican el paisaje también se encuentra en el sureste del territorio de lo que hoy es el estado moderno de Uruguay, donde los fechados más antiguos dan unos cinco mil años de antigüedad y los más recientes llegan hasta el tiempo del contacto con los españoles. Como en el norte de América, se trata de estructuras de morfología variada pero con gran predominio de la forma cónica. Se han propuesto para ellos funciones similares a las atribuidas a los *mounds* de Norteamérica. Se ha comprobado, asimismo, su función funeraria en numerosos casos.[4] No se cree que haya conexión alguna entre los sitios que se encuentran en territorio norteamericano y los que fueron construidos en el Uruguay, pero la comparación tiene sentido para analizar las connotaciones de dos respuestas diferentes ante un mismo tipo de estructura material.

En cuanto a los libros en cuestión dedicados a la cultura material producida por los constructores de *mounds* en EEUU, han sido publicados por dos prestigiosas editoriales académicas, las prensas universitarias de *Yale University* y de *University of Georgia*. Este no es un dato menor dado el papel legitimador que las universidades tienen en materia de conocimiento en la sociedad occidental. El libro de Townsend y Sharp, *Hero, Hawk, and Open Hand*, cuenta con el prestigio adicional de ser el catálgo oficial de una exitosísima exposición organizada en el año 2004 por el *Art Institute of Chicago* (que colaboró en el proceso de publicación), una de las más poderosas instituciones dedicadas a la difusión y circulación de arte en los Estados Unidos. Esta no fue la primera de este tipo de exposiciones puesto que hubo una anterior en el *Detroit Art Institute*, en 1985, pero tuvo una proyección mucho menor. Este es un dato importante porque en Estados Unidos los constructores de cerritos o *Mound Builders* no representan a quienes en la actualidad el ciudadano común piensa como "indios". Por el contrario, son los *Plains Indians*, los

---

[2] Para un panorama de estas construcciones, ver, entre otros, los trabajos de Gibson, J., Poverty Point. A Terminal Archaic Culture of the Lower Mississippi Valley, 1999; Gibson, J. L. and P. J. Carr, Signs of Power. The Rise of Cultural Complexity in the Southeast. 2004; Emerson, T. E., Cahokia and the Archaeology of Power, 1997; Pauketat, T. R., Ancient Cahokia and the Mississippians, 2004; Romain, W. F., Mysteries of the Hopewell. Astronomers, Geometers, and Magicians of the Eastern Woodlands, 2003; Saunders, J. and Thurman Allen, "The Archaic Period", 1998, pp. 1-30.

[3] Una ilustrativa y amena síntesis de estas fabricaciones de la imaginación occidental puede hallarse en el libro de Silverberg, R., The Mound Builders, 1986.

[4] Para una visión de conjunto del fenómeno de construcción de cerritos en el este uruguayo, ver los siguientes trabajos: Bracco, R., «Dataciones 14C en sitios con elevación», 1990, pp. 11- 17; López Mazz, J. M., «Aproximación a la génesis y desarrollo de los cerritos de la zona de San Miguel (Departamento de Rocha)», 1992, pp. 76- 96; Iriarte, J. et al., "Evidence for Cultivar Adoption and Emerging Complexity during the Mid-Holocene in the La Plata Basin.", 2004, pp. 614-617; Femenías, J. et al, «Tipos de enterramiento en estructuras monticulares ('cerritos') en la región de la cuenca de la Laguna Merín (R. O. U.)», 1990, pp. 345-356; Cabrera, L. «Presentación al Simposio 'Etnohistoria'», 1995, pp. 221- 224; y otros.

Sioux, los *Apaches*, o los *Cherokee*, entre otros, los que ocupan el lugar más relevante en el imaginario norteamericano de hoy. Esto no ha de sorprender dado que estos últimos fueron grupos cuyas acciones en el siglo XIX marcaron a fuego la experiencia de los descendientes de europeos que estaban llevando adelante la colonización y ocupación de un vastísimo territorio que ya estaba poblado por habitantes originarios. Las acciones militares de resistencia emprendidas por esos indígenas fueron legendarias y dejaron el recuerdo de famosos líderes indígenas, como Gerónimo, *Crazy Horse*, *Sitting Bull*, entre otros.

De modo que hoy, en ese país, las sociedades constructoras de cerritos sufren un olvido que podría explicarse como una especie de invisibilidad. Es decir, las estructuras están allí para que las veamos, algunas han quedado incorporadas a parques nacionales o estatales, o se han convertido en sitios arqueológicos de interés turístico con museo y tienda de regalos incluidos, sin embargo, la enorme mayoría de la población no la ve o no puede verlas, y si las ve le resulta muy difícil imaginar a las sociedades vivas que produjeron esos sitios arqueológicos. Las razones que explicarían esta invisibilidad, según James Cuno, son las siguientes: 1) la remoción forzada de los indígenas, entre los siglos XIX y XX, que tuvo como consecuencia el desarraigo de los aborígenes y la posterior dificultad, para el imaginario dominante en la sociedad norteamericana, de identificarlos con un territorio concreto; 2) el exitoso proceso de asimilación cultural de los indígenas promovido desde el estado norteamericano, que les veló su antigua identidad cultural; 3) el mito del *wilderness*, territorio salvaje, que identifica a los indígenas con sociedades "primitivas"; 4) la creación de un paisaje completamente (o casi) occidental, con granjas de producción agropecuaria, vías de tren, autopistas, fábricas y un largo etcétera, en el lugar donde estaba ese mítico *wilderness*; 5) la circulación restringida a especialistas de los trabajos producidos por arqueólogos y demás académicos que se ocupan del estudio de los pueblos originarios; 6) la falta de *sex appeal* del *Midwest* y el Sureste en el imaginario norteamericano comparados con otras regiones tales como el Suroeste.[5]

En relación con esta problemática, la organización de la exhibición en el *Art Institute of Chicago* y el libro que la registra son hechos significativos. A partir de ellos, un número importante de ciudadanos norteamericanos educados, o culturalmente inquietos, pudo aprender un poco más sobre la existencia de esas sociedades indígenas del pasado. Ese libro y el otro que aquí estoy comentando, han logrado darle al menos un mínimo de visibilidad a esos grupos humanos del pasado.

Esta visibilidad se alcanza gracias al prestigio legitimador de las instituciones que se encargan de exhibir y difundir esos objetos indígenas no como objetos cualquiera sino como obras de arte, integrándolos como tales al mapa cultural de la sociedad contemporánea. En otras palabras, lo que ponen en práctica algunos de los autores es una operación intelectual que consiste en considerar como artísticos algunos objetos cuya función

---

[5] Cuno, J., "*Foreword*", 2004, p. 6.

principal era utilitaria, como por ejemplo, la cerámica y los tejidos.

Entre los autores discutidos en este trabajo, hay quienes como Townsend parecen adherir (concientemente o no) a una concepción del mundo de los objetos de fuerte raigambre heideggeriana. Me refiero a afirmaciones tales como que el objetivo principal del libro *Hero, Hawk, and Open Hand* es entender cómo las sociedades indígenas del pasado se definían a sí mismas y a su medio ambiente a través del poder expresivo del arte y de la arquitectura.[6] La presunción de que los objetos forman redes de significación es de cuño heideggeriano: todas las cosas (herramientas hechas por el hombre) que existen en el horizonte cotidiano de los seres humanos, son parte, al igual que los otros seres vivos y los objetos naturales, de una red de significaciones que llamamos mundo. El ser humano, *Dasein* en la filosofía de Heidegger, tiene mundo (aquello que Husserl llamó *Lebenswelt* o «mundo de la vida»), y ese mundo está constituido, entre otros entes, por los objetos por él producidos[7].

Esta visión del mundo se opone a la de otros filósofos, como Descartes, que veían al mundo como un conjunto de entidades extensas en un espacio entendido como *res extensa*, noción que usa la ciencia moderna. Para Heidegger, en cambio, cuando vemos una mesa, no la vemos como un objeto con determinadas propiedades y características, en vez de **una** mesa, vemos **la** mesa. Más aun, lo que realmente vemos es **la mesa en este cuarto** y la vemos como **algo para algo**, es decir, que tiene una finalidad y un uso determinados.[8]

En el taller de un zapatero por ejemplo, el martillo es visto primariamente como un objeto para el uso, conectado a fines y propósitos humanos: el martillo es para martillar. Pero el martillo no está solo: las cosas en el taller de trabajo refieren a otras cosas, que a su vez se refieren a otras, de modo que conectándose entre sí conforman un todo significante y no una mera colección aleatoria de objetos[9]. Ese taller, a su vez, refiere a un mundo más allá de sí mismo: a las vacas que proveen el cuero para hacer los zapatos, al campo donde pastan las vacas, etc.

Heidegger afirma que las cosas son aquellos objetos producidos que están en el mundo en la medida que han sido llevados a estar a través de un emplazamiento, de modo que sólo somos capaces de ver algo como cosa cuando la concebimos como un objeto que un producir nos trae. Una jarra no es un recipiente porque fue producido, sino que tuvo que ser producido **porque es** ese recipiente: la producción hace estar a la jarra en aquello que le es propio, pero lo que es propio de la jarra no es nunca fabricado o producido por la producción. La cosidad de la jarra descansa, entonces, en el hecho de que ella es como (o en tanto que) recipiente, de modo que nos vamos a dar cuenta de lo que ese objeto es

---

[6] Townsend, R., "American Landscapes, Seen and Unseen", 2004. p. 19.

[7] Inwood, M., *Heidegger. A Very Short Introduction*, 1997, p. 32.

[8] Heidegger, M. *Ser y Tiempo*. 2006, pp. 94-99.

[9] Inwood, M., op. cit., pp. 33-34.

si lo llenamos[10]. Como veremos luego en el caso de algunos objetos indígenas que fueron parte de la exhibición que estamos discutiendo, por ejemplo las pipas funerarias, está claro que nos damos cuenta de lo que es una pipa si la llenamos de tabaco y lo fumamos en ella; cosa muy difícil de hacer, como es obvio, con una pipa que se encuentra en la vitrina en un museo: la cosa llamada pipa, claramente, ha dejado de ser tal cuando ya no la usamos como lo que es.

Por otra parte, Heidegger sostiene que mientras las cosas funcionan bien el trabajador ni siquiera nota su existencia. Es sólo cuando dejan de funcionar que se vuelven objeto de atención[11]. En el caso de las pipas, mencionadas más arriba, cuando están exhibidas en un museo llaman la atención, no sólo del público occidental (cosa comprensible, dado que esos objetos indígenas son exóticos para su universo cognitivo), sino también de los miembros de las sociedades que, o bien construyeron las pipas, o bien descienden de los que las construyeron. La razón en estos últimos casos es que la exhibición en un museo provoca un fenómeno de extrañamiento al quitarles sus funciones originales: artefactos para fumar o destinados a ser ofrenda funeraria.

Para ilustrar mi argumento, quiero hacer alusión a algo que ocurrió recientemente en un museo antropológico de una de las grandes universidades estatales de los Estados Unidos. Allí había una pipa en exhibición permanente que propició una reacción de protesta por parte de un indígena norteamericano, quien se instaló con su tambor varios días frente a la vitrina donde estaba la pipa. Uno de los curadores se acercó a hablarle y luego de largas negociaciones tomó la decisión de retirar la pipa de la vitrina. El indígena sostenía que la pipa, que ostentaba una clara rajadura, había sido reparada por el personal del museo, lo cual, para su cosmovisión, era una especie de sacrilegio, dado que en su tradición cultural, las pipas de uso funerario se rompen antes de ser depositadas junto al muerto. Luego de una rápida consulta a los registros que acompañan cada artefacto depositado en el museo, se pudo comprobar que efectivamente la pipa había sido encontrada rota en la tumba.

Lo ocurrido ilustra la actitud típica de nuestra cultura que consiste en presentar los objetos indígenas no tanto como son, sino como nos parece que deberían ser. En este caso, a algunos funcionarios del museo se les ocurrió que no era procedente exhibir una pipa rota, quizás consideraron que era menos "artística" que una pipa entera y procedieron a repararla a fin de hacerla más presentable para el público. Esta es una clara violación de los fines para los cuales la pipa fue construida y de los aspectos morfológicos al momento del hallazgo: la pipa debía permanecer rota por el resto de su vida social.

Aquí es oportuno recordar que para Heidegger las herramientas que nadie sabe cómo usar no pueden constituir una red de significados inter-referenciales: esas herramientas incomprendidas sólo pueden yacer, unas al lado de las otras, como rocas en un desierto

---

[10] Heidegger, M., "La cosa", pp. 2-4.
[11] Inwood, M., op. cit., pp. 35-36.

deshabitado[12], porque es necesario que el ser humano o *Dasein* conozca por ejemplo en el caso del taller del zapatero, no sólo las herramientas del taller y cómo usarlas, sino también el mundo más amplio al que pertenecen.[13] Ese mundo es un mundo espacial, pero no en el sentido cartesiano o euclidiano de la ciencia moderna, sino en el sentido de que es un mundo de distancias y cercanías, no es un mundo en el que los objetos son objetos cualquiera y pueden ocupar cualquier lugar, sino que es un mundo en el que las cosas tienen un lugar apropiado y propio.[14]

El modo de exhibir las pipas rituales en aquel museo universitario norteamericano las sacó de su lugar apropiado y las colocó en un espacio euclidiano, concebido como neutral, donde cualquier objeto puede ocupar cualquier lugar. Más aún, sacadas del lugar y de las circunstancias para las cuales fueron creadas se les asignó un nuevo lugar "apropiado" desde fuera de la cultura que les dio origen: el museo. Esta operación sólo es posible debido al gran diferencial de poder (similar al que describía Edward Said para el caso del Orientalismo)[15] que existe entre la cultura productora de los objetos en cuestión y la cultura que hoy se arroga el derecho de exhibirlos como si fueran arte. El académico o crítico de arte que efectúa este tipo de operaciones no parece ser conciente de que, desde la perspectiva heideggeriana que abraza en lo referente a la concepción del mundo en que viven los seres humanos (un mundo reconstruible, en parte, a través de los objetos que en el pasado habrían sido parte de una compleja red de significaciones), en el cual cada objeto tiene su lugar adecuado, la exhibición de la pipa funeraria implica una seria dirsupción en ese mundo indígena al que Townsend dice querer recuperar a través de sus objetos entendidos como obras de arte. De este modo, ese rescate del mundo indígena se efectúa, paradojalmente, a través de una distorsión de su estatus ontológico (ahora es visto como objeto artístico), de su morfología (el objeto roto ahora luce reparado), y de sus funciones (ya no sirve ni para fumar, ni para usos funerarios, sino que yace detrás de un vidrio). En otras palabras, el rescate se hace desde categorías occidentales que nada tienen que ver con los valores y principios que regían el mundo indígena que se dice querer recuperar.

En el libro de Susan Power sobre el "arte" de las sociedades indígenas que poblaron buena parte del sureste norteamericano, la autora justifica la utilización del término "arte" de una manera indirecta. Sostiene que el problema es que en el mundo occidental moderno se ha establecido una separación entre la calidad estética y la maestría técnica. La independencia de lo estético nos ha hecho olvidar que la maestría técnica es también parte constitutiva del arte. Por ello sería erróneo dejar de ver el estatus artístico de algunos objetos que exhiben maestría técnica. Pero, además, sostiene que el componente estético es fundamental en los objetos indígenas que ella considera como arte: la estética implica

---

[12] Ibidem, p. 37.
[13] Ibidem, p. 38.
[14] Idem.
[15] Said, E. W., *Orientalismo*, 1990.

la existencia de *standards* desde los cuales se juzga y se evalúa y de *standards* a lograr[16]. En los objetos que analiza a lo largo del libro, la autora cree ver esos dos tipos de *standards* que a su entender se evidencian en ciertas características técnicas del objeto que buscan lograr determinados efectos. Por otro lado, la estética no es un concepto vinculado solamente con el producto final (forma y contenido del objeto artístico) sino que es un aspecto del ciclo creativo, que involucra las diversas etapas del proceso artístico.[17]

Sin embargo, cabe señalar que a pesar de los esfuerzos de Power por establecer el estatus estético de los objetos indígenas que se propone estudiar, a veces incurre en lo que en los estudios literarios se llamó la "falacia intencional" – lo que consiste en ponerse en el lugar del productor del texto e interpretarlo como si se supiera fehacientemente cuales fueron sus intenciones-, como cuando postula que esos objetos indígenas que ella considera artísticos tienen como fin la producción de placer estético en su recepción.[18] Estas afirmaciones no tienen como base ningún dato de la realidad ni nada que se desprenda de las propiedades de los objetos estudiados, sino más bien tan sólo su propia imaginación y su deseo de que así hayan sido las cosas.

Otro razonamiento cuestionable que ofrece en su libro es el siguiente: los cambios formales que ve en los objetos estudiados a través del tiempo, en los diferentes periodos (en los que, por comodidad interpretativa, los arqueólogos han organizado el pasado indígena), son caracterizados como "innovaciones estéticas".[19] Lo que no parece ver Power es que si bien esos cambios son evidentes y verificables, hay un gran trecho entre percibirlos como innovaciones técnicas y concebirlos como innovaciones artísticas: el arte es un fenómeno muy complejo, mucho más complejo que la mera técnica, ya que presupone principios, valores, tradiciones, un marco social que le da significado, etc. Todo esto puede haber involucrado la producción, consumo y circulación de esos objetos, pero no lo sabemos. Es poco prudente suponer, así porque sí, que todas esas condiciones se habrían dado para convertir a esos objetos en arte: el registro arqueológico poco y nada nos dice sobre esos aspectos tan importantes para determinar si un objeto es o no artístico o para saber si por lo menos tiene algunas características y funciones similares a las que las obras de arte tienen en nuestra sociedad occidental.

Pero Power no está sola en considerar a los objetos indígenas como arte o al menos como portadores de cualidades estéticas o artísticas. Por ejemplo, Cuno, el autor del prefacio del libro *Hero, Hawk, and Open Hand* ..., sostiene que esos objetos exhibidos en el *Art Institute of Chicago*, son objetos para ser contemplados, son formas expresivas que afectan el lado espiritual de los que los observan y sus efectos van más allá de fronteras culturales.[20] Vemos aquí otro caso de "falacia intencional": al igual que Power, pretende

---

[16] Power, S. C., op. cit., p. 195.
[17] Ibidem, p. 195-6.
[18] Ibidem, p. 12.
[19] Idem.
[20] Cuno, J., op. cit., p. 7.

saber cuál era la voluntad significante de los productores de los objetos analizados. En otro artículo publicado en ese mismo libro, David W. Penney sostiene que la concepción predominante en la disciplina que estudia el arte indígena se caracteriza por valorar los aspectos formales de los objetos, es decir, se privilegia el conocimiento o carácter de experto del observador y la calidad del objeto que ese observador sabe apreciar.[21]

Sin abundar más en críticas al posicionamiento de estos historiadores del arte indígena en relación al estatus artístico de los objetos producidos por las sociedades constructoras de *mounds*, me parece conveniente pasar a dar cuenta de la situación en que se encuentran los objetos indígenas producidos por los constructores de cerritos ubicados en territorio uruguayo. En este caso, no ha habido exposición alguna hasta ahora, ni siquiera en el recientemente renovado MAPI (Museo de Arte Precolombino e Indígena) de Montevideo. Tampoco existen libros, ni artículos que se hayan propuesto divulgar la existencia de esos objetos. Por el contrario, la ciudadanía no sabe, salvo algunos pocos interesados en el tema, de la existencia de grupos indígenas fuera de los populares charrúas y de algunas otras sociedades como los guenoas, los chanáes, los guaraníes, y algunos otros que aparecen en los manuales escolares. Se trata, entonces, de una situación distinta a la que se da en Estados Unidos, ya que en Uruguay no sólo no hay nadie que se interese por estos objetos en tanto que arte, sino que nadie se interesa por ellos en tanto objetos. Esto puede tener diversas explicaciones, pero aquí voy a explorar las posibilidades de sólo una de ellas.

Para empezar corresponde recordar que en Uruguay no había, hasta muy recientemente, sectores de la población que se identifiquen como indígenas. La historia de esa negación es larga, pero baste decir que hubo una exitosa campaña de exterminio en los años 1831 y 1832 que culminó con la muerte y el exilio de la casi la totalidad de los indígenas que en aquella época eran considerados como charrúas; debe aclararse que seguramente en ese grupo se encontraban indígenas que se autodenominaban de manera diferente, además de algunos ex esclavos africanos y algunos europeos fugitivos de la ley. Por todas estas razones, el estado uruguayo jamás creyó que era necesario promulgar leyes relacionadas con los indígenas, de hecho no existe, ni existió, en el país legislación indígena alguna. Esto, cabe destacarse, convierte al Uruguay en el único país de América del Sur sin un corpus legal dedicado a la cuestión de los pueblos originarios; de modo que el aborigen no tiene presencia ni en la legislación, ni en el terreno ontológico, ni en el imaginario social, en el que predomina la autopercepción de sus miembros como ciudadanos de la civilización occidental, descendientes de europeos, sin considerar los aportes demográficos y culturales de los indígenas.

En otras palabras, en Uruguay el indígena es casi invisible. Digo casi porque en las dos últimas décadas se ha registrado el surgimiento de varias asociaciones de descendientes de indígenas y, más recientemente, la formación de una coordinadora de esas asociaciones.

---

[21] Penney, D. W. "The Archaeology of Aesthetics", 2004, p. 49.

Pero en general, la mayor parte de la población muestra una indiferencia casi unánime hacia la problemática indígena en el país, y consecuentemente una falta de interés por los objetos producidos por las sociedades indígenas en general y por las constructoras de cerritos en particular. A lo sumo sus objetos son de interés para algunos coleccionistas y aficionados a la arqueología que los acumulan indiscriminada e irresponsablemente.

Por otra parte, si existiera interés en ver y apreciar esos objetos los interesados deberían trasladarse al malamente mantenido Museo de Antropología, ubicado en un lugar poco céntrico de la ciudad capital y caractetizado por el anacronismo y la falta de orden y de cuidado en la exhibición de artefactos indígenas.

En Estados Unidos, tal como hemos visto, hay sectores de la población que se interesan por esa producción material indígena pero sólo pueden hacerlo desde una perspectiva que denota algunas de las mañas y vicios de nuestra episteme occidental. Me refiero a los mecanismos por los cuales producimos sentido y valor en nuestras sociedades modernas. En ellas, para reivindicar lo otro, lo exterior a nuestro universo de sentido, no es infrecuente recurrir a un procedimiento que opera, por un lado, como traducción de una cultura a otra, y por otro, como un intento (conciente o no) de asimilación de lo otro a lo mismo, de lo desconocido a lo conocido. En el caso de los objetos indígenas considerados como artísticos por los autores de los libros mencionados más arriba, queda claro que los objetos ajenos a nuestra cultura son incorporados en un marco conceptual que los transforma en otra cosa, en algo que seguramente no eran en sus sociedades originarias. Pero más allá de esta operación casi alquímica, los objetos en cuestión pasan a ser asimilados en tanto que parte de un acervo cultural que le asignamos a veces a la nación, a veces a la humanidad, de modo que, ahora son de todos y para ser apreciados por todos. Los museos y los académicos se encargarán de demostrarnos a aquellos que estamos todavía encerrados en nuestra concepción occidental del arte que esos objetos indígenas pueden ser vistos por el ojo educado también como arte.

Estas ideas parten del presupuesto siguiente: debemos prestar atención a estos objetos no sólo como símbolos o artefactos admirables, sino también como objetos para la contemplación, como formas expresivas que afectan el espíritu del observador.[22] Esto es razonable y hasta convincente, pero de allí no podemos concluir que esa voluntad expresiva de las formas cuyo fin es la contemplación por parte de los otros, deba ser asimilada al arte entendido como lo entendemos en la sociedad occidental. Y si bien es cierto que su efecto puede ir más allá de las fronteras culturales de la sociedad que los produjo[23], tampoco sería prudente atribuirles esa finalidad a los productores de los objetos. Alcanzaría, creo, con que tuviéramos en cuenta la función expresiva de los mismos y la potencial apreciación a través de fronteras culturales, sin necesidad de dar un paso más con nuestra imaginación, que es lo que está operando cuando sobreinterpretamos de esa forma.

---

[22] Cuno, J. op. cit., p. 7.
[23] Idem.

Pero no son sólo las nociones occidentales de estética (y de lo estético) y de arte las que impregnan los razonamientos de estos académicos. Hay otras no menos centrales para nuestra cultura europeizada que se pueden detectar en sus argumentos. Me refiero a la de cierto evolucionismo cultural que les hace ver una progresión en materia de calidad estética. Por ejemplo, cuando Power sostiene que la cultura Hopewell construyó objetos más bellos que los que se encuentran en los sitios arqueológicos del periodo Adena, está presuponiendo una evolución estética o artística.[24] Cosa que hace también cuando sostiene que es durante la cultura Mississipi que se llega a la cima de la creación artística en la prehistoria del Sureste norteamericano[25], y que recién con esa cultura el reservorio de temas y motivos de las culturas del Sureste alcanzó una organización y una estructura que les dieron plena madurez.[26]

Este criterio evolucionista presupone que el "progreso social" (entendido como aumento de la complejidad social) tiene como correlato un "progreso artístico" o "estético". Se entiende que un cambio en el sistema de subsistencia de una sociedad plantea nuevas demandas simbólicas, lo que para Power se traduce en nuevas demandas en el dominio del arte.[27] Esto queda aún más claro cuando sostiene que la mayor densidad demográfica y la mayor complejidad social de la cultura del Mississipi llevarán al arte del Sureste de los Estados Unidos a su apogeo.[28]

Esta noción, la de complejidad social, subyace a todas estas narrativas evolutivas, como puede verse en una de las contribuciones de Townsend a su libro, donde afirma que uno de sus objetivos es tratar de entender el importante papel de la vida artística, intelectual y espiritual en la evolución de la complejidad social del Midwest y del Sureste de los Estados Unidos.[29] Está claro que en esta concepción el arte aparece como síntoma o marcador de evolución social que debe ser entendida como evolución en el plano de la complejidad.

Entiendo la buena intención, casi altruista, de los que así razonan con el objeto de sacar de la invisibilidad, e incluso prestigiar, a esos objetos indígenas que no fueron hechos para estar en un museo occidental, pero eso no les quita su fuerte componente domesticador: la alteridad, lo exterior, lo inconmensurable, es pasado por el tamiz de lo conocido y, mediante un pase mágico, se convierte en algo familiar y mensurable con nuestro aparato cognitivo y con nuestra axiología.

Algunas sociedades indígenas son concientes, en alguna medida, de esta operación que transforma a los objetos producidos por ellos y por sus ancestros en objetos comprensibles para la episteme occidental. Sabemos, por ejemplo, que algunas tribus negaron su

---

[24] Power, S. C., op. cit., p. 32.
[25] Ibidem, p. 62.
[26] Ibidem, p. 159.
[27] Ibidem, p. 105.
[28] Ibidem, p. 196.
[29] Townsend, R., "American Landscapes…", op. cit., p. 19.

apoyo a la exposición que dio origen al libro *Hero, Hawk, and Open Hand*. [30] El editor del volumen no explica las razones para esta negativa pero pueden inferirse de la discusión que se da en uno de los artículos, en el que Penney nos informa que algunos grupos indígenas se han opuesto a la exhibición de pipas ceremoniales, debido a que se trata de objetos que fueron producidos para permanecer en las tumbas donde estaban.[31] Aunque Penney no lo haga explícito es evidente la sensación de profanación que acompaña la remoción de objetos ceremoniales y sagrados de su contexto original. La excavación arqueológica es interpretable como un despojo, como una profanación, e implica una tergiversación del sentido original de los objetos sagrados, en general, y de las pipas en particular. La exhibición se resuelve, por supuesto, sin consulta previa a los descendientes de los grupos indígenas que produjeron esos objetos.

En el caso de Estados Unidos, entonces, la incorporación del objeto indígena en tanto que arte a los museos, lo vuelve visible pero lo desnaturaliza. En Uruguay, en cambio, la invisibilidad es todavía casi absoluta. Esto se debe a que en ambas sociedades los regímenes de visibilidad son muy diferentes. En Estados Unidos, el indígena si bien no tiene gran presencia en el imaginario del presente, es parte del *melting pot*, y además, tiene una presencia fantasmática en las narrativas de la nación, en las cuales aparece como un valeroso contrincante. Pero eso se aplica solamente a los indígenas de lo que, incorrectamente, se llama en arqueología "el tiempo histórico". A los constructores de cerritos (*Mound Builders*) se los ignora abiertamente, puesto que no participaron, al menos que se sepa, en las gestas bélicas que marcaron la dominación y ocupación del territorio por parte de los invasores europeos. Sus monumentales edificaciones no forman parte de la actual construcción imaginaria del indígena. Deben ser varias las razones, pero supongo que una de ellas es que esa monumentalidad, sumada a la complejidad social que caracerizaba a las sociedades que la produjeron, no se corresponde con la imagen actual que los norteamericanos tienen del indígena. En esa imagen el aborigen es un primitivo, simple y valiente guerrero, en lucha constante contra un medio ambiente hostil, con dificultades para sobrevivir, etc. Tanta complejidad, monumentalidad y sofisticación, ponen en cuestión esa tonta idea de superioridad cultural que siempre muestran las narrativas occidentales de la nación. Sólo los especialistas (arqueólogos, historiadores del arte, etc.) se han interesado en difundir, en la medida de sus posibilidades, una imagen que pone en tela de juicio esta forma tradicional de representar lo indígena en los Estados Unidos.

En Uruguay, la invisibilidad del indígena y de sus culturas materiales tiene otras raíces. Por un lado, se debe considerar, como decía más arriba, la existencia de un genocidio que nadie quiere recordar, que se mantiene, si no en silencio, al menos cubierto por un manto de piadosa discreción, y por otro, el hecho de que en el Uruguay a casi nadie se le ocurre reivindicar la figura del indígena. El racismo de las narrativas de la

---

[30] Townsend, R., "Acknowledgements", p. 11.
[31] Penney, D. W., op. cit., pp. 46 y 55.

nación perdura hasta nuestros días y sigue exluyendo el aporte histórico-cultural de los pobladores originarios del territorio. A diferencia de los Estados Unidos, en Uruguay no hay ningún interés por parte del estado en rescatar lo rescatable (desde el punto de vista occidental) de las culturas indígenas. Por el contrario, la mayoría de la gente se siente muy orgullosa de ser parte de un país sin indígenas, en contraste con el resto de las naciones latinoamericanas: el mito de ser los más europeos de Latinoamérica está todavía vigente en la sociedad uruguaya.

La asimilación, e incluso la colonización del universo y la materialidad indígenas por parte de la sociedad occidental en ambos países es, entonces, muy diferente. Sin embargo en ambos casos se puede observar una falta de agencia de los indígenas -ya sea por haber desaparecido, como en el caso de Uruguay, o por carecer de poder real dentro de la sociedad dominante, como en el caso de Estados Unidos- y una actitud paternalista frente a los objetos por ellos producidos, que se manifiesta en "regalarles" la posibilidad de ser considerados productores de un arte, que si bien no es tratado como el de los grandes maestros de la pintura y la escultura occidentales, es considerado lo suficientemente meritorio como para ser exhibido en museos de arte.

Hasta que no cambien los criterios en los que basamos nuestra comprensión de la producción material de las culturas indígenas del pasado y no seamos capaces de entenderla de un modo que tenga su fundamento en el reconocimiento de las profundas diferencias culturales que nos distinguen de ellos, no seremos capaces de ver a los indígenas del presente en su especificidad cultural y social. No seremos capaces, tampoco, de tratarlos como seres humanos en un plano de igualdad.[32]

---

[32] Mis elucubraciones sobre aquello que habría que cambiar para que lo indígena tenga otro tipo de tratamiento tanto en el Uruguay como en otros países, están relacionadas con las ideas de Walter Mignolo sobre la importancia y vigencia de los legados coloniales en el presente. Se puede consultar cualquiera de los múltiples trabajos donde elabora sus propuestas, pero en especial véase *The Darker Side of the Renassaince*, 1995.

La estética de la crianza. Los santos protectores del ganado en la Puna de Jujuy.

Lucila Bugallo

En este trabajo se analiza y discute el sentido de la experiencia estética, específicamente de la devoción indígena andina, en las imágenes cristianas contenidas en urnas, así como en elementos del ritual principal del ganado, la *señalada*, que incluye el *florar* a los animales, abordando los significados que los sustentan. Este análisis, así como el material que sirve de base al mismo, es el resultado de una investigación propia sustentada en el trabajo de campo que realizo desde hace una década en la puna jujeña.[1]

La reflexión en torno a los sentidos de las imágenes cristianas construidas por indígenas o situadas en comunidades indígenas y sujetas a devoción, ha sido desarrollada para diversas partes de América. Teresa Gisbert ha estudiado las relaciones de las poblaciones indígenas de ciertas partes de los Andes con la iconografía cristiana[2]. Interesan en especial los aportes que superan la visión de sincretismo o encubrimiento de un orden original y puro, que fuese el centro del análisis en décadas anteriores, hechos por Thomas Abercrombie[3] en lo que refiere a las relaciones que se han establecido desde la época colonial en las comunidades andinas con los santos cristianos, así como los de Denise Arnold[4] sobre el lugar que ocupan actualmente santos y santas en ciertas áreas del altiplano boliviano, en este caso en *Qaqachaka*. Aportes que entienden de otro modo la relación de los andinos con los santos, originalmente cristianos.

Respecto de las urnas o retablos portátiles, a través de los cuales se expresa la devoción a un santo o a una serie de santos, se entienden como una expresión de "arte indígena" identificado con el "arte popular", y conocido por "imaginería popular". En este caso el "arte indígena" no se legitima en referencia a un pasado indígena auténtico, vinculado con lo originario. Por el contrario es un "arte" que se expresa a través de imá-

---

[1] La mayor parte del trabajo de campo lo he realizado en el departamento de Cochinoca; sin embargo desde hace dos años he encuestado igualmente en los departamentos de Yavi y Santa Catalina (todos departamentos de la Puna de Jujuy). Para el presente trabajo me baso especialmente en lo que he aprendido en el pueblo de Santa Catalina, y alrededores. Las urnas que analizo pertenecen a la iglesia de esa localidad. Agradezco a la familia Farfán y a Silvia Quispe, por la amabilidad con que me ayudaron, así como a otros pobladores con quienes tuve la oportunidad de intercambiar pareceres. Asimismo valoro la dedicación con la que cuidan la memoria del pueblo, presente en su patrimonio.

[2] Gisbert, T., *Iconografía y mitos indígenas en el arte* (1980), 2004.

[3] Abercrombie, T. *Caminos de la memoria y del poder. Etnografía e Historia en una comunidad andina*, 2006.

[4] Arnold, D., "El camino de Tata Quri: Historia, hagiografía y las sendas de la memoria en ayllu Qaqachaka", en *Hilos sueltos: los Andes desde el textil*, 2007.

genes aparentemente cristianas, es decir llegadas con los conquistadores, quienes justamente se proponían conquistar "lo indígena". Es claramente un ejemplo de apropiación de imágenes y de re-elaboración en relación con esas imágenes. Sin embargo, aunque parezca a priori contradictorio, veremos que el "pasado indígena" también se re-actualiza a través de estas imágenes, aunque más que de un pasado hablaríamos de una manera de pensar el mundo: es una cosmovisión la que se re-actualiza. Este modo de comprender el mundo y de comprenderse dentro de él, aparece claramente en el ritual ganadero de *enfloramiento* y en los distintos elementos que se confeccionan para el ganado. Estas *flores* no son consideradas como arte indígena ni popular, a lo sumo se las considera desde una visión exterior (muchas veces incorporada en el discurso de las propias poblaciones), una "costumbre" o un "adorno".

Resulta importante por una parte plantear por qué considero que esta categoría "arte indígena" es adecuada para estos objetos –urnas o retablos portátiles-, sin adentrarme del todo en esta discusión que nos llevaría demasiado lejos, dado que habría que plantear qué es arte y qué no lo es, así como la noción de "indígena", ya sea entendida como étnica o cultural, que resulta igualmente problemática. Estas urnas son confeccionadas por *santeros*[5] indígenas y su creación se sitúa en el ámbito puneño. Si considero que se trata de un arte indígena es porque a través de su factura (elección de colores, tamaños, etc.) y la conformación de una estética particular se expresa todo un entramado de símbolos de la propia cultura puneña. Quisiera agregar que tomo "arte indígena" como una categoría que no discrimina lo estético de lo utilitario, esto último entendido en un sentido amplio y, en este caso, en relación con el universo productivo.

Por otra parte me gustaría indicar el vínculo que suele estar presente entre "arte indígena" y "arte popular". Este hecho remite, a mi modo de ver, a la oposición culto/popular que se relaciona con legitimaciones vinculadas con el poder del grupo productor de "el" arte, quedando lo indígena englobado en lo popular, que refiere en este caso a categorías de clase y no étnicas. Hay sin embargo un aspecto importante en lo que hace al arte popular que me gustaría señalar, ya que lo considero característico de las producciones artísticas puneñas: se trata de un arte menos "privado" y más colectivo. Esto no sólo se refiere a la fabricación de retablos portátiles sino que se extiende a los textiles y a la creación musical, como es el caso de las coplas o de la ejecución de instrumentos. Podríamos ir más lejos, ya que ésta no es únicamente una característica de las producciones artísticas sino también de los saberes en general, lo que nos acerca a un debate ya de tipo epistemológico al plantear cómo se legitiman los saberes, que implica preguntarse quién puede producir saber e igualmente arte.

---

[5] *Santero* designa a quien labra o esculpe imágenes de santos así como la factura y ornamentación de las urnas; en la Puna las personas que tienen este oficio no se dedican completamente a él, sino que son a la vez productores de ganado. En la actualidad ya casi no se encuentran *santeros* en la zona.

Los santos criadores y rituales de producción.

Los santos más venerados en la Puna jujeña son los patronos de los animales domésticos o criados[6], en particular San Santiago, San Antonio de Padua y San Juan Bautista (figura 1); sin establecerse una diferencia en cuanto a género como ocurre en otras zonas andinas donde hay santos del ganado macho y santas patronas del ganado hembra[7].

San Santiago, además de ser el patrono de los caballos, tiene un especial vínculo con el rayo, ya que es considerado por las poblaciones andinas como el mismo rayo. Así lo explica una puneña:

Figura 1: Urna con la tríada de San Juan, Santiago y San Antonio con ovejas, caballo y llamas.

---

[6] No existen santos de los animales salvajes, como por ejemplo de las vicuñas o de los zorros.

[7] Abercrombie, T., op. cit., p. 472.

San Santiago porque es el, dicen el santo de los relámpagos, de los trueno, y eso es lo que ocurre aquí mucho, muchos rayos, entonces eso es lo que lo veneran más a San Santiago porque dicen que es malo, no?, y por el temor, por las lluvias, por los trueno, por los relámpagos, por eso. (Entrevista a Silvia Q., 01/07).

El rayo es además la entidad que maneja la lluvia y está por lo tanto profundamente asociado a la sequía. Teresa Gisbert señala que Santiago a caballo en su iconografía tradicional tiene en sí todos los elementos para ser identificado con el rayo: "El ruido de los cascos sugiere el trueno y el fulgor de la espada el rayo. Por esto es que ningún elemento puede delatar si un Santiago representa sólo al apóstol o también representa a Illapa". Para Gisbert se da un cambio de iconografía para una misma entidad, indicando que la popularidad de Santiago entre los indígenas muestra que no ven en él al protector de los conquistadores sino al "antiguo y temible dios que viene revestido y materializado"[8].

San Antonio es el patrono de las llamas y San Juan de los corderos, ganado ovino. Estos tres santos son muy importantes en toda la región andina, en el caso de los dos últimos en relación con el ganado. Para la gente son los "abogados" de esos animales. Los otros santos patronos de animales son: San Marcos, vacunos[9]; San Roque, perros; San Bartolo, cabras; San Ramón, burros. Habría que agregar a este grupo una santa, por su relación con la producción animal y su ubicación en el calendario: Santa Ana, aquí conocida como Santa Anita, patrona de los hilanderos y tejedores.

Este recorte iconográfico fue realizado por las poblaciones puneñas a partir del repertorio provisto por los españoles y, como podemos observar, se delinean claras preferencias por los patronos de animales. En su trabajo sobre la imaginería popular de la Puna jujeña, el historiador del arte Ricardo González realiza un estudio cuantitativo a partir de cien imágenes provenientes de todos los departamentos puneños, en el que aparece claramente la preeminencia de santos sobre vírgenes, cristos y santas; los santos representan el 65% y dentro de este grupo las imágenes de San Antonio de Padua, San Juan Bautista y San Santiago, el 61,5%.[10]

El calendario de estos santos es: San Marcos, 24 de Abril, vacunos; San Antonio, 13 de Junio, llamas, arrieros y viajeros; San Juan, 24 de Junio, corderos- ovejas; San Santiago, 25 de Julio, caballos, rayo; Santa Ana, 26 de Julio, hilanderos, tejedores; San Roque, 16 de Agosto, perros; San Bartolo, 24 de Agosto, cabras; San Ramón, 30 de Agosto, burros.

Al ordenar estas fechas y observar el calendario productivo y simbólico, vemos que se encuentran estos santos ubicados desde el final de Pascuas al final de Agosto (figura 2). Ese

---

[8] Gisbert, T., op. cit., p. 29.

[9] El intercambio de los atributos de los evangelistas Marcos y Lucas (el toro y el león) forma parte de las reinterpretaciones puneñas; pensamos que esto fue en función del calendario, por una necesidad de ubicar el santo del ganado vacuno en cierta época, con la que coincidía San Marcos.

[10] González, R., *Imágenes de dos mundos. La imaginería cristiana en la Puna de Jujuy*, 2003, pp.170-171.

es el tiempo de invierno, época en que se prepara el siguiente año productivo; el año para la reproducción comienza con el solsticio de invierno. Esta preparación incluye varios aspectos: simbólicos y materiales, es decir una *praxis* a distintos niveles. Se dejan descansar las tierras y luego se las ara, se las da vuelta; se propicia el año que comienza con ofrendas y libaciones a los seres tutelares, la *Pachamama*, los cerros y los *ojos* de agua. En Agosto es la *korpachada*, que con las señaladas de ganado ubicadas en un tiempo opuesto dentro del calendario, constituyen los principales rituales productivos de la región. Se alimenta a las divinidades para propiciar un buen año, una buena cosecha, un buen *multiplico* o reproducción. El testimonio de un señor de Barrancas (departamento de Cochinoca), propietario de un oratorio en el que se celebra a San Antonio con novenas, cuarteadas y *suris*, explica lo que se le pide: "Lluvia, que nos salve de todo mal, que la hacienda la proteja de flaquezas, de enfermedades." [11]

Figura 2: Calendario ritual en relación con la cría de ganado en la Puna jujeña

---

[11] Ibidem, p.172

En este contexto ubicamos las urnas de santos, que presentan ciertas características materiales y ornamentales[12]. Los retablos portátiles puneños provienen de las imágenes de la época colonial; los antecedentes de estas urnas "hay que buscarlos en los altares portátiles, comunes en la Colonia y quizás también en los sagrarios, cuyas puertas suelen abrirse y dejar a la vista imágenes"[13]. Se trata entonces de versiones populares de aquellos retablos; veamos qué incluyen las *versiones populares*, en las que los indígenas puneños, de manera relativamente autónoma al aparato eclesiástico, seleccionaron y agregaron en función de la propia visión del santo y de lo sagrado, elementos que conforman una estética particular, más vinculada a lo andino que a lo cristiano.

Estas urnas consisten en una imagen ubicada dentro de una cajita de madera, tienen dos puertitas rebatibles, que al abrirse crean una suerte de marco para la imagen. Las puertas están decoradas con motivos florales, geométricos o con otras imágenes de santos pintadas o en relieve; las flores son el motivo decorativo más extendido en la zona de la Puna, que suele combinarse con motivos geométricos. De manera general, las imágenes contenidas en las urnas presentan una tendencia a la regularidad en la forma, es decir a la simetría, colores saturados y contrastantes y elementos externos a la imagen que han sido agregados en el espacio interior. Explica González que se sacrifica el realismo de la representación en función de la regularidad de la forma, y que el color, como elemento expresivo, resulta en una *estética del contraste* que constituye una singularidad plástica (figura 3).

En el espacio interior de la urna suele haber una cantidad de objetos que "constituyen una reformulación puneña"[14] de los retablos cristianos y de sus atributos clásicos.[15] De este modo, el interior de la urna se convierte en un espacio en el que se ubican sin jerarquía alguna toda clase de objetos, lo que diluye el principio de ordenamiento visual; se sacrifica la forma a esa incorporación, creando un espacio global en el que la imagen del santo opera como catalizador. A pesar de ser externos a la imagen estos objetos están ligados a ella de modo permanente: "todos estos elementos aparecen regularmente conformando una verdadera manera estética". Se trata de cintas, flores de tela y de plástico, estampitas, billetes y monedas, crucifijos, pero igualmente plumas, algodón, lana, hilo, tejidos; éstos últimos simbolizan el mundo productivo puneño, por lo que "El efecto iconográfico es la creación de un microclima en el que la imagen convive con segmentos de realidad." [16] (figura 4)

---

[12] Me baso particularmente en el detallado trabajo de González para la síntesis de las características materiales y ornamentales de las urnas.

[13] González, R., op.cit., p.149.

[14] Ibidem, p. 145

[15] Determinar *qué* sería *lo clásico* en relación a la iconografía cristiana resulta un tanto complicado; ¿estaría este clasicismo referido a un lugar de origen, a una época? Esta cuestión no será abordada aquí, interesa sólo señalar que las urnas puneñas se apartan bastante del tipo de imágenes que se suelen ver en templos cristianos más occidentales.

[16] González R., op. cit., p. 175.

Figura 3: Urna con San Antonio y sus llamas.

Por otra parte, están los atributos relativos al santo, que en la Puna son reinterpretaciones y no corresponden a los atributos cristianos; se trata de los animales de los cuales los santos son patronos, y que ya han sido mencionados más arriba. Figuras de esos animales, miniaturas, están presentes en la urna como atributos, así por ejemplo, a los pies de San Antonio encontramos llamas y a los de San Juan, ovejas y corderos.

A los aspectos iconográficos y a la selección de santos en función de un calendario preexistente, hay que agregar el contexto de uso de estas imágenes. Las urnas pueden estar en las iglesias, pero principalmente su lugar son las residencias particulares, generalmente los oratorios o capillas de las viviendas, desde allí son llevadas el día de la fiesta patronal en procesión, lo que se denomina misa chico, para "hacerles pasar misa"; en otras ocasiones las celebraciones se realizan en los oratorios particulares mismos. En las ocasiones que se celebra un santo patrono o santa patrona, la celebración tiene, fuera de la liturgia cristiana, ciertas peculiaridades, y las imágenes son objeto de una serie de rituales y devociones: las cuarteadas, el baile de los suris y la danza del torito y los caballeros, forman parte de éstos.

Figura 4: Urna con San Juan y sus ovejas.

Días antes de la fiesta patronal, se viste y cambia las ropas de la imagen de bulto objeto de la festividad. Señalemos de manera sucinta que el baile de los cuartos o cuarteada consiste en un baile de devoción a la imagen en el que se alza un cuarto de cordero con cuero y lana, mostrando siempre la parte de la carne hacia el lugar donde se encuentra el santo, santa o virgen. Se trata de varias parejas, por lo tanto de varios cuartos de cordero, sacrificados en honor a la imagen. Los suris, en este caso sólo hombres, vestidos con trajes y sombreros de plumas de suris (ñandú), con grandes cascabeles en las piernas y bastones de madera en forma de gancho con el que se agarran de su pareja, danzan igualmente de frente a la imagen. Tanto las cuarteadas como el baile de los suris se realizan en series basadas en las novenas. Otro aspecto relevante es que al finalizar la procesión se ch'alla la pachamama en el patio de la iglesia; en cambio no he podido observar ch'allas dedicadas a los santos y santas o lugares de culto con ellos relacionados, como sí ocurre en el altiplano boliviano, donde se los ch'alla especialmente con chicha y se bebe en su nombre.17 Es importante señalar que los santos realizan ciertos recorridos, al ser llevados a la iglesia o a las casas de otros pobladores. Sería interesante abordar el estudio de estos recorridos, tomando como referencia el trabajo de Denise Arnold, y observar qué mapas van surgiendo a partir de los mismos.

A partir de lo expuesto vemos que estos santos se encuentran implicados en una serie de actividades rituales en relación con las producciones que no suelen ser lo propio de estas imágenes. Es decir llevan una atípica vida de santos.

Flores para el ganado y la Pacha

La señalada del ganado es un ritual de producción que se lleva a cabo en el corral y se divide en dos partes que se desarrollan al mismo tiempo, pero que tienen funciones y finalidades diferentes: por un lado se señala o marca los animales; por el otro, se los *flora*. Me explican algunos puneños que *ese día es el día de los animales*, que se *"flora a los animales para adorar las llamas y las ovejas"*. Las señaladas se realizan en verano, en el lado opuesto a la época de veneración de los santos protectores del ganado; en cambio se puede florar algunos animales de la especie en el día de su santo patrono y las llamas pueden también ser floradas en Agosto *porque son pacha.* Al hacerse la señalada también se *korpacha* la *Pachamama*.[18]

El *unkuñero* es el atado ritual utilizado en esta celebración; se trata de un *aguayo* en el que se guardan varias cosas de gran importancia para la familia: bolsa con flores de lana, confeccionadas para florar los animales el día de la señalada, los collares y vinchas de lana destinados a ciertos animales de la tropa, lana teñida para *chimpar*[19], y *chuspas*[20] antiguas, en las que se encuentran las *illas* o *wak'as* y las *ayantillas*. En caso de que la familia posea estos objetos de culto van acompañados de coca y los *wayruros*[21] envueltos en algodón; también las *chuspas* están floradas con flores de diferentes señaladas/años. Las flores y los *chimpos* para las llamas y ovejas están hechos con lana de cada especie

---

[17] Abercrombie, T., op. cit., p. 472

[18] Agosto es el mes de la *Pachamama*. El ritual que se realiza en ese tiempo es la *korpachada* que consiste en dar de comer a la tierra. Durante la señalada en la época de verano la *korpachada* no suele incluir comida, sino sólo bebidas de distinto tipo y coca. Decir que *las llamas son pacha*, equivaldría a decir que son animales de la pachamama o son ellos mismos parte de la *pacha*.

[19] *Chimpar* significa atar un *chimpo* en el lomo del animal, esto es un pedacito de lana de color sin hilar. Se dice *chimpar* o *tulmar*; los sustantivos correspondientes son *chimpo* y *tulma*; también hay gente que llama *flor de lana* a los *chimpos*.

[20] La *chuspa* es una pequeña bolsa tejida en telar en la que la gente solía llevar la coca o en la que las mujeres guardan el dinero.

[21] Las *illas* o *wak'as* desigana en este caso a las pequeñas figuras o miniaturas de animales del ganado hechas en piedra, aunque estos términos son más complejos y tienen connotaciones sagradas más amplias; las *ayantillas* son piedras bezoares, tomadas de la vesícula o del estómago del animal al ser carneado; los *wayruros* son unas semillas tropicales, las que se compran en la Puna jujeña provienen de Bolivia; todos ellos son objetos sagrados relacionados con el ganado.

animal. Las flores pueden ser de diferentes colores, principalmente se utiliza guindo, rojo, rosado, naranja y blanco, y de distinto tipo según la especie a la que pertenece el animal, su sexo y categoría. Los tipos de flores son: *flor de hilo*, *flor de cinta, trencillas, flor de lana*. El hilo que se utiliza para atar las flores es por lo general hilo *yoke*[22]; este hilo está torcido hacia la izquierda y sus hebras son una blanca y la otra negra; veremos más adelante el significado de esta oposición de colores[23] (figura 5).

Figura 5: Llamas floradas y chimpadas en la señalada de doña Pancha Guanactolay, Cochinoca.

Una estética de la crianza del mundo

A partir de estos elementos rituales presentes en las señaladas y en las urnas, nos interesa reflexionar sobre el significado de algunos de los objetos contenidos en el *unkuñero*, así como de los colores utilizados y de las simetrías y contrastes. ¿Está todo esto sustentado en una concepción estética?

Verónica Cereceda se refiere a un "ideal estético andino" que ella identifica en diversos elementos y discursos; como es el caso del *wayruro*, que explica esta autora denomina la combinación de dos colores (rojo/anaranjado y negro), dándose entre estos dos tonos una relación de contraste: "como ideal de belleza el pensamiento ha elegido

---

[22] *Yoke* como se dice en la puna jujeña, es el vocablo quechua para designar el lado izquierdo: *lluqë* : la izquierda ; *lluq'ë* : adj. izquierdo, zurdo.

[23] Bugallo, L., "El ritual dentro de la tecnología. La *señalada* de animales en la Puna de Jujuy, Argentina", en *Tecnología andina y desarrollo con identidad, 51°ICA,* 2003.

una idea compleja: un "conflicto" óptico."[24] Los colores y las formas, sus disposiciones e intensidades entre otros, simbolizan por una parte conjunciones y por otra disyunciones. El contraste nítido entre opaco y luminoso es llamado *allqa*, y ésta es una expresión de disyunción. "El mundo de la disyunción es el mundo de las formas precisas, equilibradas, ordenadas, los límites netos, es decir, todo aquello que lleva a percibir claramente las diferencias y las identidades (…)".[25] La conjunción, en cambio, se expresa en el mundo andino aymara a través de las *k'isa* –degradaciones de colores en textiles–, las que establecen una ambigüedad óptica que provoca la conjunción entre distintos elementos. En cuanto a la relación entre conjunción y mediación, se pregunta Cereceda si tienen las *k'isa* propiedades mágicas que les permiten enlazar dos planos distintos de la realidad, y refiriéndose a la multiplicidad de objetos que disponen colores en degradación en numerosas ceremonias, hace referencia a los elementos que se utilizan para el rito llamado floreo o *t'ikacha*, vinculado a la fecundidad del ganado "Todos los animales son adornados con *ch'impu*: simplemente vellón sin hilar, teñido en los principales tonos que originan la *k'isa*. Todo este estallido de color atraerá la buena suerte y la procreación de la tropa."[26]

Los colores de las flores en la Puna jujeña son identificados y explicados por la gente como: "Guindo es por la sangre de ellos, distingue su sangre y su carne y rosa es porque es alegre, es el día de su alegría", "el guindo es rojo oscuro, sangre de toro" -este color se refiere a la sangre de un animal gordo y fuerte. "El blanco es la gordura", es decir que el color blanco en las flores representa la grasa del animal, mientras que el color verde representa el pasto. Las flores, el día de la señalada de los animales, que es su día, son para adorar las llamas y las ovejas. Los colores intervienen como mediadores o para indicar límites, y simbolizan a su vez otros aspectos relacionados con la producción, como los tonos rojos que representa la vida misma contenida en la sangre.[27]

En el ritual propiciatorio de la señalada, elementos que presentan la conjunción – las flores, los colores de la escala cromática de los rojos–, y la disyunción –los *wayruros*, el hilo *yoke*– están presentes. Habíamos evocado la "estética del contraste" en relación a la utilización de colores en las urnas, así como en la "forma precisa, equilibrada, ordenada", "en la tendencia a la regularidad en la forma, a la simetría". A la vez, el hecho de que el interior de la urna, con el agregado de toda clase de objetos sin jerarquía alguna que diluye el principio de ordenamiento visual, hace que "todos estos elementos aparecen conformando una verdadera manera estética". Este microclima que se crea, estaría mostrando una cierta conjunción entre diferentes planos de la realidad, permitiendo una mediación entre el santo, los animales y la *pacha*, y las producciones ganaderas puneñas:

---

[24] Cereceda, V., "Aproximaciones a una estética aymara-andina: de la belleza al tinku", en *Raíces de América: El Mundo Aymara*, 1988, p. 328.
[25] Ibidem, p. 352.
[26] Ibidem, p. 340.
[27] Bugallo, L., op. cit.

"la imagen convive con segmentos de realidad."[28] , a través de los elementos agregados. Tienen en cierto modo como las *k'isas* una función de mediación: "Las escalas cromáticas explicitan claramente su trabajo: son un esfuerzo por unir la sombra y la luz, pasando a través de los colores brillantes que, metafóricamente, permitirán una transformación en otro plano de la realidad." [29]

Denise Arnold se refiere a otros tipos de discursos, como los contenidos en elementos textiles que presentan esquemas a modo de escritura; éstos suponen maneras de pensar que implican la estructuración del pensamiento al modo de la escritura.[30] Podemos pensar que los códigos de los colores, de los contrastes, de las simetrías y asimetrías forman parte de estos modos de estructuración.

Una construcción andina: los santos-wak'as

Al observar los atributos animales de los santitos de las urnas puneñas, pudimos ver que las llamas tenían collares y *ch'impos* rojos pintados, es decir que habían sido *floradas* (figura 6, ver animalitos florados). Esta presencia pone de manifiesto que los aspectos simbólicos de la señalada del ganado entran en las urnas de los santos; santos que también participan en propiciar la fecundidad del ganado. Los símbolos se entretejen y el ritual de florar participa de la devoción "cristiana" al santo: no sólo se incluye al animal florado, como un elemento de la concepción andina de la reproducción y modo de producción en relación con las divinidades, sino que se adora al santo a través de estos elementos. El santo es una *wak'a* a la que se le ofrecen animales. Ya lo vimos en las *cuarteadas* en las que se adoran los santos, santas y vírgenes con cuartos de cordero. Podríamos pensar en estos *tropos* a los que refiere Denise Arnold, citando a Hayden White,[31] como símbolos familiares y repetidos, propios del género literario histórico, que aquí aparecen en los discursos –orales y materiales– en relación a los santos, al ganado y al modo de producir.

¿Qué relación establecen las personas con los santitos? Ricardo González expresa que se trata de una relación personalizada, ya que el poseedor de una imagen es su esclavo; agrega que el cuidado y la ornamentación están dirigidos al santo más que a la imagen.[32] Este es un punto que nos interesa discutir. ¿Se trata de la imagen en su materialidad o de la entidad a la que representa el objeto de devoción? Abercrombie se refiere a la colonia temprana en la época de transición entre la extirpación de idolatrías y la adopción de imágenes cristianas por parte de las poblaciones del altiplano. En 1570, escribe, el sacerdote doctrinero González de la Casa "les dio a los indios de Macha los debidos sustitutos de los milagrosos intercesores de las peregrinaciones idolátricas: les llevó "imágenes de bulto", imágenes en miniatura de santos potencialmente milagrosos, dentro de cajas de madera (también llamados retablos)

---

[28] González, R., op.cit., p. 175.
[29] Cereceda, V., op.cit., p. 340.
[30] Arnold, D., op. cit., pp.183-184.
[31] Ibidem, p.182.
[32] González, R., op.cit., p. 179

que podían llevar consigo en las novenas y romerías entre el templo del pueblo y las capillas de reciente fundación en sus anexos o caseríos."[33] Los "milagrosos intercesores" a los que refiere el autor eran las *wak'as* y sus centros de culto. En este caso no era sólo una entidad representada lo que se veneraba sino el lugar y la materialidad de la *wak'a* en sí.

Figura 6: Urna de San Juan y San Antonio con ovejas y llamas floradas, ¿illas del ganado?

Denise Arnold, por su parte, cuenta cómo los santos son percibidos como sus "dioses" por la gente del ayllu *Qaqachaka* del departamento de Oruro, dioses que son asociados con la producción agro-pastoril. Señala la autora que los santos-dioses son considerados por los pobladores de esa zona como *chullpas* por el tipo de trato que reciben.[34] A pesar de no haber escuchado este tipo de explicaciones que incluyan referencias a las

---

[33] Abercrombie, T., op. cit., p.341
[34] Arnold, D., op. cit., pp.181-187 y 226.

chullpas en la Puna jujeña, el lugar que ocupan los santos en el ciclo productivo podría referirse en ciertos aspectos análogos al de los restos de antepasados en lo que atañe a la fertilidad y fecundidad.

En este sentido los objetos e imágenes incluidos en la urna no sólo representan lo sagrado sino que significan la presencia de lo sagrado, su materialidad es sagrada. Se podría también pensar en la relación con ciertas piedras, antiguos y actuales lugares de culto, con las que muchas veces está asociada la aparición de una imagen (de un santo, santa o virgen), es decir de su "entidad" o "espiritualidad".

González afirma también que existe un núcleo ritual precolombino más allá de las figuras cristianas, de las prácticas devocionales y de ciertos aspectos de la ortodoxia cristiana: "Se da una funcionalización de las figuras en torno a los elementos básicos de la relación con las divinidades en el universo andino". El contenido y la estructura, como aspectos complementarios, constituyen el patrón de articulación entre las figuras cristianas y los rituales andinos.[35]

José María Arguedas, antropólogo y escritor peruano, ha explicado, refiriéndose a los retablos portátiles de Huamanga (Sierra del Perú), que estos "objetos encubren ritos mágicos conservados casi en su integridad desde la antigüedad prehispánica", es decir, que dan "apariencia cristiana a las ceremonias de las religiones locales indígenas."[36] Estos retablos, llamados generalmente "San Marcos", tienen dos pisos, en el piso alto se encuentran los santos patronos de los animales: "Algunos animalitos se ponen junto a sus santos patrones y el cóndor en su arriba", le explica a Arguedas un imaginero de la zona.[37] Vemos que se incorporan símbolos del universo sagrado indígena, como el cóndor que representa a los *wamanis, yayas o aukis,* que son el espíritu de las montañas. "Los "San Marcos" sirven de instrumento en el llamado a las montañas que el pongo hace, para consultas médicas y acerca del ganado u objetos perdidos; preside también con toda propiedad el conjunto de ritos, danzas y juego mágico con que se realiza y celebra la marca del ganado (herranza), así como la celebración de las cosechas. En la herranza se han conservado los antiguos ritos dedicados a propiciar la fecundidad del ganado".[38] Lo expuesto por Arguedas interesa aquí porque muestra que la incorporación de retablos que incluyen la devoción a santos cristianos en ritos de producción agrícola y ganadera así como en la relación con los seres tutelares andinos, es y ha sido una práctica extendida en los Andes.

Quisiera marcar una diferencia en cuanto al análisis que hace Arguedas[39], ya

---

[35] González, R., op.cit., p. 201.

[36] Arguedas, J. M., "Notas elementales sobre el arte popular religioso y la cultura mestiza de Huamanga" (1951), en *Formación de una cultura nacional indoamericana*, 1981, p.161.

[37] Ibidem, pp. 163-164.

[38] Ibidem, p.165.

[39] Es el mismo tipo de análisis que realiza Ricardo González al afirmar que existe un núcleo ritual precolombino.

que no considero que se "encubran" antiguos ritos conservados casi en su integridad.[40]
Concepciones estéticas plasmadas en colores y elementos que indican conjunciones y
disyunciones, que marcan transiciones y límites, utilizados en las flores del ganado, han
sido aplicadas a las urnas de los santos. Se trata de una nueva elaboración, que incluye
a los santos en la estética andina de la producción; entonces más que un encubrimiento
–el santo cristiano que encubre al antiguo rito–, en el santo está al "descubierto" el modo
andino de pensar. El santo está rodeado de corderos chimpados, de llamas con flores y
ponchos o collares. El santito participa de los intercambios entre seres humanos y seres
tutelares, participa de los intercambios con la pacha. Esta elaboración andina es resultado
de lo que Abercrombie denomina "intercultura": "fruto de siglos de interrelaciones a lo
largo de una frontera cultural que ha sido escenario de grandes dosis de violencia, explotación, resistencia y adaptación." Escribe este autor, a partir de su experiencia en el altiplano
boliviano, que "era muy grande la tentación de adoptar el punto de vista de la variedad
de "cristianismo como fina capa", "los ídolos detrás de los altares", el "bautizados, pero
no evangelizados" del continuismo cultural, en virtud del cual todo lo que había visto se
podría analizar y comprender como exclusivamente andino, inteligible según la lógica
cultural precolombina." Considera entonces que no tiene sentido separar analíticamente
lo cristiano-hispano de lo andino, ya que nos encontramos ante síntesis culturales producidas por los mismos pueblos que deseamos comprender. "Es posible distinguir entre
esferas cósmicas relativamente "más cristianas" y relativamente "más andinas" (...) Pero
los atributos y características de las divinidades "cristianas" y "andinas" parecen haberse
interpenetrado recíprocamente tan por completo, que el contraste en ciertas formas parece
vano." En las prácticas rituales siempre se intenta relacionar ambas esferas, siendo los
santos los intercesores de esta relación.[41] El pasado y el presente se articulan en estas
expresiones plásticas en varios planos, por ejemplo en la miniaturización, central en las
culturas andinas. Las miniaturas ocupan un lugar primordial en muchos de los rituales
andinos vinculados con la reproducción, las illas precisamente condensan el principio
vital. Los retablos portátiles aparecen justamente como una miniaturización de los santos
y los animales de las urnas como *illas* del ganado.

Crianza mutua. Una cosmovisión que se re-actualiza

"Los humanos alimentan y crían a las Wak'as y éstos hacen igual con sus "crías":
los humanos. Las incesantes costumbres y ritos de producción del campesino andino
consisten, básicamente, en alimentar a las Wak'as y así procurar que éstos alimenten a los

---

[40] Quisiera no obstante señalar que el estudio de Arguedas se sitúa en la primera mitad del siglo XX y se vincula
con corrientes más ligadas a los estudios de folklore, que se interesan por darle un lugar a *lo indígena*, a *lo
americano*; trabajos que significaron un gran aporte a la reflexión sobre las culturas indígenas del continente.
Respecto de su producción literaria, se trata a mi parecer de una de las más valiosas para el mundo andino
en lo que hace al abordaje de un espacio de intercultura.
[41] Abercrombie Thomas, op. cit. pp.160-166.

humanos."42 Esta es la concepción de crianza mutua que conforma el universo andino y del que participan los rituales propiciatorios, tanto de las señaladas como de las prácticas que se desarrollan en torno a los santos. Al ser la cría de ganado la principal actividad en esta región, es el multiplico de éste que se quiere propiciar. Vemos a esta serie de ocho santos ubicados en la época de propiciar, de preparar, fueron "seleccionados" porque coincidían con la época en que se ofrendaba y preparaba el año que comienza. El año para la vida y la reproducción comienza con el solsticio de invierno. Esto aparece claramente en el caso de San Antonio de Padua, patrono de las llamas, que fue elegido por su ubicación calendárica, ya que la época que va de Junio a Agosto incluye el comienzo del nuevo año.

En la víspera del día de estos santos de invierno se prenden luminarias: se encienden fogatas muchas veces delante de la iglesia del pueblo, pero a la vez en lo alto de los cerros, y se ven a lo lejos cintas de fuego que recorren los campos. Estos fuegos son percibidos como una devoción al santo y quizás sean igualmente parte del culto solar, permitiendo a la vez la renovación de nuevas pasturas. La encargada de la iglesia en Santa Catalina cuenta:

> San Santiago, también está San Juan, que muchos del campo tienen mucho porque es el patrono de las ovejitas, y San Antonio también porque es el patrono de las llamitas, así que ellos en el campo, en todos lados en el campo esa noche de la víspera del día de los santos, ellos hacen una luminaria pero en todas las casas luminarias, ellos lo hacen en la puerta del corral de las ovejas o de las llamitas.

Aparecen claramente en relación con los santos los aspectos simbólicos de los preparativos del año productivo. Luminarias, fuego, para celebrar al santo en la puerta de los corrales y para *despachar* al "sol cansado".[43]

En la misma lógica de potenciar la reproducción de las especies, les son colocados en la urna los elementos relacionados con la producción ganadera (lana, hilo, tejidos), y el algodón que aparece frecuentemente en el interior de las urnas, representa posiblemente la grasa del animal, es decir su engorde y salud, dado que el color blanco se vincula a la gordura en reiteradas prácticas. Los animalitos están además por lo general *florados*. Por otra parte, Santiago, que es el rayo resulta fundamental en el propiciar las lluvias necesarias para la reproducción de la vida.

El componente conceptual central de la práctica ritual en torno a las imágenes, es la idea retributiva de la ofrenda y el sacrificio, en relación con los fenómenos naturales. González analiza la inclusión de elementos simbólicos referentes al mundo productivo

---

[42] Kessel, J. van y P. Enríquez Salas, *Señas y señaleros de la madre tierra. Agronomía andina*, 2002, p. 60.
[43] Denise Arnold escribe, al referirse al trayecto de Tata Quri (santo-dios de Qaqachaka), que gran parte de éste "trata del inframundo diabólico, del sol cansado en su viaje en el mundo interior de *manqhapacha*, antes de salir nuevamente después de junio.", op. cit., p.235.

puneño "para que el santito le dé. La retribución no desaparece nunca del horizonte de culto y celebración".[44] Del mismo modo ocurre con *Pachamama*. Si al florar el ganado se lo adora, entonces se lo está poniendo en relación con la/las divinidades protectoras, en este caso con la *Pachamama*, a la que se le pide que proteja la tropa, que le dé salud y que ayude a su "multiplico", es decir, a su fertilidad y reproducción. Esta relación se explicita en el color guindo de las flores, color sangre de animal fuerte y gordo, que se atan en las orejas de los animales; a través de la flor se adora y se establece un lazo entre el animal y la *Pachamama,* que lleva el color de lo que se le pide: animales gordos y fuertes, que se multipliquen.[45]

Conclusión

En el sentido andino de estas imágenes cristianas, está contenida una concepción indígena de la recreación del mundo. *Pachamama*, divinidad de la fertilidad, presente en todo el Ande, es en la Puna jujeña la principal entidad relacionada con esta recreación; es sin embargo una noción más amplia, ya que la noción de *pacha* incluye la de tiempo, totalidad y abundancia.[46] El concepto de "tecnología empírico-simbólica"[47] se refiere a esta concepción de la producción: el retablo del santo, inserto en un calendario igualmente empírico-simbólico, forma parte de ese sistema, y la estética presente en él, busca la eficacia simbólica.

La separación entre la experiencia estética y la religiosa está en realidad ligado a un momento de la historia de Occidente; una historia que ha dado lugar a categorías de análisis que operan por fragmentación de la realidad. Por ejemplo, y en relación con la belleza, la posibilidad de una contemplación de los objetos o directamente del mundo, a través de la categoría de paisaje, surge en Europa, con el Renacimiento, la perspectiva, el humanismo y el racionalismo.

La experiencia andina, en cambio, expresa la admiración de lo bello en relación con una cosmovisión propia; lo bello es aquí lo que se encuentra ligado a la fertilidad y reproducción de las especies, pero no sólo de manera literal, es decir no sólo en relación por ejemplo con la cría de la llama, sino como arquetipo poderoso relacionado con la energía vital que está operando permanentemente y gestando en el interior de la *pacha*. La experiencia es aquí estética, religiosa y productiva a la vez; el universo de sacralidad andino va unido de manera indisociable a las producciones, y la estética es una expresión de esta relación, ligada directamente con el adorar y ofrendar, acciones que no se separan del ámbito de la producción, sino que forman parte de él. Podemos decir que la estética y la ética no se disocian, como fue también en otro tiempo para Occidente; lo ético incluye

---

[44] González, R., op.cit., p. 174.

[45] Bugallo, L., op. cit., p. 23.

[46] Bouysse-Cassagne, T. y O. Harris, "Pacha: en torno al pensamiento Aymara". 1988, p. 225.

[47] Kessel, J. van y P. Enríquez Salas, op. cit.

aquí la idea del producir y una concepción de la naturaleza no como exterioridad y recurso, sino como "interioridad", en este criarse mutuamente.

Se plantea entonces una intervención a través de los símbolos de la crianza: los colores, sus contrastes, las flores. Esta estética refiere a un contenido poderoso, como ocurre siempre con los símbolos, y se transforma en un discurso, leído en las urnas y en los *chimpos* del ganado: la belleza está en la crianza mutua entre el ser humano y el mundo.

Los dibujos de Ángel o las encrucijadas del arte indígena

Pablo Wright y Marta Penhos

La noción "arte" y el adjetivo "indígena" poseen una larga historia en la que se suceden y superponen capas de significados que llegan hasta nuestros días y pesan a la hora de considerar ciertas experiencias, cierta producción, ciertas imágenes. Los dibujos mencionados en el título nos ubican en la encrucijada de abordarlos, desde la interdisciplina de la antropología y la historia del arte, con el fin de desentrañar su valor y sentido como creaciones estéticas en las cuales aparecen plasmados símbolos, ideas, mitos e interpretaciones de la historia toba[1].

Figura 1: fotografía de Ángel PitaGat, 2008.

---

[1] La palabra "encrucijada" nos parece adecuada para introducir, a partir de sus distintas acepciones, algunos aspectos de nuestro trabajo: "lugar en donde se cruzan dos o más calles o caminos", es decir las sendas disciplinares de la historia del arte, apta para estudiar el "arte", y la antropología, dedicada a lo "indígena"; "ocasión que se aprovecha para hacer daño a alguien, emboscada, acechanza", o sea el peligro de avanzar sobre un terreno poco transitado; y "situación difícil en que no se sabe qué conducta seguir", a la que nos enfrentamos respecto de ciertos "objetos de estudio" que se resisten a constituirse como tales, a encuadrarse dócilmente en los marcos epistemológicos y en las categorías al uso de cada disciplina.

Ángel PitaGat proviene de la comunidad toba o *qom* de Taacaglé, en la provincia de Formosa, Argentina, y tiene actualmente (2009) setenta y un años (figura 1). En el contexto de varias investigaciones antropológicas llevadas adelante por Pablo Wright desde 1983[2], realizó un conjunto de dibujos cuyas características analizaremos aquí. Mientras que, por una parte, no se trata de imágenes concebidas como productos dentro de la esfera autónoma del arte que plantea la teoría moderna, tampoco son objetos pertenecientes a la tradición formal y técnica de los toba. Esta ambivalencia nos permite explorar algunos de los múltiples significados de la categoría "arte indígena", a la vez que, siguiendo a Escobar, nos apela a ahondar en la capacidad de estas imágenes para agregar un plus de sentido a nuestra comprensión del mundo[3].

Vale la pena dar cuenta de la génesis de este texto. En 2007 Marta Penhos organizó una exposición sobre imágenes de viajeros en la que incluyó un recorrido visual del Chaco en pinturas, dibujos, grabados y fotografías realizadas por blancos –españoles y criollos de la colonia, europeos y argentinos de los siglos XIX y XX. Buscaba poner de manifiesto los recursos plásticos que posibilitaron la construcción del espacio chaqueño y de los cuerpos que lo habitaban a través del otorgamiento de determinadas características, valores y jerarquías[4]. Wright participó de una de las actividades relacionadas con la exposición y, a partir de ese momento, nuestras charlas y la lectura cruzada de los trabajos de ambos motivaron un entusiasta intercambio que desembocó en la idea de una escritura en común sobre la obra singular de Ángel PitaGat. Sin duda, los dibujos de Ángel muestran "otro Chaco", diferente del que se configuró desde la mirada blanca, pero resultan algo más que la contracara del discurso hegemónico sobre la región.

Evidencias visuales

Como expresamos más arriba, la realización de dibujos fue parte de un proceso en el que intervino fuertemente la relación entre Wright y PitaGat, relación que en un inicio se encuadró en la clásica etnógrafo-informante para derivar en un vínculo complejo y dinámico capaz de poner en cuestión los parámetros espaciales de la antropología, así como sus conceptos y prácticas derivados, en especial los de "campo" y "trabajo de campo"[5].

En el desarrollo de sus investigaciones sobre la cosmografía y el chamanismo de los toba, específicamente de los *takshek qom*[6], Wright sintió la necesidad de contar con otros materiales, además de los que forman parte tradicional del trabajo etnográfico (da-

---

[2] Respecto de estas investigaciones ver Wright, P., "Cinco discursos y un mismo árbol? Problemas de iconografía y hermenéutica antropológica", 1995; y sobre todo Wright, P., *Ser-en-el-sueño. Crónicas de historia y vida toba*, 2008. Muchos aspectos tratados en esta última publicación son retomados en este artículo.

[3] Ver en este volumen Escobar, T., "Arte indígena: zozobras, pesares y perspectivas".

[4] Penhos, M., "Mirar, conocer, dominar. Imágenes de viajeros en la Argentina", 2007.

[5] Acerca de las derivaciones teóricas y metodológicas de estas investigaciones, Wright, *Ser-en-el-sueño*, op. cit., en especial cap. 2.

[6] El término *takshek* puede traducirse como "oriental" o "del naciente", mientras que *qom* es una autodenominación que significa "nosotros", "la gente", y por extensión "los seres humanos".

tos obtenidos por la observación, registro de testimonios orales, etc.), a fin de tener una comprensión más cabal de la configuración y el orden del mundo según los *qom*. Pero este deseo no fue satisfecho hasta que hicieron su aparición -de un modo bastante casual- los primeros dibujos del hombre de Tacaaglé: relata Wright que durante una visita que hizo Ángel, a quien conocía desde 1979, a su casa de Buenos Aires en 1983, "descubrí por accidente que él tenía una habilidad extraordinaria para el dibujo; fue entonces que le di hojas y lápices de colores para mantenerlo 'ocupado' mientras yo estaba afuera"[7]. Este punto de partida parece ligarse con una larga tradición que, desde la conquista de América en el siglo XVI, ubica al blanco "dando" al indio las técnicas y los instrumentos propios de la imagen occidental. Es inmediata la evocación de los frailes que enseñaron a los indígenas a dibujar de acuerdo con las convenciones europeas, muchas veces con el objeto de lograr un conocimiento cabal de las culturas mesoamericanas, como es el caso de Bernardino de Sahagún. De hecho, la actividad dibujística de Ángel se transformaría en un recurso clave de la indagación etnográfica con el potencial de echar luz sobre aspectos de la cultura toba que aparecen opacos para la mirada occidental: "…le pregunté si podía dibujar algo que me interesaba. Asintió sin dudar, y entonces le dejé una lista de seres no humanos que conocía de nombre, pero cuyas imágenes mi limitada imaginación nunca había podido construir"[8]. Este primer conjunto se compone de 19 dibujos realizados con bolígrafos y lápices de colores sobre fichas de cartón n° 3. Catorce de ellos arman una suerte de galería de seres no humanos (*jaqa'a*) que forman parte de la ontología *qom*. Los *jaqa'a*, dentro de las "categorías generales de clasificación" propuestas por Wright a partir de su trabajo con los toba, son entes transformadores de la realidad, "dueños" o "madres" y "padres" de seres o fenómenos naturales (animales como la víbora, localizaciones como el monte, eventos meteorológicos como la tormenta), y espíritus auxiliares (*lowanek*) de los hombres, capaces de transmitir a éstos ciertas cualidades o poderes. En los dibujos de Ángel estos personajes, algunos antropomorfos, otros zoomorfos, quedan delineados en forma nítida, con énfasis en determinadas características que los hacen reconocibles, aunque su configuración, como ya veremos, no es fija ni definitiva. Los fondos están en relación estrecha con la figura, de modo que pueden resultar complementarios de su apariencia para denotar con más claridad sus poderes o competencias -es el caso de "QasoGonaGa", madre o dueña de la tormenta y el relámpago, que se halla rodeada de formas vigorosas pintadas de azul-, o bien estar ausentes y hacerla más visible al recortarse sobre el blanco de la hoja –como sucede con otros *jaqa'a*, como "WaGajaqa'lachigi", el *trickster* o burlador, y "Taanki'", el héroe cultural (figuras 2 y 3).

Progresivamente, los dibujos de PitaGat adquirieron la categoría de "evidencia visual". Por un lado establecieron un canal intersubjetivo entre él y Wright, mientras que por otro contribuyeron a llenar el vacío que dejaban otras representaciones.

---

[7] Wright, P., *Ser-en-el-sueño…*, op. cit., p. 59.
[8] Ibidem

Figura 2: Ángel PitaGat, WaGajaqa'lachigi, 1983.   Figura 3: Ángel PitaGat, Taanki', 1983.

"Los lápices y la mano de Ángel estaban llenando ese vacío… Estas ilustraciones eran respuestas visuales a mis preguntas, (…) sus "temas" podrían localizarse en una región liminar y fugaz que se erigía entre nosotros: mis palabras etnográficamente focalizadas; su mano creativa y pragmática, emergiendo desde nuestros respectivos horizontes históricos"[9]. En definitiva, los dibujos delinearon poco a poco esos "mapas del mundo *qom*" necesarios para orientarse en una selva de símbolos ajena a la de la tradición occidental: la concepción del mundo, las nociones de espacio, cuerpo y persona, y también las ideas sobre el devenir del tiempo, se hicieron por fin visibles, gracias al poder de las imágenes para mostrar aquello que las palabras no pueden decir. Como comprobaremos más adelante, lo que en la historia cultural de las representaciones occidentales se mani-

---

[9] Wright, P., *Ser-en-el-sueño…*, op. cit., p. 144.

fiesta en las relaciones, a menudo intrincadas, entre escritura e imagen[10], aparece aquí con una complejidad mayor: la que implican las traslaciones y traducciones entre oralidad, escritura e imagen. En efecto, la palabra escrita sólo hace su aparición en las notas del antropólogo que recogen el testimonio del interlocutor, pero no es con sus códigos que hay que confrontar la semiosis icónica, sino fundamentalmente con la expresión oral, que sustenta la creación y transmisión de conocimiento entre los toba. Y veremos que otra iconicidad, propia de los sueños, también interviene en el proceso.

Los otros cinco dibujos de este conjunto son animales que Ángel plasmó después de una visita al Jardín Zoológico de Buenos Aires, donde quedó impactado por la cantidad y variedad de especies que observó, algunas de ellas desconocidas para él, como el elefante y el rinoceronte. Resulta muy significativo que Ángel utilizara en la representación de estos animales ciertos recursos que se advierten en otros dibujos de temas "etnográficos", como son los colores cálidos de la gama del rojo, que en la simbología cromática toba se asocia con el poder[11]. El dibujo del elefante es un buen ejemplo de uno de los rasgos de la obra de Ángel: la síntesis a partir de la observación. La forma del animal resulta absolutamente reconocible para cualquiera que esté al tanto de su existencia, a la vez que no contiene ningún elemento accesorio o irrelevante. El color rosa fuerte, como recién señalamos, denota su carácter poderoso, y sólo se interrumpe en la gran oreja, que el dibujante pintó de amarillo para darle mayor claridad a la lectura de la imagen. En el caso del tigre, que se destaca por su pelaje manchado, el rojo se reserva para los grandes ojos que enfocan al espectador.

Mientras que la mayor parte de los dibujos de 1983 fue realizada por Ángel a partir de una lista de *jaqa'a* que le dio Wright para que lo ayudara "a comprender y visualizar mejor el nivel de lo no humano"[12], es decir que responde al deseo de imágenes del antropólogo, los animales del zoológico plasmados sobre el papel parecen haber sido un recurso por medio del cual el informante, precisamente corriéndose de ese papel, pudo procesar una información nueva y dejar huellas de su experiencia personal, basada principalmente en la percepción visual. Es importante tener en cuenta esta distinción, ya que igual que los *tlacuilos*[13] de Sahagún, Ángel no se limitó a adoptar mecánicamente un modo de representación ajeno a él, sino que lo hizo propio. La producción y significado de los dibujos excede así el marco de la indagación etnográfica y las imágenes se transforman en "evidencias visuales" en un sentido amplio.

---

[10] Es necesario recordar aquí las fórmulas de "irreductibilidad de lo visible a los textos" y "heterogeneidad semiótica entre la imagen y la escritura" planteadas por Louis Marin y retomadas por Roger Chartier en "Poderes y límites de la representación", 2006, pp. 92-93.

[11] Wright, P., *Ser-en-el-sueño...*, op. cit., p. 139.

[12] Ibidem, p. 138.

[13] La palabra náhuatl define a quienes en época prehispánica estaban a cargo de la realización de códices, es decir que eran a la vez escribas y pintores. Durante el siglo XVI muchos de ellos siguieron haciendo códices y participaron como pintores en los grandes conjuntos murales de los conventos.

¿Una cartografía qom?

Otro grupo de dibujos lo componen los esquemas diseñados por Ángel en 1987 y 1988 durante dos estancias de Wright en Tacaaglé. Nuevamente la urgencia de contar con un registro que complementara y ampliara la información provista en forma oral por él y otros interlocutores mueve a Wright a solicitar esa forma de respuesta a sus preguntas. Pero en esta ocasión, y luego de la primera experiencia, Ángel había incorporado la imagen como un medio eficaz de comunicación y también de expresión, ya que algunos dibujos fueron hechos *motu proprio* para aclarar o ilustrar sus explicaciones acerca del universo, dando a conocer además su propia elaboración icónica de la tradición e historia toba.

El dibujante utilizó a menudo solamente bolígrafo sobre hojas del cuaderno de campo o sueltas. Existen esquemas realizados por otros antropólogos especialistas en el tema[14] que proveen de una base sobre la cual trabajar la cosmología toba, pero conforman una interpretación desde fuera de esa cultura. La posibilidad de conocer la "visión *desde dentro*" a través de la habilidad de Ángel planteó, sin embargo, algunos interrogantes sobre la viabilidad de una cartografía que, a la vez que fuera reconocida como tal, tuviese la capacidad de recoger conceptualmente la idea y forma del universo toba: es decir, de qué modo trasladar las configuraciones espaciales toba, derivadas de o vinculadas más con una práctica y una empiria del espacio[15] que con una reducción del mismo a datos cuantificables, a un lenguaje tan ligado a la tradición científica de Occidente, o más sencillamente "cómo sería posible un mapa desde la propia perspectiva *qom*"[16].

Teniendo en cuenta esta cuestión, resulta fructífero revisar el mismo concepto de *mapa* desde la perspectiva de los estudios culturales y filosóficos acerca de la geografía y el espacio. El enfoque cartesiano del espacio en el que hemos sido educados nos hace perder de vista el hecho de que, como ha mostrado Thrower, un panorama abarcador de la geografía y la cartografía incluye tanto las ideas sobre el espacio y las prácticas espaciales desarrolladas en el marco de la tradición moderna occidental, como las de los pueblos sin cultura escrita, que sin embargo poseen otros recursos, distintos del "mapa" estrictamente considerado, para registrarlas y/o transmitirlas[17]. Lejos de una historia lineal y evolutiva en la que cada mapa supera al anterior en la representación exacta del espacio, es necesario admitir que, tanto en Occidente a partir del Renacimiento como en otros períodos y culturas, los mapas son objetos instrumentales que surgen como resultado del cruce y tensión entre ideas y experiencias del espacio, y cumplen con una función mediadora en un proceso de comunicación[18]. En este sentido, podemos decir que la tierra, los continentes, las aguas y todos los demás elementos y su disposición, tamaño

---

[14] Principalmente Elmer Miller, Ibidem, *passim*

[15] "No se me ocurrió que pudieran tener otras formas de representación, dibujos en la tierra o "mapas orales" dramatizados en relatos de viajes de caza, o experiencias de los antiguos por la zona", Ibidem, p. 129.

[16] Ibidem, p. 144.

[17] Thrower, N., *Maps and civilization. Cartography in Culture and Society*, 1996.

[18] Jacob, C., *L'empire des cartes. Approche théorique de la cartographie à travers l'histoire*, 1990, Cap. 1.

y relaciones entre sí resultan construcciones del conocimiento más que datos objetivos y estables plasmados sobre un papel[19].

Por qué no aceptar, entonces, que los esquemas cosmológicos de Ángel son efectivamente mapas en el sentido más amplio e inclusivo de la palabra, y a la vez reconocer en ellos, al igual que en sus otros dibujos de intención más claramente figurativa, una dimensión estética. Al respecto es interesante la contaminación que presentan estos mapas entre cartografía, es decir la comunicación de determinados datos espaciales, e ilusionismo, ya que toda su composición está basada en elementos figurativos[20]. Pero se trata de un ilusionismo que no intenta, como en el arte occidental moderno, brindar una ilusión de la realidad óptica, sino proveer a quien observe los dibujos de pistas para reconstruir en imagen una realidad que trasciende lo óptico.

Si por una parte Ángel dibujó el aspecto de las constelaciones, y "lo que se ve en el cielo", recogiendo información cosmológica, por otra utilizó los mapas para aclarar la estrecha relación entre toponimia e historia y experiencia del espacio entre los toba. Es importante mencionar algunos aspectos formales de estos dibujos, como es el rebatimiento del plano de la representación, recurso privilegiado de la cartografía y la topografía para describir un territorio y sus características principales[21]. Ángel selecciona una cantidad acotada de detalles y se limita a delinear los elementos más importantes representados de modo sintético: ríos, caminos, terrenos habitados, vegetación, presencia humana. La utilización de números que remiten a explicaciones transmitidas oralmente a Wright también acercan estas imágenes a los mapas y planos occidentales modernos, en los que las referencias numéricas completan los datos provistos por la presentación cartográfica (figura 4).

Los dibujos de este grupo forman, así, una suerte de cartografía *qom* que tiene la capacidad de hacer comprensible a los ojos *doqshi*[22] algunos aspectos de su modo de entender el mundo, los elementos que lo componen y los seres que lo habitan. Pero además, si pensamos que "la lengua vernácula [de los toba] muestra un énfasis destacable en la

---

[19] Así lo expresa Carla Lois en su exhaustivo estudio acerca de la representación del hemisferio sur en el siglo XVI, ver *Plus Ultra Equinoctialem. El 'descubrimiento' del hemisferio sur en mapas y libros de ciencia del Renacimiento*, 2008, Introducción.

[20] En la cultura europea la frontera entre cartografía y arte fue muy permeable hasta el siglo XVIII, cuando la constitución de la geografía científica y el desarrollo de las técnicas cartográficas por un lado, y la mayor autonomización del campo artístico por otro, separaron definitivamente las competencias de cartógrafos y artistas. Ver Alpers, Svetlana, *El arte de describir. El arte holandés del siglo XVII*, 1987, cap. III. De todos modos, los mapas nunca se desprendieron del todo de ciertos elementos ilusionistas y de una intención estética, que permanecen en algunos casos hasta la actualidad, ver Gombrich, Ernst, "El espejo y el mapa: teorías de la representación pictórica", en *La Imagen y el Ojo, Nuevos estudios sobre la psicología de la representación pictórica*, 1989.

[21] Sobre el uso de este recurso en dibujos de expediciones al Chaco en el siglo XVIII, ver Penhos, M., *Ver, conocer, dominar. Imágenes de Sudamérica a fines del siglo XVIII*, 2005, cap. 1.

[22] Término genérico, equivalente a "blanco" o "cristiano", refiere también a los valores de la cultura occidental.

Figura 4: Ángel PitaGat, mapa de Tacaaglé, 1987.

dimensión espacial", y la toponimia parece "integrar nuestras categorías de geografía, historia y mitología dentro de un conjunto conceptual único"[23], los dibujos parecen condensar, haciéndolos visibles, sentidos que en la tradición cultural a la que pertenece Ángel provienen de una experiencia espacial y se expresan por medio de la palabra oral.

Otras manos, otras imágenes, otras lecturas

Poco después, en 1989, y de nuevo en Buenos Aires, Ángel realizaría un nuevo conjunto compuesto por más de 20 dibujos centrados sobre todo en la morfología y funcionamiento del cosmos y en temas de chamanismo[24]. Sin embargo, antes de abordarlos hay que considerar la intervención de otros artífices y de otras imágenes.

La primera de ellas consiste en dos series de seres anómalos dibujados por el antropólogo Luis Vuoto entre 1985 y 1987 para ser utilizados en entrevistas con miembros de la comunidad de Tacaaglé y La Primavera, entre los que se hallaba Ángel. La experiencia permitió "esbozar una idea acerca de cómo nuestros interlocutores "marcaban" los límites de las categorías animales, y por extensión también las fronteras entre nor-

---

[23] Wright, P., *Ser-en-el-sueño…*, op. cit., p. 128.
[24] En esta ocasión Ángel utilizó hojas de papel blanco de 21,5 x 28 cm. y lápiz negro, bolígrafos, y lápices de colores acuarelables.

malidad y anormalidad taxonómica"[25]. La concepción de las figuras de Vuoto, dibujadas con corrección pero sin ningún alarde artístico, se halla fuertemente atravesada por el imaginario occidental de lo fantástico: el hombre peludo remite al *yeti* u hombre de las nieves, mientras que el ave con cuatro patas y el pez terrestre podrían integrar los bestiarios europeos que, desde fines de la Edad Media hasta bien avanzado el siglo XVIII, mezclaban animales existentes con seres híbridos o fantásticos. En principio, estos dibujos pueden interpretarse como una irrupción del mundo *doqshi* en las comunidades toba, porque fueron generados y puestos en circulación a partir de los intereses etnográficos de Wright y Vuoto y buscan plasmar percepciones, ideas y creencias toba a través de un canon de representación relativamente ajeno a ellas. Pero es posible darles otro sesgo, ya que introducen la cuestión de la lectura de la imagen por parte de los interlocutores, un punto que es necesario tomar en cuenta.

La figuración occidental moderna desarrollada desde el Renacimiento a menudo ha sido concebida como universal y válida para todos los pueblos del mundo, y asociada a los valores de belleza y verdad. Por lo tanto, el desciframiento de las imágenes se supone una operación accesible a todas las personas, más allá de sus competencias educativas y sus parámetros culturales. Gombrich ha mostrado, por medio de un ejemplo extremo, que no es así: el "mensaje gráfico" grabado en el exterior del Pioneer F, que fue lanzado al espacio en 1972 con la esperanza de que fuera encontrado por "seres inteligentes científicamente cultivados", contiene tantos elementos propios de los códigos de representación occidentales que sería absurdo pretender que esos seres comprendieran su sentido. En lo que hace a las figuras del hombre y la mujer, y la mano levantada del primero en actitud de saludo, dice Gombrich que "ni siquiera un terrícola chino o indio podría interpretar correctamente este gesto basándose en su propio repertorio"[26]. Sin embargo, el mismo autor reconoce la existencia de universales visuales y de ciertas constantes perceptivas que habilitan la comunicación entre los hombres por medio de las imágenes, a través del tiempo y de las culturas. De allí que, dando un paso más, sea viable considerar las imágenes, en especial cuando participan de contactos interculturales, como lugares de consenso, por lo menos en torno a su propia capacidad de generar sentido. Este espacio que abren las representaciones icónicas a la vez se halla atravesado de conflictos y violencias[27]. Personas de diferentes culturas pueden acordar en que una imagen significa, pero seguramente aquello que significa sea para ellas diferente en mayor o menor grado, dando lugar, en el plano simbólico, a pujas, resistencias, acercamientos, sometimientos.

---

[25] Ibidem, p. 143.

[26] Gombrich, E., "La imagen visual: su lugar en la comunicación", 1997, pp. 54-55.

[27] Aunque con notables diferencias de método, han coincidido en este enfoque Gruzinski y Cummins en lo que respecta al papel de las imágenes en la América colonial, ver Gruzinski, Serge, *La guerra de las imágenes. De Cristóbal Colón a Blade Runner* (1492-2019), 1995; y Cummins, Tom, "From Lies to Truth: Colonial Ekphrasis and the Act of Crosscultural Translation", 1995. A partir de esta idea se ha analizado el uso de imágenes realizadas por expedicionarios europeos en ocasión de encuentros con nativos de la costa noroeste de América, y del Pacífico sur, ver Penhos, M., *Ver, conocer…*, op. cit., cap. 6.

Es el momento entonces de regresar a las imágenes de Vuoto para comprenderlas como un elemento de intercambio dentro del mismo proceso en el que se inscriben los dibujos de Ángel. La gente de Tacaaglé y La Primavera mostraron sumo interés en ellas y las leyeron a partir de sus propias experiencias con los animales de la naturaleza y con seres aparecidos en sueños o conocidos por relatos antiguos[28]. También los dibujos de Ángel merecieron la atención de sus paisanos, quienes reaccionaron ante ellos con risas, temor, o simplemente identificando en sus formas los seres, situaciones y relatos conocidos.

Desde la perspectiva del trabajo etnográfico los dibujos de Vuoto funcionaron como facilitadores de la comunicación, mientras que para los *qom* actuaron como disparadores de la memoria de sus saberes tradicionales. Pero mucho más importante, fueron parte del universo visual que frecuentó Ángel en los años en que realizó sus dibujos, enriqueciendo y potenciando el papel de la imagen como medio privilegiado de conocimiento. Sin embargo, no parecen haber sido una "influencia" en el sentido más acudido del término, ya que los seres como "Pel'ek" (figura 5) y "nwaGanaGanaq", bastante similares al hombre peludo de Vuoto, fueron realizados por Ángel con anterioridad al contacto con los dibujos del antropólogo. Paralelamente a las coincidencias en la concepción formal de lo no humano, aparecen notables diferencias si prestamos atención a la relación entre las representaciones -los dibujos- y aquello que representan -lo anómalo. Los dibujos de Vuoto recogen un costado siniestro de lo anómalo, ese universo "otro", separado de lo humano, en gran parte desconocido y por ello inquietante, que es propio de la cultura de Occidente, pero a la vez parten de la conciencia de que nada de lo que muestran existe en la reali-

Figura 5: Ángel PitaGat, Pe'lek, 1983.

---

[28] Wright, P., *Ser-en-el-sueño…*, op.cit., p. 142.

dad fenoménica[29]. En cambio, tanto en el reconocimiento de imágenes por parte de los habitantes de Tacaaglé y La Primavera, como en la concepción de los dibujos de los *jaqa'a* de Ángel, hay la aceptación de una dimensión de la existencia con la que los hombres tienen cierta familiaridad y cercanía. Las imágenes de Ángel y de Vuoto pueden interpretarse entonces como espacios de negociación sobre las capacidades y poderes de la imagen para significar, pero también de discrepancia acerca de los significados de la alteridad en relación con lo humano.

Un árbol entre las palabras y las imágenes

La otra intervención icónica que hay que considerar es de diversa índole y está ligada estrechamente con uno de los temas desarrollados por PitaGat en sus dibujos de 1989: *nawe' 'epaq*, "el árbol negro soñado de las competencias chamánicas". En relación con la configuración toba del universo como varios niveles superpuestos, este árbol o palo funciona a modo de canal de comunicación entre ellos, y es el elemento a través del cual viajan hacia los niveles superiores quienes quieren competir por la adquisición de mayor poder[30]. Este tema, clave en su agenda etnográfica, fue estudiado por Wright desde comienzos de los '80 a partir del testimonio de varios interlocutores, en especial de Alejandro Katache. Este caracterizó *nawe' 'epaq* como "un poderoso árbol negro que emerge en medio de una laguna habitada por seres peligrosos, […] visitada por chamanes durante el sueño, guiados por sus espíritus auxiliares o *Itawa*". En su relato, los chamanes tienen que trepar hasta la punta del árbol y luego saltar hacia el agua y subirse a una canoa para ganar la orilla, evitando el ataque de los animales peligrosos[31]. El impacto de los múltiples sentidos del árbol negro y la riqueza del material que se desplegaba sobre él en el transcurso del trabajo de campo, llevaron a Wright a la escritura de un texto titulado "La prueba crepuscular", en cuya elaboración incluyó "el ritual de la iniciación en sueños, el rol de guía de los ancianos y la presencia de oposiciones con alto valor simbólico, como día/noche, luz/oscuridad, humano/no humano, este/oeste"[32]. También realizó él mismo un esquema de *nawe'*, ya que Katache no se mostraba dispuesto a plasmar visualmente lo que sabía sobre él.

Pero alguien más hizo su aparición: Liliana Barberis, compañera de trabajo y artista *amateur* que, inspirada en "La prueba crepuscular", dibujó a lápiz los personajes y eventos principales del cuento. Barberis trabajó a partir de un lenguaje naturalista, evidente en las

---

[29] La separación entre las esferas de lo real y lo fantástico no siempre fue tajante en las representaciones occidentales: los bestiarios, herederos del imaginario medieval de lo fantástico, circularon hasta entrado el siglo XVIII, paralelamente al desarrollo de la historia natural como disciplina científica y a la difusión de los sistemas de clasificación modernos. En el siglo XVII, el caso de la obra de Ulises Aldrovandi, es un buen ejemplo de la mezcla entre seres existentes, sometidos incluso a la observación y la experimentación por parte del autor, y otros absolutamente imaginarios.

[30] Para un análisis exhaustivo de *nawe' 'epaq* ver Wright, P., "Cinco discursos…", op. cit.

[31] Wright, P., *Ser-en-el-sueño…*, op. cit., pp. 153-4.

[32] Ibidem, p. 154. Ver transcripción de "La prueba crepuscular" en pp. 154-6.

figuras humanas y en la vegetación, y que utiliza incluso para los seres que amenazan al iniciado, representados como manos y puños que surgen de la laguna. Sin embargo, para dar cuenta de una temporalidad compleja, en la que no todo acontece de acuerdo a una sucesión lineal, acudió a la condensación de distintos momentos del relato, y propuso una lectura circular en sentido inverso al de las agujas del reloj[33]. Nuevamente estamos aquí frente al problema de la interpretación de la imagen, ya que Ángel hubo de observar el dibujo de Barberis con mucho detenimiento y por varios minutos, preguntando acerca de detalles para él importantes (por ejemplo, si uno de los personajes estaba durmiendo o ebrio), antes de reconocer en él una representación de *nawe' 'epaq* y del viaje iniciático de los chamanes.

Pero más allá, o tal vez a causa de esta distancia cultural respecto de la interpretación de las representaciones visuales, lo cierto es que "La prueba crepuscular" y su traslación gráfica por una dibujante *doqshi* plantearon un desafío a Ángel: el de producir su propia elaboración del tema. En sus versiones, y a diferencia del dibujo de Barberis, el árbol se encuentra en el centro de la composición y actúa como elemento articulador, tanto de la narración como de la forma del mundo, lo que transmite con elocuencia el lugar preeminente que ocupa en la tradición toba. Sobre la hoja en blanco, el primer dibujo lo muestra como "un mástil del cual salen llamas rojas". En su interior se hallan los seres no humanos, ordenados por Ángel de acuerdo a su poder relativo. El chamán que asciende por el tronco adquiere poder gracias al contacto con esos seres, y por ello debe alcanzar la punta, pues allí se halla "Taanki'", que es el más poderoso[34]. La línea, realizada con bolígrafo, se impone sobre el colorido muy suave. Ángel utiliza el rojo para señalar el poder que se desprende de *nawe'*, pero la comprensión de la imagen descansa más bien en cada uno de los elementos que se destacan por medio de una línea sintética –la forma del poste, las figuras de los otros chamanes que esperan el fracaso del que está trepando, los animales feroces acechando en la laguna, los seres no humanos dentro del tronco (figura 6).

Al concluir el primer dibujo, "le pregunté [a Ángel] si quería explicar lo que había hecho en lengua *qom*, para chequear palabras clave y conceptos relacionados con el chamanismo y la cosmología, a lo que accedió con soltura"[35]. Esta pieza oral, surgida a partir de la representación visual, no es estrictamente un relato, sino más bien una detallada descripción de la imagen, cuya lectura completa y enriquece. Al confrontar ambos discursos, el oral y el icónico, comprobamos que para el dibujante todos los elementos que componen la imagen tienen una importancia equivalente en la transmisión de su sentido. La media luna colocada a la derecha del dibujo, por ejemplo, no es accesoria al motivo "principal" –el ascenso del chamán por el árbol negro- ya que sirve para marcar la

---

[33] Ibidem, pp. 157-8.

[34] Ibidem, p. 164.

[35] La transcripción del relato y su traducción al castellano en ibidem, pp. 160-4.

hora nocturna de las competencias, y queda mencionada en la descripción con una frase poética: "entonces la luna se veía bien clara"[36].

Figura 6: Ángel PitaGat, Nawe' 'epaq, competencia chamánica, 1989.

Dos notas más es preciso señalar. Una de ellas es la inclusión de un frondoso árbol por cuyo tronco desciende una víbora de gran tamaño. Como es evidente, responde a uno de los modos consagrados de representar la serpiente que tienta a Eva en el Paraíso, aunque es más habitual que ésta se halle enroscada alrededor del tronco, como en las obras de Ccrananch y Durero, por mencionar sólo dos casos. Es posible que Ángel haya conocido esta iconografía a través de ilustraciones u otros materiales semejantes usados en la educación religiosa, pero resulta llamativo que ni en la breve frase que le dedica en su descripción –"entonces ahí había un árbol y estaba una víbora en ese árbol"- ni en otras explicaciones posteriores apareciese alguna mención a su sentido cristiano.

---

[36] Ibidem, p. 161.

El otro elemento notable que forma parte del dibujo es una escala numérica correspondiente al poder de los seres no humanos insertos en el tronco, que se lee en sentido ascendente. PitaGat figura los números con formas del mundo animal y agrega líneas punteadas para ligarlos con cada *jaqa'a*. En palabras del autor:

> ...es un símbolo, son símbolos
> el primero es el uno, la tararira [un pescado]
> entonces sale como el uno,
> después vienen dos [pescados], entonces es el dos.
> Después vienen las patas de ñandú,
> y dos [pares] de huevos de pájaros,
> después los búhos y la víbora allí.

Para realizar estos "símbolos" usó sistemas diferentes: la mayor parte de los números responden a la mera repetición de figuras iguales (cuatro huevos, cinco búhos), y la pata del ñandú, de tres dedos, conforma ese número, mientras que el seis da cuenta de una mayor elaboración al quedar plasmado en la forma análoga de una víbora enroscada, como si se tratara de un pictograma.

Podemos verificar entonces que Ángel procede combinando diversos elementos y recursos para dar cuenta de la densidad de significados de *nawe'*, pero parece seleccionarlos sin incluir ninguno que no sea del todo necesario. El resultado es a la vez sencillo y rico, despojado y pleno de sugerencias.

En la encrucijada

La figura de Ángel recuerda la del chamacoco o *ishir* Ogwa Flores Balbuena, que se inició como pintor a instancias de la etnógrafa eslovena Branislava Susnik, y cuya obra cobró trascendencia en los últimos años a partir del interés de investigadores y funcionarios argentinos y paraguayos. Ogwa, fallecido en mayo de 2008, desarrolló una iconografía ligada a la mitología de su pueblo, el paisaje chaqueño y especies animales de la región. Su trabajo, según expresan Spadafora y Bayardo, "es resultado de una coproducción entre el antropólogo y el nativo que tiene la virtud de promover nuevas formas de entender la cultura, nuevos relatos que, a manera de retazos intentan recomponer algunas de las glorias míticas que reproducen los rituales", lo que sin duda lo liga fuertemente al de Ángel. Citado por estos autores, Cordeu refiere que durante sus investigaciones entre los *ishir*, un miembro de la comunidad, consciente de las limitaciones de la oralidad para expresar el comportamiento ritual, le sugirió incorporar dibujos realizados por él mismo, a los que se sumaron más tarde los de Ogwa[37].

---

[37] Spadafora, A. M. y R. Bayardo, "Ogwa: pintar el pasado para reinventar el futuro. Aproximaciones al arte de los chamacoco o ishir del Chaco Boreal Paraguayo", 2006. Las imágenes de Ogwa se hallan reproducidas en varias publicaciones: entre ellas Cordeu, Edgardo, *Transfiguraciones simbólicas. Ciclo ritual de los indios*

Pero lo cierto es que la "fortuna crítica" de la obra de Ogwa es muy diversa a la de Ángel. La primera ha recibido premios y fue expuesta en museos, lo que implicó su ubicación respecto de las instituciones, categorías y circuitos artísticos[38]. Esto ha llevado a definir al propio Ogwa como "artista popular" o "artista emergente", según el sitio de exhibición o difusión de sus pinturas, sin que los trabajos que abordan su estudio en clave antropológica hayan discutido lo suficiente este aspecto, que sin duda incide en la interpretación que se haga de ellas[39].

Lejos de estos reconocimientos, los dibujos de Ángel han sido contemplados en diferentes circunstancias por personas doqshi con distintos grados de educación formal. La mayor parte resumió su primera impresión con una frase corta: "parecen hechos por un chico". No es casual. Este parámetro para la aprehensión de ciertas imágenes que escapan al modelo de desarrollo lineal y progresivo del arte consagrado por la estética moderna suele aplicarse a expresiones de "arte primitivo", "arte etnográfico", "arte popular". Es fácil advertir que la comparación con el "arte infantil" las ubica en una etapa inicial dentro de un esquema evolutivo del tiempo, obturando la posibilidad de entrar en sus significados, a menudo más complejos de los que parecen anunciar las formas simples, sintéticas y plenas de expresión que pueden ser comunes a estas producciones.

Asociado con esta percepción y valoración, está el hecho de que en general esperamos que un indígena produzca objetos fácilmente catalogables como "artesanía" –en el caso de los toba: bolsos de cháguar, collares de semillas-, y no que se ponga a dibujar, al parecer a contrapelo incluso de su propia tradición visual[40].

Teniendo en cuenta los factores referidos recién es el momento de ubicarnos en la encrucijada y preguntarnos sobre la relación entre los dibujos de Ángel y la noción de "arte indígena". Para ello es necesario retomar algunos aspectos que hemos ido trabajan-

---

tomarazo del Chaco Boreal (1999, cit. en Spadafora), y Escobar, T., *La maldición de Nemur. Acerca del Arte, el mito y el ritual de los indígenas ishir del Gran Chaco Paraguayo*, 1999.

[38] "…en el 2001 participó del Premio "Jacinto Rivero" organizado por la Fundación FARO para las Artes [de Paraguay]. El jurado compuesto por críticos de renombre internacional, seleccionó su obra junto a la de otros nueve artistas paraguayos, transformándose en el primer indígena premiado en un concurso de arte de semejante importancia". Por otro lado, ese mismo año expone en la III Exposición y Feria Artesanal Cultural de los Pueblos Originarios, realizada en el Museo de Motivos Populares "José Hernández" de Buenos Aires. Ver Spadafora, A. M. y R. Bayardo, op. cit. Poco después, su hijo Basybüky también expuso en ese museo.

[39] "A lo largo de los últimos años, el Museo de Arte Popular "José Hernández" ha abierto sus puertas a una multiplicidad de artistas populares. En ese ánimo desde hace unos años, hemos venido organizando conjuntamente exposiciones del artista plástico Ogwa Flores Balbuena…", ver Spadafora, A. M., "Ogwa, Basybüky, los antropólogos y los museos", 2007. Hay que aclarar que la página web del Museo "José Hernández", donde se encuentra el texto, incluye una definición de "arte popular" que recoge sus distintas significaciones a lo largo del tiempo. Por otra parte, la obra de Ogwa aparece en el portal *Artfactsnet*, "international gallery guide for modern, contemporary and emerging art".

[40] Existen varios comercios en la Argentina en los que se venden este tipo de objetos que llevan por nombre "Arte indígena". Por un lado se elevan esos objetos a una categoría superior (arte), mientras que por otro se equilibra la operación al atribuirlos a unos productores que la cultura hegemónica ubica en los márgenes sociales y culturales (indígena).

do a lo largo del texto, para confrontarlos con los diferentes sentidos presentes en el par "arte" / "indígena".

En primer lugar, hay que considerar la génesis, el contexto de producción, y el proceso mismo de realización de los dibujos. Dijimos que los primeros dibujos y gran parte de los siguientes surgieron a partir de los objetivos de la investigación etnográfica, y que los "encuentros de trabajo" entre Ángel y Wright tuvieron por efecto "modelar de uno u otro modo el contenido" de los mismos[41]. En este sentido, es difícil interpretarlos como productos de una necesidad expresiva de PitaGat y, como ya planteamos, aparecen más bien como objetos interculturales. De este modo, contradicen uno de los tópicos acerca de la creación artística, el de la expresión del individuo, y a la vez se resisten a ser catalogados como objetos "puros" desde un punto de vista etnográfico.

Lo que nos lleva necesariamente al segundo aspecto, el de la autoría. El conjunto total de dibujos realizados por Ángel presenta algunas características que vale la pena señalar. Si en las escenas sobre *nawe'* y otras similares en las que intervienen muchos elementos es evidente el predominio de una línea sintética, en la representación de los *jaqa'a*, el dibujante acude a un detallismo preciosista y a una gran variedad de colores. Ángel puede sugerir con pocos trazos las figuras humanas que participan de las escenas narrativas, mientras que las formas de los seres no humanos responden a la intención de dar cuenta de una completitud significativa. De ahí el despliegue de escamas, dientes, garras, alas, trabajados con colores intensos y contrastantes. Esta alternancia de recursos -la síntesis y el detalle- está en función de los objetivos comunicativos de la imagen, que pone énfasis en el relato o en los rasgos sobresalientes de las figuras según el caso.

Encontramos también la evidencia del papel relevante de la observación en la elaboración de los dibujos, como es posible comprobar en la inclusión de un avión en la descripción de "lo que hay en el cielo", o en las especies vegetales propias del monte chaqueño que forman parte de ciertas escenas. Esto está ligado al hecho de que en muchas láminas hay huellas de trazos a lápiz, formas generales que están en la base de los dibujos definitivos, dando cuenta de una elaboración a partir de datos de la realidad fenoménica y/o de la imaginación.

Es indudable entonces que Ángel es quien no sólo ha plasmado materialmente los personajes y temas representados, sino que éstos responden a su propia interpretación de la historia y la tradición toba. Sin embargo, por una parte, como hemos visto, la obra de Ángel excede la ideación individual, noción tan cara a la teoría moderna del arte. Y por otra tampoco estamos ante una manifestación de "arte etnográfico" en el que vemos destacado el rol de la comunidad. Los dibujos no parecen tener relación con la producción actual de objetos entre los *qom*, vinculada con el consumo cotidiano o la demanda turística. En este sentido Ángel se recorta del conjunto de su gente por el interés, el entusiasmo y la capacidad con que abordó la representación plástica de los complejos contenidos de la

---

[41] Wright, P., *Ser-en-el-sueño…*, op. cit., p. 140.

investigación etnográfica[42]. Ni creación individual ni producto comunitario, los dibujos son "un espacio intersubjetivo visual-verbal creado entre nosotros (PitaGat y Wright), pero extendido como un puente existencial hacia todos aquellos que habían contribuido a delinear este ámbito arbóreo. Porque estas ilustraciones no eran suyas o mías sino *nuestras*, en el sentido más preciso pero fluido del término"[43]. Lejos de ubicarnos en la dicotomía irresoluble de lo individual, identificado con el arte moderno occidental, y lo colectivo, que asociamos con el arte etnográfico, la producción de Ángel pone en evidencia que no hay obra que pueda reducirse a uno u otro parámetro, y que todas surgen de relaciones y cruces entre las personas y los objetos en espacios y situaciones dadas. Se trata entonces de una obra en la encrucijada *qom-doqshi* en la que no sólo participaron Ángel y Wright, sino también otros actores, cada uno aportando lo suyo, en una imbricación de relatos, preguntas, notas escritas… e imágenes, poderosas imágenes capaces de ser a la vez punto de llegada en cuanto representación visual de aspectos de la cosmología, la ontología y el chamanismo toba, y objetos dados a la mirada como punto de partida de lecturas e interpretaciones sobre esos aspectos, y mucho más.

En efecto, si enfocamos nuevamente en el proceso mismo de realización de los dibujos, se revela en primera instancia una suerte de *ekfrasis* de doble sentido, en el que la palabra transmitida en forma oral se hace imagen, y la imagen potencia y genera renovadas versiones de los saberes tradicionales. El concepto de *ekfrasis*, proveniente de la retórica helenística, implica la traslación de un sistema de representación a otro, con la consiguiente transformación de los contenidos, sentidos y lógica originales, y fue utilizado por Cummins para el abordaje de algunas imágenes realizadas por indígenas durante los siglos coloniales[44]. Pero es necesario atender aquí al hecho de que gran parte de los relatos y descripciones realizadas por los toba "traducen" experiencias oníricas que son clave en su cultura. Y la materia de los sueños son fundamentalmente imágenes, de modo que podemos pensar que los dibujos de Ángel recuperan una cierta iconicidad originaria de la que se nutre la palabra.

Si las experiencias chamánicas y la cosmología toba parecen estabilizarse en las formas y colores de los dibujos que las plasman, en la representación de los *jaqa'a* se advierten los alcances y los límites de estas traslaciones: "Taanki'", "Pel'ek", y otros seres no humanos adquieren una visibilidad antes reservada a lo onírico, pero manifiestan su ontología cambiante, provisoria e inestable en las diferentes versiones que Ángel dibujó según el contexto en el que quedaban ubicados estos personajes durante el trabajo

---

[42] Durante los años de la investigación ningún otro habitante de Tacaaglé y de La Primavera parece haber tenido ese interés y capacidad. Wright ha recogido unos pocos dibujos de otros *qom*, como Alejandro Katache, Gregorio Miranda y Pedro Justo, pero son imágenes aisladas, y en algunos casos muy esquemáticas.

[43] Wright, P., *Ser-en-el-sueño…*, op. cit., p. 165.

[44] Cummins, T., op. cit. En retórica, la *ekfrasis* (εκφράσιξ) refiere al intento por alcanzar por medio de la palabra la percepción visual, llevando el discurso del mundo lingüístico al mundo espacial por medio de la descripción poética de una obra de arte escultural o pictórica. En sentido inverso, también se entiende el traslado de un texto a su representación visual.

etnográfico. De ese modo, el *trickster* "WaGajaqa'lachigi", representado como una joven mujer en 1983 (figura 2), para dar cuenta de su capacidad mimética y engañosa, aparece en 1989 con el tocado, las muñequeras, brazaletes, collar y una vara en su mano izquierda como atributos del poder y la autoridad (figura 7). Y "Taanki'", cuya figura había surgido primero contaminada con la de "WaGajaqa'lachigi", del que había tomado la falda de flores (figura 3), se presenta años después vestido como un jefe antiguo (figura 8). Las representaciones visuales, lejos de fijar la apariencia de las cosas y los seres, son "relativas, situacionales y susceptibles al contexto"[45].

Figura 7: Ángel PitaGat, WaGajaqa'lachigi, 1989.   Figura 8: Ángel PitaGat, Taanki', 1989.

Los dibujos de Ángel, entonces, se resisten a ser catalogados como piezas plásticas para el goce estético, no porque no posean cualidades en ese sentido, sino porque contemplándolos aisladamente se alcanza una comprensión parcial y simplificada de sus significados. En el proceso de *ekfrasis* hay sin duda una ganancia: lo que pertenecía a la esfera del lenguaje (hablado, en este caso) se hace visible, recuperando en parte el imaginario de los sueños. Pero conlleva también una pérdida, algo de aquello propio de ese código

---

[45] Wright, P., *Ser-en-el-tiempo…*, op. cit., pp. 150-151, y 165.

que, al trasladarse al otro, se transforma y adquiere otros sentidos. Por ello las imágenes de PitaGat, como las de otros indígenas en situaciones similares, demuestran que son algo más que "nuevos textos" culturales en los que indagar sobre las tradiciones toba[46].

Sin duda, aún hay mucho por estudiar acerca de las fuentes de la interculturalidad presente en la obra de Ángel, más allá de la colaboración entre él, Wright y los otros actores que hemos mencionado. Si bien faltan datos sobre la formación o educación visual de Ángel que facilitó su emergencia como dibujante, sabemos que asistió a la escuela hasta tercer grado, donde tomó contacto con los códigos occidentales de representación. Otro factor a tomar en cuenta es la educación religiosa, en especial el pasaje entre la actuación de los franciscanos y de las iglesias evangélicas en la región, por la diversa relación respecto de la imagen que guardan ambos. Finalmente, hay que mencionar que al inicio de la investigación de Wright, Ángel y otros miembros de su comunidad conocían la televisión, lo cual indica un cierto nivel de familiaridad con la cultura visual *doqshi* en general.

El otro punto de esta cuestión es la relación entre la obra de Ángel y la tradición visual toba. Pese a que en la actualidad no identificamos referentes directos que operen como modelos iconográficos y compositivos propios de su cultura, lo cierto es que, según Escobar, las formas de la familia lingüística guaykurú y en particular de los "toba-qom", son "flexibles y suntuosas, [y] se prestan bien para ilustrar los diferentes fenómenos de adaptación y reacomodo del arte indio y para demostrar la búsqueda de ostentación que suele animar sus manifestaciones estéticas"[47]. De esta manera podemos acercarnos a una comprensión del despliegue de formas imaginativas y de colores fuertes y contrastantes mediante los cuales Ángel llevó a la imagen la apariencia de los *jaqa'a*, y también de su interpretación creativa de las consignas etnográficas.

Y es justamente este aspecto, el de la imaginación y la inventiva, lo que hace a los dibujos de Ángel notables como "arte", término al que adosamos el adjetivo "indígena" porque son imágenes que recrean la "historia y vida toba", y que surgen de la mente y la mano de un *qom* conciente no sólo de "intensificar y expresar mejor los recuerdos, los valores, la experiencia y los sueños de un grupo humano"[48], sino también de aportarles un novedoso sentido estético. Ángel procede igual que Túkule, el cacique chamacoco que nos presenta Escobar en su tarea de hacer una muñequera ritual, a la que agrega una hilera de plumas rojas "para que sea más hermosa", un plus de belleza que acompaña la dimensión simbólica de los colores y las formas[49]. Al dibujar un perro del monte, un *jaqa'* de brillantes ojos rojos y cola bifurcada (figura 9), Ángel lo rodeó de una guarda

---

[46] En relación con la obra de Ogwa, dicen Spadafora y Bayardo que " la pintura puede y debe ser considerada como un nuevo texto que además de intentar acicatear la memoria étnica y reproducir sin mas el esquema lógico del ritual, instaura nuevas versiones del mito y por tanto de la cultura, no necesariamente reductibles al discurso oral", op. cit.

[47] Escobar, T., *La belleza de los otros. Arte indígena del Paraguay.*, 1993, p. 16.

[48] Ibidem, p. 16.

[49] Ibidem, pp. 15-16.

azul y blanca, una suerte de extraño arco iris patrio que podría significar el cielo, y ante la pregunta "y esto qué significa? Por qué lo pusiste?", simplemente respondió "porque queda más lindo"[50].

Figura 9: Ángel PitaGat, Perro del monte (jaqa'a), 1989.

[50] La sorprendente afirmación abre un camino de indagación sobre el concepto de belleza que maneja Ángel, que queda por el momento sin transitar. Si afirmamos la existencia de ideas y experiencias de carácter estético en Ángel y en otros indígenas no lo hacemos para subsumirlas a las ideas de lo artístico y lo estético propias de la episteme occidental, sino justamente para abrirnos a la consideración de otras ideas y experiencias de lo bello. Agradecemos a Alejandro Haber sus observaciones al respecto.

Objetos indígenas en el arte de la misión: entre el análisis estético y la interpretación cultural[1]

Guillermo Wilde

Las expresiones visuales que resultaron del proceso de evangelización en las Américas han resistido frecuentemente a los intentos de clasificación basadas en las tipologías canónicas de la historia del arte. Una serie de dilemas, interrogantes y cuestionamientos confluyen en la definición de un supuesto "arte misional": ¿esa terminología, es legítima y adecuada?, ¿en base a qué criterios se establece la frontera de los "objetos artísticos misionales"?, ¿revelan tales objetos un punto de vista indígena particular, un "arte", o un "estilo"?, ¿qué emociones motivaron en sus productores y sus "audiencias"?, ¿son el resultado exclusivo de la imposición de la mentalidad de los religiosos?, ¿es acaso ésta homogénea?

Hasta el momento, la tarea de clasificación ha tomado varios caminos. En una primera fase se destacó la virtuosidad de las expresiones visuales misionales, comparándolas con el arte europeo de la época. Más tarde se pasó al reconocimiento de la originalidad de las producciones locales en tanto representantes de un estilo singular, el "barroco americano", en sus diferentes versiones. Como lo han señalado varios críticos, el análisis de la traducción y trasplante de estilos solo permitía comprobar la palidez expresiva de las manifestaciones visuales nativas, haciendo invisibles una serie de rasgos que se distanciaban considerablemente del canon oficial[2]. Escribe Ticio Escobar que la aceptación de las formas barrocas habría permitido a los indios sublimar el impacto de la conquista y la dominación, pero de ninguna manera permitió un "juego libre de las formas" ni las "asociaciones oscuras que desencadena el arte". Esas formas eran vehículos de una doctrina religiosa que procuraba exaltar sentimientos como la compasión y el temor, lo que lleva a suponer que la relación del indio con esos modelos debió ser de extrañeza. El campo de expresión estaba reducido al taller, donde se imponían pautas sin que interesase la vivencia más plena de las formas estéticas, sin que se produjera una síntesis[3]. Este planteo sin duda lleva a preguntarse legítimamente en qué medida podrían ser consideradas "artísticas"

---

[1] Este trabajo fue realizado con el apoyo del CONICET. Agradezco las sugerencias y comentarios de Marta Penhos y María Alba Bovisio. Una versión preliminar fue discutida en una reunión del proyecto «*Art - image - mémoire*» realizada en el Museo del Quai Branly (Paris) a la que fui gentilmente invitado por Carlo Severi, Anne Christine Taylor y Carlos Fausto con apoyo del CNRS.

[2] Sustersic, D., "Las Imágenes conquistadoras. Un nuevo lenguaje figurativo en las misiones del Paraguay", 2005. Pla, J., *Las imágenes peregrinas (Las migajas de una herencia). Barroco en el Paraguay*, 1975.

[3] Escobar, T., "El Barroco Misionero: lo propio y lo ajeno", 2004. Estas ideas sintonizan con el planteo general que Josefina Plá hizo con respecto al "barroco misional" en un congreso realizado en los años 80. Ver Plá, J., "Rasgos generales de un barroco desconocido", 1980.

las imágenes determinadas por un fin evangelizador, discusión que excedería el espacio del que aquí disponemos.

La revalorización de lo nativo, basada en criterios estéticos formales, también delató el ocultamiento de cierta tendencia a identificar entidades discretas (la obra, el autor, etc.) que pudieran quedar a disposición de las múltiples apropiaciones contemporáneas (del Estado, los subalternos, la sociedad, el mercado). Actualmente es posible identificar al menos tres aproximaciones posibles al estudio de las imágenes misionales. En primer lugar, un enfoque sociológico que tendió a privilegiar las condiciones de producción de los discursos y expresiones visuales y simbólicas, considerándolos como vehículos de la dominación política y cultural. En segundo lugar y como contraparte, una fenomenología de la imagen inclinada a descubrir los sentimientos que la imagen religiosa pudo producir en las mentes nativas. Por último, en un esquema que también busca llegar al "punto de vista nativo", aunque por un camino diferente cabe mencionar al enfoque semiótico, según el cual las expresiones visuales serían vehículo de algún significado inscripto en la cultura, entendida como conjunto de símbolos "compartidos y públicos". Estos enfoques expresan una cierta tensión entre la apreciación sensual del objeto, su contemplación estética y el acercamiento analítico y contextual al mismo.

Aunque el enfoque fenomenológico partía de un intuitivo reconocimiento de rasgos formales y sus posibles asociaciones con un goce nativo, tendió a caer en la trampa de inferir aspectos generales de la "cultura indígena" que, por falta de información etnográfica, tendieron a ser excesivamente conjeturales. En relación con el enfoque semiótico, suele entender a la cultura (o el contexto) como una suerte de texto *a priori*, que debe ser leído y descifrado. Lo que parece perderse de vista aquí es la diacronía y los procesos, en los cuales -particularmente para las realidades de contacto colonial- importa menos la *producción*, y una categoría frecuentemente asociada a ella, la de "creación", que la *circulación, distribución y uso* de las imágenes. Según la postura que aquí adopto, lo que ampliamente denomino como "figuraciones" refiere a ese contexto dinámico. Las figuraciones constituyen *índices* de procesos y relaciones sociales inscriptas históricamente. El significado no estaría entonces *contenido* en tales figuraciones, como lo postularía un enfoque semiótico, ni sería posible acceder a la *emoción* que en algún momento desencadenaron, como lo propondría una fenomenología, sino que ambos –significado y emoción– serían el resultado de la interacciones y sedimentaciones sociales y políticas cuya lógica es necesario reconstruir. En última instancia, estas "formas del tiempo", como las llamaría George Kubler[4], refieren a modalidades singulares de construcción de la historicidad y la agencia. El principal argumento de este artículo es que esas figuraciones *son índices de nociones de espacio y tiempo nativos* fundamentalmente heterogéneos y múltiples, en contraposición con la ilusión común que se ha impuesto a partir de las crónicas y docu-

---

[4] Kubler, G., *The shape of Time. Remarks on the History of Things*, 1962.

mentos oficiales de amplia difusión desde el siglo XVII[5].

Conviene aclarar que no se pretende aquí invalidar un acercamiento subjetivo o formal al objeto, ni deslegitimar la reconstrucción de estilos, sobre los que se han fundado una estética y una fenomenología del arte, sino repensar el concepto mismo de objeto visual, desde una perspectiva antropológica contextualista y relacional. Para ello me referiré a un ámbito misional específico, las misiones jesuíticas de indios guaraníes en el Paraguay colonial (1609-1768). Aunque sobre ellas se ha escrito abundante bibliografía en las últimas décadas, los análisis dedicados al mundo visual son todavía muy escasos. Definiré algunas orientaciones generales para su abordaje antropológico poniendo énfasis en la relación entre discurso o expresión visual y dimensión del espacio. Partiré de un recorrido por las actitudes indígenas respecto de las imágenes en el primer período de contacto, señalando algunas hipótesis que permitan explicar la "gran transformación figurativa" del espacio misional. A continuación analizaré algunas figuraciones propias de la reducción en tanto formas de producción de memoria social hegemónica. Finalmente me referiré a un conjunto de figuraciones ambiguas que, según supongo, revelan el carácter permeable del espacio reduccional y dan indicios de un cierto margen de autonomía indígena.

De acuerdo con la mirada que pretendo esbozar, los llamados objetos del arte misional no son la expresión de una mentalidad indígena, jesuítica o mestiza, ni evidencia de un estilo tipificable, lo que omite anticipadamente el hecho de que estamos frente a una tradición iconográfica que es el *resultado* de un largo proceso de transformación figurativa poco conocido hasta el momento. El análisis se orienta, pues, menos a determinar los significados codificados en esos objetos que a establecer el tipo de relación social del que son índice.

Iconofilia, iconofobia, iconofagia

Es posible constatar en la actividad evangelizadora, ya desde el siglo XVI, la adaptabilidad deliberada de los religiosos a las culturas locales. Esto se percibe especialmente en el período formativo de las misiones, en congruencia con la idea generalizada de "indigenizar la cristiandad". Según los franciscanos llegados a Nueva España, había que lograr que los indios se apropiasen del culto cristiano. Más tarde, los jesuitas llevarían esta premisa a su máxima expresión, como lo muestra la obra de José de Acosta. Este jesuita, guiado por un espíritu pragmático, dedica sendos párrafos de su *Historia Natural y Moral*

---

[5] En el contexto misional del Paraguay, el abordaje estético está representado por historiadores del arte como los citados Josefina Plá y Darko Sustersic. La influencia de Clifford Geertz se nota especialmente en las aproximaciones de tipo semiótico. En cuanto a la perspectiva relacional que este trabajo pretende delinear una obra fundamental es *Art and Agency*, de Alfred Gell, 1998. También debo reconocer mi deuda intelectual con Carlo Severi y Carlos Fausto, con quienes he mantenido un diálogo enriquecedor a propósito de los soportes amerindios de la memoria. Del primero en particular he tomado la noción de "tradición iconográfica" para pensar el contacto colonial. Ver especialmente Severi, C., *Le Principe de la Chimère. Une anthropologie de la Mémoire*, 2007.

de las Indias a la descripción de las danzas encontradas en Perú y México, respectivamente conocidas como *taquis* y *mitotes*, las cuales, aunque era sabido que se hacían para adorar a los "ídolos", no convenía quitar a los indios, "sino procurar no se mezcle superstición alguna"[6]. Las costumbres nativas ocasionaron debates en los espacios más importantes por los que circularon los jesuitas, desde la China hasta el Brasil.

Las tradiciones culturales de las diversas regiones condicionaron las características de esa adaptación, dando forma a productos sonoros y visuales propios de cada espacio misional. Existió una receptividad variable al lenguaje figurativo cristiano, mayor en las regiones centrales que en las periféricas. Si en Nueva España, los sacerdotes pudieron apelar directamente al legado pictográfico prehispánico, en los Andes y otras zonas periféricas debieron recurrir a mecanismos más complejos. La estrategia jesuita atacó desde los lugares sagrados hasta los cantos y danzas tradicionales de significado religioso, organizando la predicación en torno a "lo milagroso" que, a su vez, podía establecer vínculos con las visiones indígenas. Tarde o temprano, los contrastes del expresionismo barroco serían un instrumento para realzar entre los nativos concepciones morales del mundo entendido en términos duales.

"Los jesuitas –escribe Gruzinski- brindan a los indios una incitación a la visión, una estandarización de sus delirios y algunos modelos de interpretación"[7]. Ahora, en regiones como el Paraguay, aunque se imponen numerosos patrones visuales y ceremoniales de las regiones centrales, encontramos que existe una diversidad de respuestas indígenas respecto de la imagen figurativa. Los documentos tempranos coinciden con la información etnográfica en que los guaraníes, por contraste con otros grupos indígenas de las tierras bajas sudamericanas, no fueron proclives a producir figuraciones visuales, las cuales parecen haberse limitado a unos escasos adornos corporales. Esto contrastaba con el ejercicio constante de una estética de la palabra de gran abstracción y complejidad, sobre la que se fundaba en buena medida el carisma de los líderes. Para los guaraníes contemporáneos, Schaden señala el bajo grado de figuración, y subraya que la orientación predominante de esta cultura es el mundo místico y sobrenatural. Las prácticas alimentarias y rituales (canto y danza) buscan la perfección espiritual denominada estado de *agudje*[8]. De allí se infiere que sea en todo caso el cuerpo físico y social, en tanto soporte de la palabra, el escenario para la representación mítica y la conexión mimética con los antiguos, el lugar por excelencia para el "modo de ser", el *teko*. En este sentido, se puede suponer que la imposición de un discurso figurativo implicó una alienación del ideal de perfección personal, que fue expropiado a las prácticas corporales tradicionales para ser colocado en el culto de las imágenes cristianas. Así se producía una significativa mudanza de soportes: de la carne objeto de predación antropofágica, condenada y castigada por su asociación

---

⁶ Acosta, J. de, *Historia natural y moral de las Indias*, [1590] 1979, p. 318.
⁷ Gruzinski, S., *La colonización de lo imaginario*, 1995, p. 197.
⁸ Schaden, E., "Desenhos de indios Kayová-guarani", 1963.

con el pecado, a la madera y la piedra, metáforas de la solidez espiritual[9].

Con todo, las primeras cartas anuas de los jesuitas testimonian actitudes ambivalentes de los indios frente a las imágenes, que oscilan entre la admiración y la hostilidad. Relatan la emoción de pánico que produce en los indios ver y oír cosas que jamás habían conocido, "en tanto extremo, que –escribe el visitador Vazquez Trujillo en 1613- haciendo una danza de máscaras, se espantaron tanto los niños, y levantaron tales gritos en la iglesia, que no nos podíamos oir".[10] Otra carta refiere al impacto que producen en los indios las imágenes pintadas de la Virgen y de los siete arcángeles, realizadas por el jesuita Louis Berger. El carácter milagroso de estas imágenes "conquistadoras" suele ser resaltado por los religiosos. A veces los indios descargan toda su furia sobre ellas destruyéndolas junto con los ornamentos litúrgicos que encuentran a su paso. Hacia 1627, Nicolás Mastrilli Durán relata que le "cogieron una imagen de N. Señora de pincel y el hechicero la rasgo con sus manos, porque hazen burla de que adoremos cosas pintadas"[11]. A fines del siglo XVII, el jesuita Anton Sepp señala que el gran cacique Yaguareté "desahogó su furia, junto con sus compañeros, en las sagradas imágenes: tomaron la pequeña estatua del Padre Nutricio de Jesús, San José, la tiraron al fuego y la quemaron. Del retrato de Nuestra Señora, en colores, quitaron la pintura raspando y lo desfiguraron del todo" [12].

Otra actitud de los indios que aparece mencionada en esta documentación temprana es la apropiación de gestos rituales y vestiduras cristianos para combatir a los jesuitas. Escribe el jesuita Ruiz de Montoya, en su *Conquista Espiritual* acerca de la conspiración del cacique principal de la misión de San Ignacio:

> Pasó este pobre adelante con sus embustes, y para acreditarse más con los suyos se fingió sacerdote; vestíase en su retrete de un alba, y adornándose con una muceta de vistosas plumas y otros arreos, fingía decir Misa; ponía sobre una mesa unos manteles, y sobre ellos una torta de mandioca y un vaso pintado de vino de maíz, y hablando entre dientes hacías muchas ceremonias, mostraba la torta y el vino al modo que los sacerdotes, y al fin se lo comía y bebía todo, con que le veneraban sus vasallos como a sacerdote: era sobremanera deshonesto, porque tenía gran número de concubinas, consintiéndolo todo y fomentándolo su fingida mujer[13].

---

[9] La contraposición entre lo duro y lo blando a propósito del "alma salvaje" aparece estupendamente desarrollada por Viveiros de Castro en un artículo incluído em A inconstancia da alma selvagem, 2002. Por su parte, en un sugerente texto, Fausto conjetura que el contexto misional produjo una transformación profunda en la cosmología indígena al introducir la noción de amor, ver Fausto, C., "Se Deus fosse jaguar: canibalismo e cristianismo entre os guarani (séculos XVI-XX)", 2005.

[10] Blanco, J. M., *Historia documentada de la vida y gloriosa muerte de los padres Roque González de Santa Cruz, Alonso Rodríguez y Juan del Castillo*, 1929, p. 640.

[11] *Manuscritos da Coleção de Angelis*, 1952-1969, vol. 1, p. 248.

[12] Sepp, A., *Continuación de las labores apostólicas* [1701], 1973, p. 278.

[13] Ruiz de Montoya, A., *La Conquista espiritual del Paraguay* [1640], 1989, pp. 82-83.

Este primer momento puede ser considerado como un combate simbólico por la apropiación y uso de las imágenes del que los protagonistas fundamentales son los chamanes indígenas y los jesuitas. Los indígenas no tardan en descubrir que les resulta más útil apropiarse de esos eficaces símbolos de la religión cristiana antes que destruirlos. De la contienda saldrán vencedores los jesuitas. De todas maneras, la evidencia señala un importante grado de ambivalencia hacia las imágenes cristianas que va desde la destrucción hasta la apropiación e inversión de elementos del ritual cristiano[14].

Para principios del siglo XVIII, las misiones ya se caracterizan por una saturación de imágenes cristianas, y las antiguas prácticas solo resuenan como ecos tenues, al menos si nos fiamos de la documentación oficial. ¿Cómo se explica la imposición de expresiones en principio extrañas para los indígenas?, ¿tradujeron éstas alguna vivencia religiosa indígena previa? ¿Se produjo algún tipo de síntesis cultural, yuxtaposición o convergencia? Estos interrogantes abren un campo muy vasto de preocupaciones histórico-antropológicas que hasta el momento se han indagado poco.

En un terreno por de pronto conjetural es posible establecer explicaciones de carácter histórico-estructural para la gran transformación figurativa de los guaraníes misionales. Señalémoslas brevemente. En la literatura etnográfica reciente de inspiración levistraussiana se ha insistido sobre la concepción tupi-guaraní de la identidad, como flexible y múltiple, y la relación con el Otro (humano y no humano) como "abierta hacia el afuera", lo que explicaría la actitud de incorporar atributos personales de los foráneos, desde sus ornamentos hasta su nombre, por medio de diferentes vías como la imitación, el parentesco o la antropofagia; una operación paradójica que consiste en transformarse en Otro en los propios términos, ser Otro sin dejar de pensarse como sí mismo. Esa captura de alteridades y su subordinación a la lógica social interna, cuyo valor es primordial para los tupi-guaraní, tendría entonces una doble cara, la de la guerra contra los enemigos y la hospitalidad con los amigos, oponiendo, como afirma Viveiros de Castro, "venganza caníbal" y "voracidad ideológica"[15].

De acuerdo con esta interpretación, el cambio cultural y político puede entenderse por la vía de factores endógenos. La discusión puede trasladarse directamente al terreno de las imágenes. En sus trabajos clásicos Alfred Métraux sugiere que un proceso de visualización, más específicamente de "materialización", ya se encontraba iniciado al momento de la llegada de los europeos.[16] No casualmente dicha transformación en el mundo visual

---

[14] Esta doble actitud se presenta a veces en una misma persona. Sepp relata que: "Yaguareté, el supremo jefe de los paganos, usaba el cáliz como vaso. Y se mofó de los guerreros cristianos, diciendo: 'Aquí tengo en mis manos la vasija de oro de vuestros sacerdotes en la cual ponen todas sus esperanzas. Me viene a propósito, pues me servirá en lo futuro de copa. El lazo empero – y diciendo eso sacó la estola sagrada y la ató a su cabeza impertinente- ¡me servirá de adorno para la frente!'", op. cit, p. 278.

[15] Ver los textos ya citados de Viveiros de Castro, 2002, y Fausto, 2005.

[16] «Au XVIe siècle, l'animisme des Tupinamba était en base d'exoluer vers un fétichisme semblable à celui que les premiers découvreurs trouvérent chez les Arawak et les Karib des Antilles. Les affrandes faites aux esprits des morts indiquent déjà la naissance d'un culte qui commençait à se développer suffisamment pour

equivale a la que Pierre y Hélène Clastres suponen para el mundo político. Según estos autores, los guaraníes prehispánicos se encontraban en una crisis profunda, resultado de fuerzas internas que los empujaban a la centralización política que tradicionalmente habían rechazado. Los jesuitas habrían completado ese camino brindando a los indios los elementos para una organización estatal. Por lo tanto existirían correspondencias entre un proceso de centralización política y una transformación gráfica y visual, que los jesuitas solamente habrían completado. La incorporación de la imagen figurativa se producía simultáneamente con el cumplimiento de la profecía del Estado. Esta hipótesis es sugerente, aunque carece de suficientes fundamentos empíricos. No obstante, es innegable que la historia misional implicó la imposición de un aparato visual y sonoro de dominación allí donde no existía. Es plausible pensar que la enorme capacidad representativa de los rituales (cantos y danzas) guaraníes encontró en la liturgia cristiana nuevos recursos que potenciaban su eficacia, al tiempo que transformaban radicalmente sus contenidos.

En última instancia, la transformación debe entenderse en el marco de las demandas del proceso de colonización, que en un primer momento acarreó profundas crisis en las sociedades indígenas, y más tarde desencadenó entre los mismos indígenas una pugna por el ascenso socio-político dentro de la misma estructura colonial. Los símbolos contribuyeron a exacerbar esas ambiciones[17]. Quizás esta sea la clave para entender la inauguración entre los indígenas de un fuerte sentido de la expresión, antes inexistente, cuyo significado era político. Tanto los jesuitas como los líderes indígenas necesitaron de los nuevos elementos para construir su propia legitimidad. En la génesis negociada del régimen misional, la imagen era uno de los varios recursos para definir una nueva noción de identidad.

Mi hipótesis es que las imágenes cristianas contribuyeron a una reelaboración de los conceptos nativos de persona a partir de una exteriorización de atributos que antes se encontraban inscriptos en el cuerpo. En este sentido, una alienación acompañó a la imposición de la imagen cristiana. La imagen cristiana poseía un carácter *objetivante* que contribuía a despojar al *cuerpo* de su rol fundamental en la construcción de la identidad y la persona nativas. La relación previamente existente entre la identidad (la noción de persona) y la fabricación del cuerpo se veía desplazada hacia las imágenes cristianas en tanto referentes externos, ideales de persona fabricados en materiales sólidos, perennes y definitivos. Este proceso señala una paradoja, pues simultáneamente implicaba la condena del cuerpo físico, una censura de su exposición, y una materialización humanizada de lo sagrado que a su vez remitía a un "cuerpo humano" idealizado. Además, el

---

que les Tupinamba sentissent le besoin d´avoir des huttes sacrées et des figurations matérielles des êtres surnaturels, objets de leur crainte et de leur vénération.» Métraux, A., *La religion des tupinamba et ses rapports avec celle des autres tribus tupi-guarani*, 1928, p. 71.

[17] Wilde, G., "Poderes del ritual y rituales del poder: un análisis de las celebraciones en los pueblos jesuíticos de guaraníes", 2003b; Wilde, G., "Toward a political Anthropology of Mission Sound: Paraguay in the 17th and 18th Centuries", 2007.

carácter dinámico y abstracto de las vinculaciones con el mundo mítico se abandonaban en favor de una representación progresivamente realista, solamente capaz de conservar algunos rasgos formales no convencionales que remitieran tímidamente a una mesurada expresividad figurativa indígena, pero que de ninguna manera pudiera dar índices de una concepción mítica basada en la *performance* corporal de la danza y el canto. En un plano paralelo, el ejercicio del poder era despojado a los líderes tradicionales, sustentadores del mandato del grupo, como sugeriría Clastres, para instalarse en instituciones coloniales, por fuera del cuerpo social[18].

Esta interpretación, de carácter general, debe cotejarse con los datos a nivel local que muestran situaciones complejas y a menudo contradictorias. Cabe suponer que las respuestas indígenas no fueron siempre las mismas. ¿En qué nivel situar los procesos de producción de discursos visuales? ¿Pueden identificarse rasgos en cada pueblo que se alejan o se acercan al modelo general? ¿Acaso los indios se abrieron por igual a todas las técnicas, materiales y lenguajes figurativos? ¿Mantuvieron los guaraníes algún tipo de dualidad o de doble registro?

Quiero sugerir que el régimen misional produce una "tradición iconográfica" singular inscripta fundamentalmente en el espacio, cuyos niveles incluyen desde el territorio y la estructura urbana de la misión hasta el cuerpo físico de sus habitantes. Esos niveles de organización del espacio son soportes de memoria social en los que intervienen mecanismos de producción y reproducción de conocimiento, de exhibición y ocultamiento de prácticas aceptadas o condenadas.

Espacio, memoria y visualidad

> Ese es el rasgo barroco: un exterior siempre en el exterior, un interior siempre en el interior.
>
> *Gilles Deleuze*

Un acercamiento a los modos de "espacialización de la memoria" exige cuestionar cierta idea de la misión como ámbito homogéneo y cerrado. Las fuentes jesuíticas asumían la existencia de una dicotomía entre el adentro y el afuera del pueblo que, si bien no existió en los hechos, podía rápidamente equipararse, en el plano religioso, a la oposición imaginaria entre un mundo cristiano y un mundo infiel, entre el bien y el mal. De allí en más, los jesuitas inundaron sus escritos de una serie de antinomias:

---

[18] Clastres, P., *La société contre l'État*, 1974 ; Clastres, H, *La tierra sin mal*, 1989. Ver también Mordo, C., *El cesto y el arco. Metáforas de la estética Mbyá-guaraní*, 2000, y el texto ya citado de Schaden.

ADENTRO	AFUERA
CIVILIDAD CRISTIANA	CONDICIÓN SALVAJE
INDIO CRISTIANO	INDIO «INFIEL »
MISIÓN, REDUCCIÓN, PUEBLO	MONTE/SELVA
REINO DE DIOS	TERRITORIO DEL DEMONIO
ANTIGUO SER	NUEVO SER

Como es razonable, toda la literatura edificante refiere a este tipo de oposiciones, que en los términos del "analogismo" de la época, probablemente no eran solo simples metáforas sino expresiones del orden mismo del mundo. El "monte", en el relato oficial de los misioneros, estaba relacionado no solo con los "infieles" e indirectamente con los antepasados indígenas, sino especialmente con las creencias nativas y sus prácticas asociadas, que debían ser erradicadas de los pueblos cristianos ya formados. La historia misional, tal y como la cuentan jesuitas como Ruiz de Montoya o Anton Sepp es el relato de la inscripción de las marcas de la cristiandad en el terreno "infiel", una domesticación de las almas salvajes, que debían ser transformadas de "leones" en "mansos corderos".

No obstante, la documentación local indica que la dinámica concreta de uso del espacio fue más compleja de lo que afirman las fuentes oficiales. En la práctica, la frontera entre el adentro y afuera del pueblo se muestra porosa, y caracterizada más bien por las relaciones fluidas. De hecho, los indios guaraníes de la misión mantenían diferentes tipos de intercambio con sus vecinos "infieles", intercambios que podían incluir desde el trueque de objetos hasta el parentesco. Frecuentemente los grupos en contacto eran seducidos mediante dádivas para incorporarse a la misión, donde se establecían de manera permanente o temporaria.

Las diferentes modalidades de organización del espacio producían formas de figuración visual. El objetivo de las páginas que siguen es presentar un panorama de algunas de ellas. ¿Cómo se distribuía, diferenciaba y jerarquizaba el espacio urbano misional?, ¿cómo interactuaba con la comarca?, ¿cómo era representado y apropiado por los indios?, ¿qué manifestaciones presentaban ambigüedades o escapaban a una clasificación convencional?

El primer interrogante demanda, como punto de partida, una consideración de la aproximación canónica al ámbito urbano reduccional, representada por la arquitectura. Esta ha resaltado la importancia de los lugares diferenciados de despliegue ceremonial, constituidos por el eje templo-cementerio-colegio-talleres, ubicado sobre uno de los lados de la gran plaza, al modo de un escenario. Allí se desarrollaban las actividades religiosas más importantes del pueblo, las cuales se encontraban altamente reglamentadas y controladas por los jesuitas y el cabildo indígena, según informan las crónicas. Pero también existieron espacios menos controlados, como las casas, huertas y chacras que los indígenas, más específicamente los caciques o "jefes de familia", utilizaban con una autonomía relativa. Rodeando el pueblo existía el enorme espacio de las estancias y el monte. Esta "periferia" estaba caracterizada por una alta movilidad poblacional, debido a las actividades que en ella se desenvolvían, aspecto que se traducía en la circulación relativamente libre de personas y de información. La interacción de este espacio con el pueblo es fundamental, aunque ha sido poco estudiada hasta el momento.

Esta primera diferenciación de niveles se superpone con dos grandes dominios de actividad económica, el *tupambaé* y el *abambaé*. El primero refiere a las actividades productivas de la comunidad dentro de las tierras colectivas destinadas, a grandes rasgos y según el caso, a la extracción de yerba mate o la cría de ganado. El segundo remite al espacio reservado para la supervivencia del cacique y la gente de su parcialidad. La distinción señala los lindes entre el ejercicio de un arte al servicio del culto frente a las expresiones de la vida cotidiana, lo cual podría estar indicando un *desdoblamiento* entre las formas canónicas de un barroco oficial, el programa estético de la iglesia, y un conjunto de manifestaciones marginales donde cierta libertad indígena pudo expresarse[19].

Es posible verificar en diferentes documentos la correspondencia de estos dos dominios con producciones y usos iconográficos. Existen esculturas y altares de diferentes tamaños destinados especialmente a esos espacios. En algunos casos, las imágenes son directamente vehículos de identificación de grupos sociales, como lo ilustra el jesuita José Cardiel al señalar que en cada pueblo las "tribus" (o parcialidades) se distinguían mediante nombres de la virgen o los santos[20]. La actividad de las "congregaciones" misioneras de la Virgen y el Arcángel San Miguel, también contribuían a crear identificaciones entre imágenes y pertenencias sociales[21]. Muchos años después de la expulsión de los jesuitas encontramos una cita que hace más explícita esta correspondencia. La escribió un soldado que acompañó una migración guaraní conducida por Fructuoso Rivera hacia la Banda Oriental en 1828, cuando el régimen misional estaba prácticamente extinto. El autor relata que los indios marchaban en procesión guiados por los ancianos que llevaban los santos principales, seguidos de «multitud de santitos». Los violinistas iban adelante tocando músicas diferentes para cada «tribu». Además cargaban campanas y objetos de culto[22].

---

[19] Ver Escobar, op. cit.

[20] Cardiel, J., "Costumbres de los Guaraníes" [1747], 1919.

[21] "Este papel traen al cuello en una curiosa bolsa, para ser conocidos por esclavos de la Virgen, y los otros por especiales veneradores de San Miguel. Da el oficio de Prefecto, entregando en manos del electo un estandarte de la Virgen: y esto con la celebridad de chirimías y clarines [...]" Cardiel, J., "Breve relación de las Misiones del Paraguay" [1770], 1913, p. 563). Esta práctica hunde sus raíces en el cristianismo tardomedieval y moderno, en el cual los santos eran considerados patronos de ciertas familias, pueblos, regiones u oficios (a través de los gremios), lo que se correspondía con pertenencias y niveles sociales diversos.

[22] Pueyrredón, M., "Campaña de Misiones en 1828", 1865, p. 473.

La interacción entre el pueblo y su comarca también produce figuraciones de singular interés. En algunos casos expresan claramente la voluntad de los religiosos por hacer comprensible y seductor a los indios el mensaje bíblico, en otros casos codifican de manera más sutil las representaciones indígenas del espacio y el contacto. Un ejemplo claro de la primera tendencia son algunos de los grabados de mano indígena incluidos en el libro *Sobre la Diferencia entre lo Temporal y lo Eterno,* de Eusebio Nieremberg, publicado en guaraní en la imprenta misionera a principios del siglo XVIII. Dentro de escenas complejas y de significado intrincado algunas láminas parecen incorporar premeditadamente motivos locales, como un mono bajo un árbol, cuerpos de indios muertos por los españoles, balsas de mimbres, un niño indígena coronado, que seguramente contribuyeron a la tarea pedagógica (figuras 1 y 2)[23]. En el terreno de la música también se encuentran estrategias parecidas, que si bien preservaban un lenguaje mesurado mantenían un margen de ambigüedad con respecto a la incorporación de elementos locales[24].

Figura 1: grabado de la edición misionera de *Sobre la Diferencia entre lo Temporal y lo Eterno* de Eusebio Nieremberg.

---

[23] Trelles, M. R., "Único ejemplar. Traducción al guaraní de una obra de Nieremberg", 1890.

[24] Para un análisis de la transformación operada en las misiones sobre un género como el villancico, de origen hispánico, ver Illari, B., "Villancicos, guaraníes y chiquitos: hispanidad, control y resistencia", 2005.

Figuras 2: grabados de la edición misionera de *Sobre la Diferencia entre lo Temporal y lo Eterno* de Eusebio Nieremberg.

Cabe tener en cuenta también la decoración de los templos que suele plasmar abundantes motivos zoobotánicos nativos sobre las paredes y columnas. Aunque la función de estos motivos ha sido tradicionalmente reducida a lo meramente ornamental podría estar informando de una intención deliberada por concebir el templo, espacio interior por excelencia, en continuidad con el monte, símbolo de la exterioridad radical en el discurso jesuítico. Algunas figuraciones dan índices de un cierto grado de ambigüedad visual y sonora, que probablemente abrió un margen de libertad, o al menos de autonomía, para las posibles interpretaciones indígenas. ¿Acaso los jesuitas intentaban presentar la sacralidad cristiana en términos afines a algún tipo de visión indígena del espacio, exhibiendo la colaboración del monte con la construcción de la civilidad cristiana? ¿Cómo participaba el indígena en la fabricación de este mensaje y cómo lo leía?

El monte y sus moradores era la referencia primaria del antiguo ser guaraní, donde habitaban también otros seres dotados de alma e intencionalidad. De modo que los motivos botánicos de los templos jesuíticos podían resultar eficaces para trasmitir la idea de una continuidad muy afín a la mentalidad indígena. Las imágenes cristianas eran incapaces de trasmitir la idea. A la inversa, los indígenas también hicieron sus propias transposiciones. De ellas nos habla un memorable párrafo de Josefina Plá a propósito de las posibles operaciones plásticas derivadas de una primera sorpresa indígena:

> Así, enfrentado a formas para las cuales no hallaba explicación plausible en sus vivencias peculiares, las resolvía como obrero a través de tímidas analogías, metáforas plásticas en germen (nunca llegó a codificarlas). El vuelo de un manto en una dirección dada lo resolvía en el esquema de una hoja de palmera o multipalmeada; una cabellera con rizos a lo Mena, en una sucesión de pequeñas corolas rosáceas. Las gotas de sangres forman diseños semejantes a plumitas, a peinecillos o a florecillas deshojándose, etc.[25]

La iluminadora intuición de Plá abría sin duda el camino para la exploración de las formas plásticas nativas, que asomaban en las representaciones visuales hegemónicas. No obstante, la intelectual parece influida por una visión teleológica según la cual la expresividad indígena debía expresar un estadio presimbólico. Más que una falta de código parece haber aquí una trasposición o una recodificación, fundada en la inconmensurabilidad de dos ontologías; un tipo de visualidad se adapta *a* y *en* los términos de otro. ¿En qué consistían las formas nativas de representación visual? ¿Qué tipo de experiencias y relaciones codifican? Señalemos dos ejemplos.

El primero corresponde a esgrafiados e impresiones hallados en las reducciones de Santísima Trinidad, San Joaquín y San José de Caazaapá, divulgados por José Antonio Perasso. La serie presenta diseños con motivos zoomorfos, antropomorfos, fitomorfos, geométricos, arquitectónicos, entre otros. Se identifican pies, manos y objetos como cruces o medallas, al igual que patas de diversas especies de animales. También pueden encontrarse firmas, letras sueltas, números y frases, lo que además de revelar una intención representativa testimonia un cierto grado de escolarización de sus autores. Las figuras 3 y 4 muestran algunos de los variadísimos motivos encontrados en Trinidad. Hasta el momento los datos de contexto son sumamente escasos como para arriesgar interpretaciones. No obstante, la suposición de Perasso, según la cual los motivos "surgían espontáneamente, como de un juego, como parte de una breve pausa en las actividades cotidianas", sugiere una orientación para la investigación futura[26]. El hecho de no haber sido realizados por "artistas", señala Perasso, hizo que pasaran desapercibidos o que fueran directamente desechados. Esto lleva nuevamente a cuestionar los límites de la noción de "arte" aplicada a este contexto. Volveré sobre este punto al final del trabajo[27].

---

[25] Plá, 1980, p. 312.

[26] Perasso, J. A., *El Paraguay del siglo XVIII en tres memorias*, 1986, p. 59.

[27] Probablemente estos ejemplos sean comparables con los "graffiti" realizados por los indígenas mexicanos en el siglo XVI en los zócalos de claustros y otros sitios de los conventos que contenían pintura mural

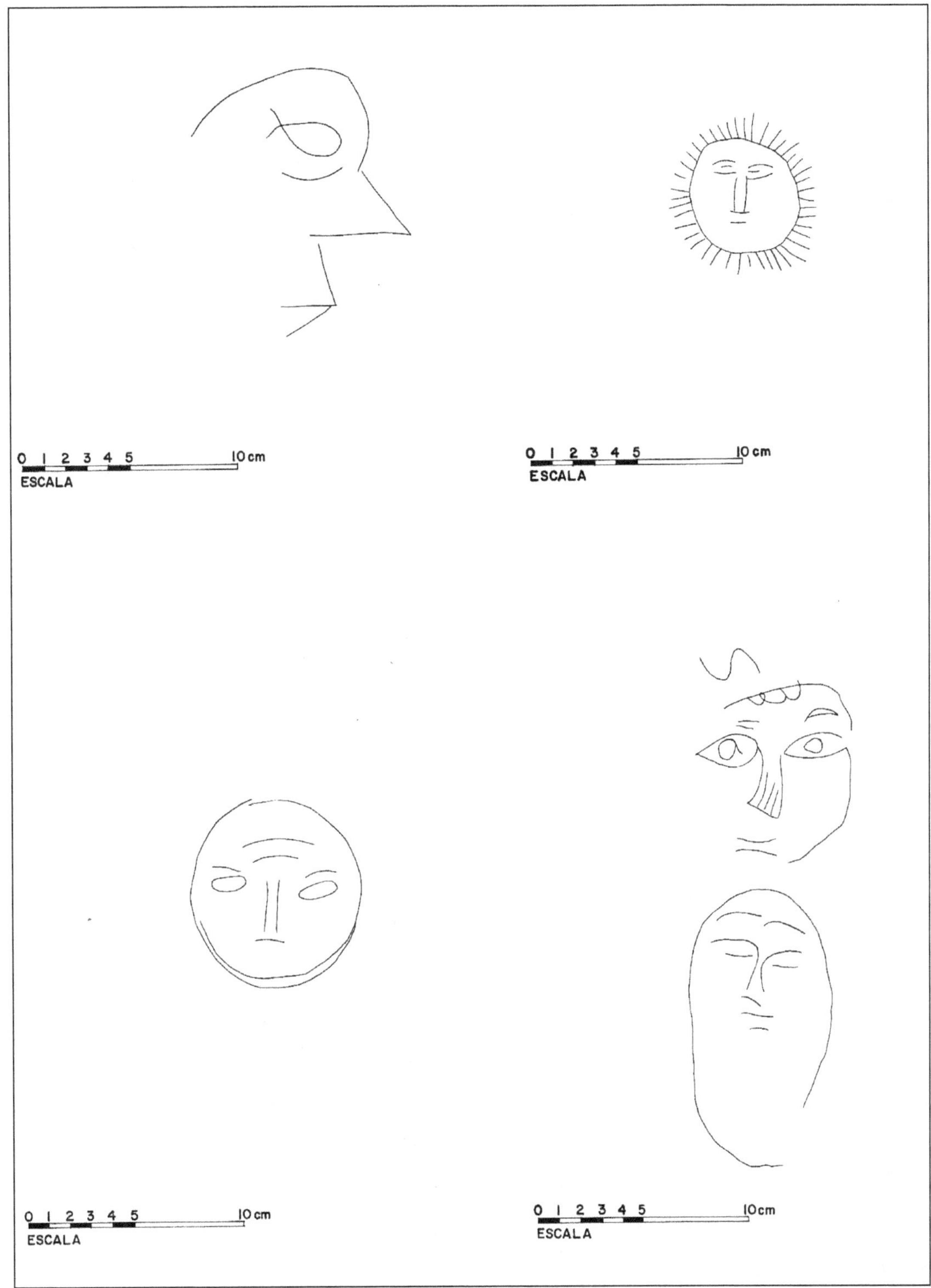

Figuras 3 y 4: motivos en los esgrafiados e impresiones de la reducción de Trinidad.

"cristiana", brillantemente analizados por Alessandra Russo en "On aesthetic condensation in the mexican colonial graffiti of Actopan, 1629. A tale of two bodies", 2006.

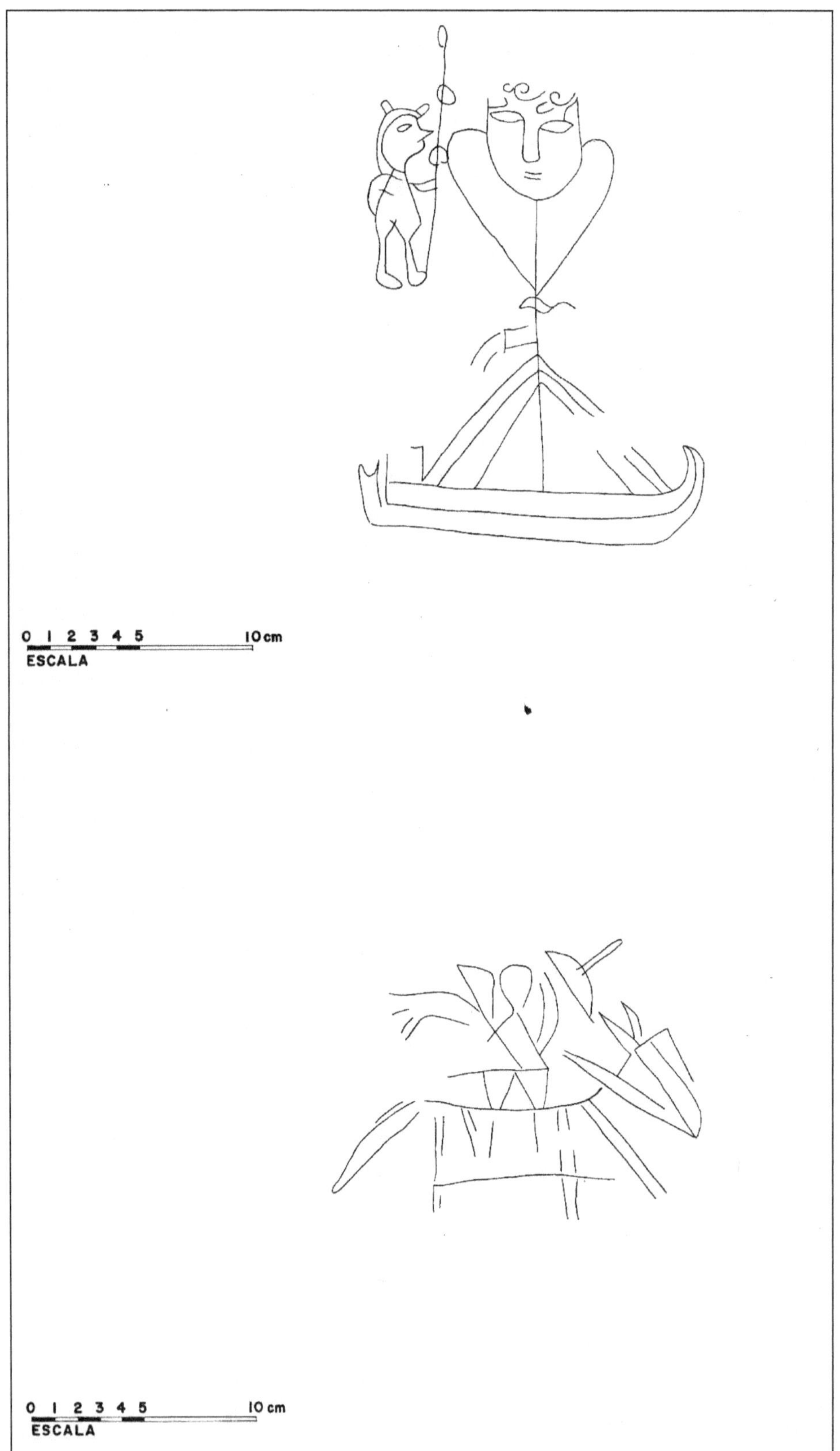

0 1 2 3 4 5   10 cm
ESCALA
0 1 2 3 4 5   10 cm
ESCALA

Segundo ejemplo, la cartografía. Algunos mapas de manufactura indígena eran realizados probablemente con el fin de dirimir litigios por tierras entre pueblos, pero más allá de este fin utilitario, también dan índices de modalidades originales de representación visual que escapan a cierto realismo palmario en representaciones jesuíticas de la misma época. Un ejemplo es la figura 5 -tomada de la *Cartografía Jesuítica* de Guillermo Furlong- la cual muestra un mapa realizado por los cabildantes del pueblo de Santo Tomé, hacia el año 1784, es decir, después de la expulsión de los jesuitas. Debajo del mapa se lee la siguiente leyenda:

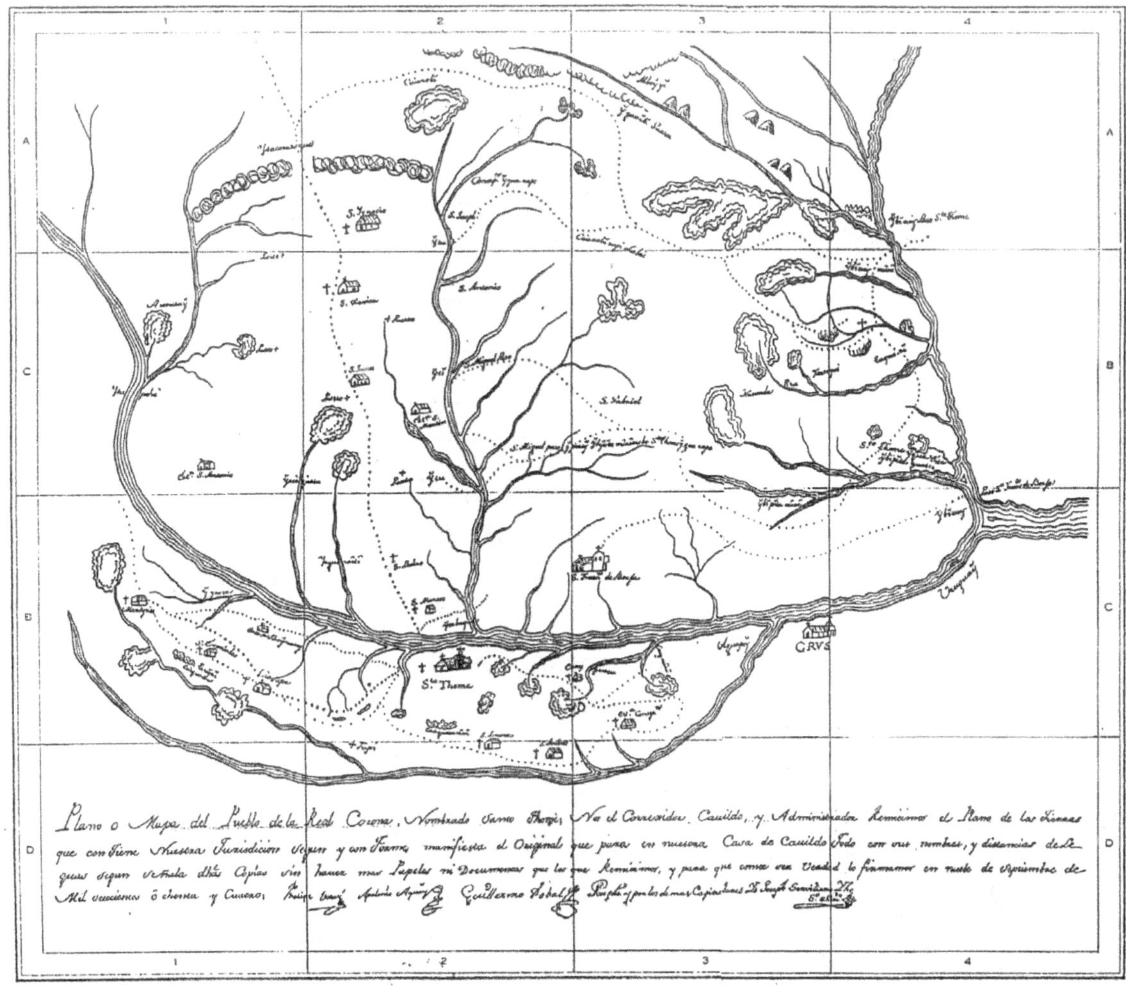

Figura 5: Mapa del pueblo de Santo Tomé.

Pueblo de la Real Corona, Nombrado Santo Thomé, Nos el Correxidor Cavildo, y Administrador remitimos el Plano de las Tierras que contiene nuestra Jurisdicción según y conforme manifiesta el original que para en nuestra Casa de Cabildo. Toco con sus nombres, y distancias de leguas según señala dichas copias sin haber mas papeles ni documentos que los que remitimos, y para que conste su verdad lo firmamos en nueve de Septiembre de mil setecientos ochenta y cuatro, Francisco [Varui], Apolonio [Aguiy],

Guillermo Pobal, Por mi y por los demás capitanes Yo Joseph Saaviliano [...].[28]

Quien firma al final parece ser el administrador español del pueblo, lo que indicaría que éste también intervino en la realización del mapa. Los caminos están señalados con líneas de puntos, también se incluyó lo que parecen ser capillas o puestos de estancia (San Marcos, San Gabriel, San Antonio, San Pedro). La toponimia está en guaraní. En este mapa llama la atención la representación distorsionada de la hidrografía y la orientación horizontal (como una inversión antihoraria), que ubica abajo al río Paraná y en el centro al Uruguay y sus afluentes, sin indicaciones de latitudes o longitudes[29]. Según escribe Peramás, la ausencia de estas referencias fue bastante común en las representaciones indígenas del espacio. En una de sus obras, el jesuita refiere a un indio llamado Melchor, autor de una historia de la reducción de Corpus Christi, quien "habia enriquecido su obra con un mapa trabajado por él, en el que no estaban puestos los grados de longitud y latitud, que él desconocía, pero en el mismo estaban consignados en toda exactitud los montes, los arroyos y los ríos, contenidos dentro de los lindes del pueblo"[30].

Los indígenas concebían el espacio del pueblo integrado a su comarca. Aunque seguramente las oposiciones jesuíticas no les eran ajenas, probablemente los indios tendieron a interpretarlas de un modo diferente. Sus movimientos parecen indicar que concebían el interior y el exterior de la misión como dimensiones no excluyentes sino alternantes o simultáneas, entre una antigua y una nueva "condición del ser". El término que emplean los indígenas para hablar de esa condición es *teko*, modo de vida, costumbre, según la traducción de Ruiz de Montoya.[31] Para los indios, el espacio que circunda la misión es un horizonte de conocimiento de conexiones fluidas con la pertenencia misional, cuyos elementos deben incorporarse, siempre que sea posible, por medio de las interacciones. El significado de "salir del pueblo" o "huir al monte" para los indígenas parece ser el de recuperar una relación con las antiguas costumbres, o mantener una duplicidad ventajosa, que les permite acceder a nuevos conocimientos e informaciones, con el incremento de prestigio que ello conlleva[32].

Quisiera concluir mencionando una figuración que parece dar indicios de esa

---

[28] Furlong, G., *Cartografía jesuítica del Río de la Plata*, 1936, Lámina XLVII, n. 1° 2, p. 122.

[29] Barcelos, A., *O Mergulho no Seculum: exploração, conquista e organização espacial jesuítica na América espanhola colonial*, 2006.

[30] Citado por Barcelos, p. 369. Aunque ha quedado excluida de este trabajo, la escritura puede ser abordada como un tipo de representación gráfica fundamental en el contexto misional. En los pueblos existían numerosos copistas indígenas que no necesariamente conocían el latín o el español pero eran capaces de transcribir textos en esas lenguas. Sobre el tema ver Neumann, E., *Práticas letradas guarani: produção e usos da escrita indígena (séculos XVII e XVIII)*, 2005. Sobre las formas de representación indígena del espacio ver para el caso de México, Russo, A., *El realismo circular, Tierras, espacios y paisajes de la cartografía novohispana, siglos XVI y XVII*, 2005.

[31] Ruiz de Montoya, A., *Tesoro de la Lengua Guarani*, 1876.

[32] He desarrollado la idea de la permeabilidad del espacio misional en, G., "Orden y ambigüedad en la formación territorial del Río de la Plata a fines del siglo XVIII", 2003a.

concepción porosa del espacio traducida en términos de tiempo. Se trata de los frisos existentes en la reducción de Trinidad. Los frisos muestran, dentro de una serie de ángeles interpretando instrumentos de música europea, cuatro que dan la impresión de estar tocando maracas o sonajas guaraníes. Es bien sabido que las maracas estaban, en la tradición guaraní, asociadas al antiguo sistema de vida. ¿Por qué aparecen en estos frisos, fabricados pocos años antes de la expulsión de los jesuitas, en lugar tan visible? Hasta el momento no existen explicaciones convincentes ¿Acaso esta extraña figuración habla de la resignificación de un importante objeto de la antigua religión indígena en el marco cristiano? ¿Qué nuevos sentidos puede haber codificado? ¿Acaso es una forma más de la relación de continuidad entre el adentro y el afuera, entre un pasado y un presente? La sucesión de interrogantes que suscitan estas "figuraciones emergentes", requieren de un tratamiento histórico-antropológico aparte, que he desarrollado en otro trabajo[33].

A modo de conclusión

El "espacio misional" estuvo lejos de ser un reducto cerrado u homogéneo, como generalmente ha sido pensado; en él convivían individuos y grupos con diferentes procedencias étnicas y tradiciones técnicas que interactuaban entre sí, generando un espacio heterogéneo, cuyas relaciones con el "exterior" eran constantes y fluidas. Esto lleva a distinguir circuitos de producción, circulación y uso de objetos visuales y "figuraciones" espacialmente diferenciados, dentro del pueblo, en los campos circundantes y entre ambos. Según supongo, la vida social de esos objetos y figuraciones puede darnos claves sobre la naturaleza de las identidades que se construyen en el proceso de conversión misional, la relación estructural que los indígenas definen con el Otro y el "afuera" en términos de espacio y tiempo, y las relaciones entre tradiciones culturales y mundos visuales, caracterizadas por ciertas predominancias, cambios y continuidades.

Las "representaciones indígenas" mencionadas de ninguna manera deberían ser consideradas como un símbolo de "pureza étnica", pues tienen solamente sentido en el contexto de la misión, en el cual fue posible el desarrollo de ciertas técnicas y la utilización de determinados materiales, al igual que el nacimiento de ciertas necesidades representativas. En ese sentido quizás importe menos considerar la "creatividad indígena" en la que se originan, o su carácter "auténtico", que los imaginarios y relaciones sociales que las motivan, tanto en las situaciones concretas como a lo largo del proceso de contacto y etnogénesis.

¿Los objetos visuales de la misión son "artísticos"? ¿Ese arte, es un "arte indígena"? ¿La visualidad misional se reduce a lo artístico? He intentado mostrar que las referencias

---

[33] Hace algunos años se produjo un debate a propósito de los supuestos ángeles maraqueros del friso, en el que intervinieron el musicólogo Gerardo Huseby y el historiador del arte Darko Sustersic. De este último ver "Las artes plásticas y la música de las Misiones según el testimonio del friso de Trinidad", 1998. En un trabajo reciente discuto las interpretaciones de la polémica y propongo una nueva aproximación. Ver Wilde, G., "El enigma sonoro de Trinidad: ensayo de etnomusicología histórica", 2008.

a un "arte indígena" o un "arte misional" son limitadas y tramposas. El "arte de la misión" es el resultado de un proceso histórico concreto de interacción política y cultural. Los objetos visuales de ese contexto no son esencialmente indígenas o puramente artísticos, sino el desenlace (o el *detritus*) de un proceso de etnogénesis. Por otro lado, sus producciones visuales, aunque se originen en una "capacidad creativa", son parte integral de una configuración en el tiempo que, justamente, define la naturaleza misma de esa capacidad. En todo caso, la creatividad debe ser considerada como un punto de llegada más que como un *a priori*. He subrayado la importancia de considerar a las figuraciones como índices de un flujo de vida; como el resultado de un marco de relaciones y sedimentaciones históricas del que, paradójicamente, forma parte también de nuestra propia mirada.

La temporalidad de la imagen –escribe Georges Didi-Huberman- "no será reconocida como tal en tanto el elemento histórico que la produce no se vea dialectizado por el elemento anacrónico que la atraviesa"[34]. La aserción subraya el carácter sintomático de la mirada sobre las imágenes del pasado, "paradójicamente fecundo" en la medida que permite reconocer en ellas "duraciones múltiples, tiempos heterogéneos y memorias entrelazadas"[35]. De modo parecido, George Kubler nos recuerda esa naturaleza compleja y fugitiva de la "actualidad", ligada a una experiencia de "las cosas" en el tiempo, cuyo resto "emerge sólo a través de señales", de "estadios innumerables y soportes inesperados"[36]. Si esas imágenes se encuentran además inscriptas en un contexto culturalmente ajeno, surge el dilema homólogo del etnocentrismo, contracara de una aproximación premeditadamente distante, la contemporánea. A ella refiere Didi-Huberman, cuando señala que el tiempo del que hablan las imágenes no es exactamente "el pasado", sino la memoria a través de la cual el tiempo se humaniza y configura, entrelazando sus fibras y condenándose a una impureza esencial.

---

[34] Didi-Huberman, G., *Ante el tiempo. Historia del arte y anacronismo de las imágenes*, 2006, p. 29.
[35] Idem, p. 44.
[36] Kubler, G., op. cit, p. 17.

¿La imagen, lo es todo?
El estilo Yavi y su variación en tiempo, espacio y materialidad

Florencia Ávila

Introducción

En la historia de los estudios arqueológicos del Noroeste Argentino, las descripciones, catalogaciones y clasificaciones de la diversidad cerámica en relación con su iconografía han servido para explicar y construir diferencias que trascendieron lo meramente estilístico para llegar a significados culturales, étnicos y sociales[1]. En este sentido, más de una vez el estilo de las manifestaciones plásticas se concibió como reflejo inequívoco de un grupo homogéneo de personas, con una organización social determinada y límites territoriales específicos que se identificaban con él; es decir, se pensaba al estilo como la *bandera* de un pueblo. De modo que se lo estableció como un indicador directo de la adscripción identitaria y territorial de una sociedad.

¿Pero podemos pensar que la perdurabilidad de determinado estilo necesariamente refleja una entidad cultural que se mantiene estable a lo largo del tiempo y el espacio? ¿Es factible pensarlo como un *imagotipo*[2] elegido por un grupo de personas para identificarse entre sí y diferenciarse del resto? Quizás la forma de utilizar las imágenes en la actualidad haya determinado nuestra concepción, dado que *una imagen vale más que mil palabras*, las manifestaciones plásticas son transformadas únicamente en íconos metonímicos de entidades homogéneas, desde una empresa hasta un estado nación. Todo se ordena frente a la imagen que tenemos delante.

En este trabajo argumentaremos que estudiar un repertorio plástico bajo la dimensión de las prácticas sociales implica tomar los motivos plasmados en diversos soportes como elementos activos, capaces de generar tramas de significado mutable en la medida que se trata de objetos concretos, insertos en redes sociales, siendo la identidad sólo uno de los aspectos de esta trama. Desde esta perspectiva que caracteriza a los estudios recientes sobre materialidad[3], nos concentraremos en la indagación del estilo como expresión de la

---

[1] Nastri, J., "El estilo cerámico santamariano de los Andes del sur (siglos XI a XVI)", 1999.

[2] "Se denomina imagotipo cuando al nombre de una institución y a su forma gráfica (logotipos) suele sumarse un signo no verbal que posee la función de mejorar las condiciones de identificación al ampliar los medios. Se trata de imágenes muy pregnantes que permiten una identificación que no requiera la lectura, en el sentido estrictamente verbal del término. Estas imágenes pueden adoptar características muy diversas, pues su único requisito genérico es su memorabilidad y capacidad de diferenciación respecto del resto", Chaves, N., La imagen corporativa. *Teoría y metodología de la identificación institucional*, 2005, p. 3.

[3] Ver entre otros DeMarrais, E., C. Gosden, C. Renfrew (eds.), *Rethinking Materiality: The Engagement of Mind with the Material World*, 2004; *Gosden, C., "What do objects want?"*, 2005; *Miller, D., Material Cultures: Why Some Things Matter*, 1998; *Miller, D., Materiality*, 2005; *Thomas, N., Entangled Objects: Exchange, Material Culture, and Colonialism in the Pacific*, 1991.

forma que asume el entramado de prácticas articulado a casos particulares.

Para ilustrar las vías de investigación que abrimos desde este enfoque tomaremos la producción plástica Yavi identificada con el estilo alfarero del mismo nombre. Este ha sido adscripto no sólo a un extenso período cronológico (900 d.C. hasta el contacto hispano-indígena) sino también a una amplio espacio de dispersión por diversos sectores del área circumpuneña (Valles de Tarija, Sureste de Lípez, II Región de Chile -Loa Superior, Oasis Atacameños-, Quebrada de Humahuaca, Valles Occidentales de Jujuy y Salta, Puna occidental y oriental de Jujuy) (figura 1). A su vez, este estilo se ha identificado en otros soportes a partir de motivos plasmados en calabazas pirograbadas o en arte parietal en la Puna nororiental de Jujuy y en regiones vecinas. Cabe preguntarnos si dichos motivos reflejan una entidad cultural particular que en ese amplio territorio se mantiene homogénea a lo largo del tiempo o si ciertos motivos icónicos son compartidos por distintos grupos y resignificados en los distintos contextos espaciales, temporales y materiales.

Así, las manifestaciones plásticas serían significantes que cobran sentido en un entramado de acciones, momentos particulares y espacios definidos. Lejos de ser este un trabajo de carácter conclusivo, nuestra idea es reflexionar acerca de cómo mirar un estilo, cómo pensar una imagen, con el fin de generar preguntas sobre su rol en una red social. Sintetizando, nuestra pregunta central sería: ¿cómo pensar al estilo articulado con instancias particulares de la práctica social?

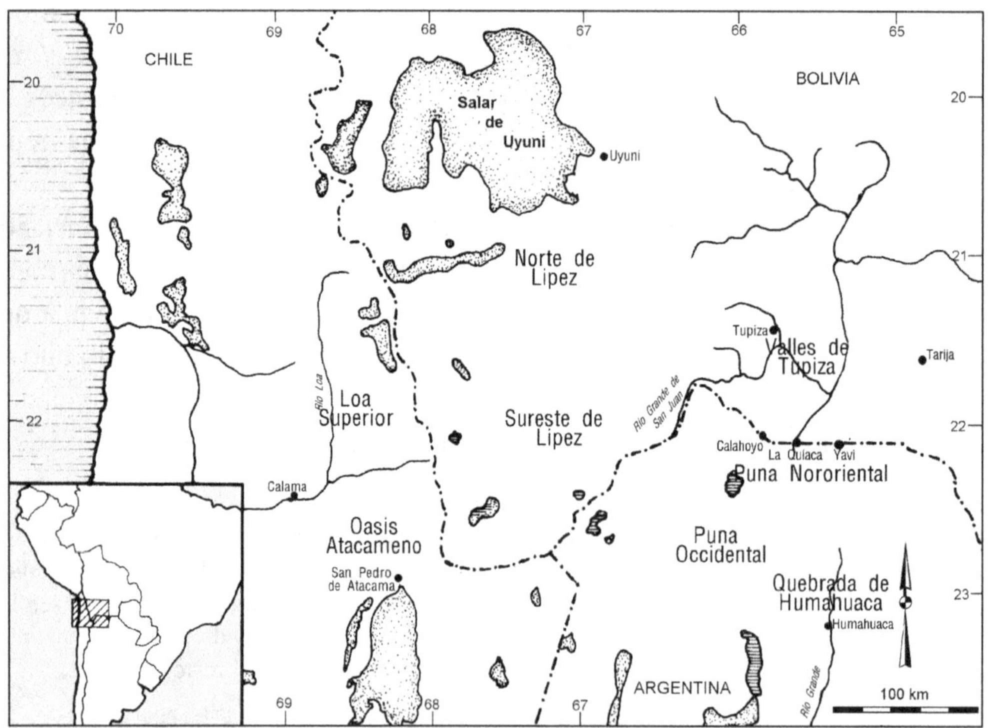

Figura 1: Mapa con la distribución de las regiones mencionadas en el artículo.

Estilo y arte: una lucha constante

Para poner en discusión algunos de los puntos anteriormente mencionados, debemos detenernos a pensar de qué modo el concepto de estilo ha entrado en juego en el discurso arqueológico. Dado que dicha noción "… es un concepto auto evidente e indiscutible bajo el cual se basa nuestra conciencia histórica"[4], debemos comenzar por explicitar algunos de los sentidos en los que la misma ha sido empleada.

Tradicionalmente, los estudios sobre estilo se enmarcaron dentro de un paradigma normativo, en el que las manifestaciones plásticas se utilizaban como indicadores culturales espacio-temporales, permitiendo la materialización de un pasado plausible de ser interpretado[5]. De esta forma se instituye una concepción de estilo como reflejo de la constitución de un grupo humano, de modo que la dispersión de representaciones similares conlleva la idea de difusión de una cultura sobre otra.

En las décadas de 1970 y 1980 el paradigma procesual, que en sus comienzos había dejado en segundo plano los estudios sobre estilo, asigna al mismo un rol comunicativo dentro de sus denominados sistemas sociales: "El estilo es una forma de comunicación no verbal que comunica cierta información sobre algo"[6]. Las manifestaciones plásticas comunican en forma sintética (no discursiva) información sobre la filiación, pertenencia a grupos o categorías sociales de sus usuarios.[7] A partir de esta interpretación se creó una asociación, en primer lugar, entre identidad y etnicidad, a la que luego se sumaron otras variables: estilo como demarcador de interacción social, de diferenciación social, de dominación, de ideología, etc. Aunque el sentido de la categoría de estilo varía en las distintas aproximaciones teóricas, todas remiten a una misma conceptualización (estrechamente relacionada con la concepción de cultura material a la que se adscribía)[8]. Las manifestaciones plásticas, en tanto elemento externo a las personas, "servían" como una herramienta (social) para alcanzar fines determinados.

Este nuevo estudio del estilo fue retomado y repensado bajo nuevas preguntas por las corrientes post-procesuales de las décadas de 1980 y 1990. Se consideró a la cultura material como un fenómeno cargado de sentido y un factor activo en la constitución de las relaciones sociales, y esto implicó pensar las manifestaciones plásticas como integrantes de redes significantes, que generan, reproducen y modifican relaciones intersubjetivas. Las representaciones constituirían entidades activas que variarían su significación constantemente.

---

[4] Gadamer, H. G., *Wahrheit und Methode*, 1965 citado en Conkey, M y C. Hastorf, *The Uses of style in archaeology. New direction in Archaeology*, 1990, p. 466.

[5] Conkey, M. y C. Hastorf , op. cit.

[6] Weissner, P., "Is there a unity to style?", 1990, p. 106.

[7] Weissner, P., op. cit.; Wobst, H. M., "Stylistic behavior and information exchange", 1977.

[8] Véase MacDonald, W., "Symbols and skin", 1985; Sackett, J. R., "The meaning of style in archaeology", 1977, y "Style, function and assemblage variability: a reply to Binford"1986; Shapiro, M., *Modern Art,* 1979; Wobst, op. cit. entre otros.

Aquí nos detendremos para revisar algunas categorías: ¿a qué nos referimos con manifestaciones plásticas, al repertorio iconográfico expresado, a los soportes en los que éste se inscribe o al entramado de relaciones sociales que aquellas generan? Al reflexionar sobre el mundo social, nuestro foco no está en las personas o en los objetos como entidades constituyentes del mundo, sino en la relación entre ambos. En efecto, "sujeto y objeto se definen sólo por la relación misma: de hecho, el objeto que pasa entre las personas es la relación"[9]. Podemos pensar a los materiales como formas de objetivación de redes que implican prácticas y relaciones sociales entre personas y entre personas y objetos[10]. Es decir, la materialidad no es un reflejo o un estado de una relación sino una parte relacional activa e influyente[11]: "Relacionalmente, la personas son creadas a través de redes de relaciones y estas redes incluyen cosas así como personas"[12].

Las prácticas relacionales se corporizan y se experimentan en ese mundo material, un mundo imbuido por objetos, cuerpos y lugares. Desde ese "ser-estar" material, nuestra realidad también se presenta bajo expresiones plásticas, que lejos de ser reducidas sólo a la contemplación, se entraman en prácticas significativas que nos conforman y que constituyen nuestro entorno. Las imágenes se insertan en la práctica social como aspectos inseparables de los objetos y, por más que podamos aislar analíticamente un repertorio iconográfico, sus significados se constituyen en íntima relación con su soporte, con su técnica de confección, con el espacio que ocupan y con las actividades en las que participan. Lo significativo va más allá del efecto visual que su configuración genera.

Ahora bien, partiendo de estas ideas: ¿cómo utilizar el concepto de *estilo*? Desde nuestra óptica creemos que debemos dejar de lado la idea de que el estilo es una esencia en sí mismo y contextualizarlo en las experiencias sociales. Es decir, no es un modelo abstracto que los hacedores tienen que copiar, sino un modo de expresión en el que se modela una manera de concebir el mundo. Es un modo particular de configurar los valores y criterios estéticos que tiene una sociedad, valores y criterios que se materializan de acuerdo a la elección de determinadas convenciones plásticas y principios selectivos de qué y cómo representar en un tiempo y espacio determinados: "El estilo es a la vez unitario y dinámico; es un campo de transformaciones de motivos posibles o legítimos más que la totalidad de instancias existentes de dichas transformaciones"[13]. El estilo, como una configuración particular de atributos formales, se relaciona directamente con una forma de construcción del saber intersubjetivo, que genera percepciones compartidas.

Ahora bien, cuando nos referimos a un modo de configuración de valores y criterios

---

[9] Weiner, J. F., *The Lost Drum: The Myth of Sexuality in Papua New Guinea and Beyond*, 1995.

[10] Miller, D., *Material Culture and Mass Consumption*, 1987, y *Materiality*, 2005.

[11] Con "influyente" nos estamos refiriendo a la capacidad de incidir en un curso de acción, en este sentido los objetos pueden ser considerados como agentes, ver Latour, B., *Reassembling the Social: An Introduction to Actor-Network-Theory*, 2005.

[12] Jones, A., "Lives in fragments? Personhood and the European Neolithic", 2005, p. 199.

[13] Gell, A., *Art and Agency. An Anthropological Theory*, 1998, p. 215.

estéticos, quiere decir que el estilo representa sólo una parte de la expresión de la valoración estética de una sociedad, dado que dicho valor cruza *todas* las prácticas sociales, categorizando y evaluando fenómenos visuales, auditivos y táctiles, en concordancia con cada esquema cultural específico.

Debemos pensar entonces qué relación se puede establecer entre estilo, arte y estética. Este tópico ha sido centro de discusión en los últimos años dentro de las ciencias sociales[14], entre arqueólogos, antropólogos, sociólogos e historiadores del arte. A partir de estos debates podemos proponer sencillamente que el estilo forma parte del repertorio artístico de una sociedad, pensando a lo artístico como una forma de ordenar los modos de configuración de los valores estéticos, es decir, una "forma de conocer" dentro de determinadas valoraciones estéticas que apelan a lenguajes específicos[15].

Esto es fundamental a la hora de reflexionar sobre las sociedades pasadas, dado que cada "respuesta estética" no se digita desde un parámetro universal, desde una misma apreciación de "lo bello" en el mundo. Las mismas son contingentes, dinámicas, flexibles y a veces hasta opuestas, incluyendo no sólo relaciones de consumo sino también de producción y circulación, de modo que toma forma en las experiencias individuales y colectivas. Los objetos tienen valores estéticos condicionados por el régimen conceptual del que forman parte, que se constituyen como la vía por la cual las ideas y las relaciones sociales se objetivan y se experimentan[16].

Bourdieu sostiene que "...los sistemas simbólicos son productos sociales que producen el mundo, que no se contentan con reflejar relaciones sociales sino que también contribuyen a construirlas, entonces debemos admitir forzosamente que es posible, dentro de ciertos límites, transformar el mundo transformando su representación"[17]. En este sentido, los objetos del arte prehispánico como producción simbólica no son meras fuentes de información a partir de su función práctico-utilitaria o el reflejo de una organización socio-económica sino que son "realidades expresivas" que contribuyen a la conceptualización de la realidad[18]. Es posible entender al arte en el contexto de las producciones humanas que constituyen un lenguaje estético formal; vale decir, que son el resultado de la organización de elementos sensibles en base a pautas formales que implican una gramática (códigos). Es en realidad este carácter de lenguaje sensible lo que nos lleva a definir "lo artístico"[19].

---

[14] Coote, J. y A. Shelton, *Anthropology, Art and Aesthetics*, 1992; J. Weiner (ed.) *Too many meanings: a critique of the anthropology of aesthetics*, 1995; Hirsch, E. (ed.) *The art of anthropology: essays and diagrams*, 1999; Morphy, H., "The anthropology of art", 1994; Morphy, H. y M. Perkins, *The Anthropology of art. A reader.* 2006; Pasztory, E., *Thinking with things: towards a new vision of art*, 2005; Layton, R., *Art and Agency: A Reassessment*, 2003.

[15] Coote, J. y A. Shelton, op. cit.

[16] Gell, A., *The art of anthropology: essays and diagrams*, 1999.

[17] Bourdieu, P., *Respuestas. Por una antropología reflexiva*, 1995, p. 22.

[18] Bovisio. M. A., "Problemas acerca del estudio de la producción plástica prehispánica", 2001.

[19] Ibidem, p. 254.

A partir de estos argumentos podemos pensar la noción de manifestación plástica como entramado de las dimensiones técnicas, materiales y simbólicas, en el que las técnicas y los materiales pueden o no determinar la iconografía, como así también agregar un plus simbólico a lo iconográfico. El entramado técnico-simbólico se constituye entonces en un fenómeno estético y en un evento socio-histórico, puesto que es un lenguaje específico construido en un determinado contexto socio-cultural.[20]

Habiendo discutido algunos de los conceptos que más nos incumben, pensaremos en aplicarlos a un caso particular, las manifestaciones plásticas Yavi, preguntándonos qué prácticas estéticas se han involucrado, cuáles son los contextos de materialización de las mismas, y cómo los afecta el tiempo, el espacio y el soporte.

El estilo Yavi

Al igual que lo sucedido con el estudio de otras manifestaciones plásticas en la arqueología, el proceso de identificación y construcción del repertorio iconográfico prehispánico Yavi –caracterizado por volutas, zigzags, escalonados en diversas combinaciones- a través de las investigaciones arqueológicas es sumamente complejo. Los conocimientos iniciales sobre este repertorio como tal, es decir, en tanto manifestación independiente de otras representaciones[21], fueron desarrollados por Krapovickas y su equipo recién desde 1960, a partir de trabajos de campo realizados en el sitio Yavi Chico y en áreas cercanas al río Grande de San Juan[22]. Para su tipificación se consideraron dos variables: el color y el antiplástico de las piezas cerámicas, y la circunscripción de las mismas a los valles de los afluentes puneños del río Pilcomayo (río Grande de San Juan, arroyos Yavi y Yavi Chico). A partir de ese momento y luego de sucesivos trabajos en la región puneña, Krapovickas realizó una sistematización tipológica con el fin de delimitar la categoría "cultura Yavi"[23], asociada al "estilo alfarero Yavi"[24].

Al proseguir con los trabajos en el área de Yavi y en la cuenca del río Grande de San Juan, Krapovickas llegó a la conclusión de que se podía vincular culturalmente esta zona con la de Tupiza (Bolivia); a partir de la "continuidad natural" que las relacionaba asumió una "continuidad cultural" entre las mismas. Se creó entonces un bloque de sitios en la

---

[20] Francastel, P., *Sociología del arte*, 1984.

[21] Independientes de "lo omaguaca", "lo calchaquí" o "lo puneño". Bennett, W. et al., *Northwest Argentine archaeology*, 1948; Boman, E., *Antigüedades de la región andina de la Republica Argentina y del desierto de Atacama*, 1992; Bregante, O., *Ensayo de clasificación de la cerámica del noroeste argentino* 1926.

[22] Krapovickas, P., "La cultura Yavi, una nueva entidad cultural puneña", 1965; "Subárea de la Puna Argentina", 1968; "Arqueología de Yavi Chico (provincia de Jujuy, Republica Argentina)", 1973; "Arqueología de Cerro Colorado (departamento de Yavi, Provincia de Jujuy, Republica Argentina)", 1977.

[23] También denominada "cultura Yavi chico" (Krapovickas, P. y M. Ottonello, "Ecología y arqueología de cuencas en el sector oriental de la puna, Republica Argentina", 1973) y "fase Yavi chico" (Krapovickas, P., "Arqueología de Cerro Colorado…", op. cit.).

[24] Ávila, F., "Un universo de formas, colores y pinturas. Caracterización del estilo alfarero Yavi de la Puna nororiental de Jujuy", 2009.

Puna Argentina, en función de un estilo alfarero, estudiados como "propios" de la cultura Yavi[25], cultura que se extendía hasta los valles de Tupiza (figura 1, Puna Nororiental).

Ahora bien, a las publicaciones de Krapovickas se sumaron distintas investigaciones que reconocían "piezas Yavi" en regiones alejadas a las del supuesto centro. Una de las primeras fueron las de Tarragó[26] a partir del registro del material recuperado en tumbas de la región de San Pedro de Atacama. Años mas tarde, Pérez propuso que uno de los estilos característicos de la Quebrada de Humahuaca en el período tardío (conocido como *Tilcara Negro sobre Rojo*, y que él denominara *Purmamarca Línea Fina*), no era originario de esa región, sino que era producto de la "...influencia de la alfarería Yavi sobre el tipo ya existente que nosotros denominamos Purmamarca Negro sobre Rojo"[27].

El hallazgo de referentes Yavi en otras zonas trascendió el soporte cerámico al encontrarse cierta iconografía plasmada en otros materiales como en calabazas piro-grabadas y en arte rupestre. Ejemplos de este tipo son los citados por Hernández Llosas quien compara las representaciones en calabazas pirograbadas del sitio Doncellas con el estilo alfarero Yavi, "... en el yacimiento de Yavi Chico ha sido definido un estilo cerámico cuyos patrones representativos tienen similitudes con las configuraciones de calabazas"[28]. En el mismo sentido se identificaron con ese estilo las pinturas y grabados rupestres de la localidad de Yavi[29], los petroglifos que rodean el sitio de Cerro Colorado[30] (localidad de Yavi) y los grabados emplazados en las cercanías del río Grande de San Juan, en la localidad de La Ciénaga[31].

Desde estos argumentos se concibe a la "cultura Yavi" como un paquete de rasgos, y el poder demostrar su presencia en contextos alóctonos y en materiales diversos refuerza la hipótesis acerca de la existencia de un territorio homogéneo étnica y culturalmente en la Puna norte: "Se trata de un fenómeno que representa diversos tipos de contactos entre los pobladores de esa zona, portadores de esa cultura, y los habitantes de otras regiones"[32]. A la entidad estilística Yavi se le atribuyó un lapso temporal concreto y un espacio geográfico demarcado, relacionado con la región de Tupiza en Bolivia. La imagen que se construía

---

[25] Entre ellos podemos mencionar Yavi Chico, Cerro Colorado, Pueblo Viejo de La Quiaca, Chocoite, Pozuelos, Yoscaba, Calahoyo, Pucapampa, Peña, Pampa Grande y Pueblo Viejo.

[26] Tarragó, M., "Secuencias culturales de la etapa agroalfarera de San Pedro de Atacama (Chile)", 1968; y *Contribuciones al conocimiento arqueológico de los oasis de San Pedro de Atacama en relación con los otros pueblos puneños, en especial, el sector septentrional del valle calchaquí*, 1989.

[27] Pérez Gollán, J. A., "Arqueología de las culturas agroalfareras de la Quebrada de Humahuaca, provincia de Jujuy, Republica Argentina", 1973, p. 673.

[28] Hernández Llosas, M. I., "Las calabazas prehispánicas de la Puna centro-oriental (Jujuy, Argentina): análisis de sus representaciones", 1983-85, p. 129.

[29] Krapovickas, P., "Arqueología de la Puna Argentina", 1960; Krapovickas et al, "Reconstruyendo el pasado: la arqueología, la cultura Yavi y los chichas", 1996.

[30] Krapovickas, P., "Arqueología de Cerro Colorado...", op. cit.

[31] Krapovickas, P. y E. M. Cigliano, "Investigaciones árqueológicas en el Río Grande de San Juan (Puna Argentina)", 1964.

[32] Krapovickas, P. y S. Aleksandrowiscz, "Breve visión de la cultura Yavi", 1990, p. 86.

detrás era la de una sociedad fuertemente estructurada, capaz de hacer llegar su "cultura material" y sus "manifestaciones" más allá de sus límites territoriales, que no sólo se mantuvo con una fuerte hegemonía por más de 400 años, sino que también le hizo frente al dominio incaico, "negociando" con él.

Si bien en la actualidad se han desarrollado distintas discusiones sobre la dinámica social en los Andes circumpuneños, los estilos cerámicos siguen operando como nucleadores sociales emblemáticos. En este sentido, son numerosas las publicaciones que presentan hoy en día evidencias de diversos "materiales Yavi" (denominándolos "Yavi", "Chicha" –nombre que se le da al mismo estilo en Bolivia- o "Yavi-chicha" indistintamente) en distintos sectores lindantes a la región de Tupiza o más lejos aún.

En Bolivia las referencias provienen de diversos lugares[33]. Entre ellos podemos mencionar los del valle de Cinti, suroeste del departamento de Chuquisaca[34], de los valles bajos de Tarija[35] y de la región de sur y sureste de Lípez[36] (figura 1, Valles de Tarija y Sureste de Lípez respectivamente). En la región atacameña, en el norte de Chile, los hallazgos también dan cuenta de una amplia variabilidad; por ejemplo en el Museo Arqueológico "Gustavo Le Paige" de San Pedro de Atacama (Chile) se encuentran aproximadamente 35 piezas alfareras Yavi provenientes tanto de contextos funerarios como domésticos, así como también calabazas pirograbadas "que corresponderían al mismo patrón iconográfico"[37], todas estas estudiadas a lo largo de los años por distintos investigadores[38]. Similares identificaciones de materiales se dieron a lo largo de la cuenca del río Loa, como es el caso de las evidencias

---

[33] Cabe aclarar que la falta de publicaciones sistemáticas sobre esta región trae aparejado un desequilibrio en relación con el material hallado.

[34] Rivera Casanovas, C., "Settlement patterns and regional interaction in the Cinti valley, Chuquisaca, Bolivia", 1998; "Identidades compartidas en el sur de Bolivia: interacciones entre las poblaciones prehispánicas del valle de Cinti y las tierras bajas del sudeste", 2003; "Complejidad social y esferas de interacción durante el Horizonte Medio y el período Intermedio Tardío en los valles interandinos del suroeste de Chuquisaca, Cinti", 2006.

[35] Arellano, J., "La cultura Tarija: Aportes al conocimiento de los señoríos regionales del sur boliviano", 1984; Raffino et al., "La instalación inka en la sección andina meridional de Bolivia y extremo boreal de Argentina. El imperio Inka: actualización y perspectivas por registros arqueológicos y etnohistóricos", 1986; Rosen, E. von, *Un mundo que se va*, 1957; Ventura, B., "Los últimos mil años en la arqueología de las yungas", 2001.

[36] Nielsen, A., "Tendencia de larga duración en la ocupación humana del Altiplano de Lípez (Potosí, Bolivia)", 1998; Nielsen, A. et al., "Prospecciones Arqueológicas en la Reserva "Eduardo Avaroa" (Sud Lípez, Dpto. de Potosí, Bolivia)", 1999.

[37] Stovel, E., *The importance of being atacameño: political identity and mortuary ceramics in northern Chile*, 2002.

[38] Fernández, J., "Los Chichas, los Lípez y un posible enclave de la cultura de San Pedro de Atacama en la puna limítrofe argentino-boliviana", 1978; Martínez, J. L., "Acerca de las etnicidades de la puna árida en el siglo XVI", 1992a, y "Textos y palabras. Cuatro documentos del siglo XVI", 1992b; Tarragó, M., "Secuencias culturales de la etapa agroalfarera de San Pedro de Atacama (Chile)", 1968 y *Contribuciones al conocimiento arqueológico de los oasis de San Pedro de Atacama en relación con los otros pueblos puneños, en especial, el sector septentrional del valle calchaquí*, 1989; Stovel, E., op. cit.; Uribe, M. *Alfarería, arqueología y metodología. Aportes y proyecciones de los estudios cerámicos del norte grande de Chile*. 2004.

halladas en Caspana[39], en Quillagua[40] y en Turi[41] (figura 1, Oasis Atacameños y Loa Superior). Asimismo se han registrado ejemplares alfareros en el Museo Regional de Atacama, Copiapó[42], en el cementerio Alto del Carmen, hoya del río Huayco[43] y en el Museo de La Serena[44], entre otros. Se ha propuesto no sólo la presencia efectiva del material, sino también su influencia en piezas locales, como en el caso de la cerámica del sitio Estadio Fiscal de Ovalle, en la ribera norte del río Limarí, Coquimbo, que se denominó "Diaguita Mixta con influencia Yavi" y "Diaguita Mixta con influencia Yavi y Cuzqueña"[45].

Los hallazgos de material de estilo Yavi se han multiplicado en alejados y diversos sectores. En las yungas de la Argentina se han evidenciando numerosos ejemplares, como en el valle de Santa Victoria[46], en los valles de San Andrés y Santa Cruz, al este de las serranías de Zenta[47], y en la Sierra de Zenta[48] (figura 1, Valles Orientales). En el sector sur de los valles orientales de Jujuy la presencia de material Yavi se relaciona exclusivamente a momentos incaicos evidenciados por la presencia de alfarería inka local[49]. En la Puna Oriental las evidencias de material se extienden desde los sitios Yoscaba, Pucará de Rinconada, río Grande de San Juan, hasta Pozuelos[50], Doncellas y Casabindo[51] (figura 1, Puna Oriental). En la Quebrada de Humahuaca la dispersión se extiende ampliamente, abarcando sitios como Los Amarillos, Pucará de Volcán, Pucará de Tilcara, La isla, La Huerta, Angosto de Perchel, Yacoraite, entre otros[52] (figura 1, Quebrada de Humahuaca).

---

[39] Alliende, M. del P., *La colección arqueológica "Emil de Bruyne" de Caspana*, 1981; Adán, L. y M. Uribe, "El dominio inka en la localidad de Caspana: un acercamiento al pensamiento político andino (río Loa, norte de Chile)", 2005; Uribe M., "La alfarería Caspana en relación a la prehistoria tardía de la subárea circumpuneña", 1997, y *Alfarería, arqueología y metodología. Aportes y proyecciones de los estudios cerámicos del norte grande de Chile*, 2004.

[40] Agüero, C. et al, "Variabilidad Textil durante el periodo intermedio tardío en el Valle de Quillagua: una aproximación a la etnicidad", 1997.

[41] Ryden, S., *Contributions to the archaeology of the Rio Loa region*, 1944.

[42] Cantarutti, G. y R. Mera, *Alfarería de la fase inca en el Valle de Limarí: Evidencias de influencia Yavi o chicha en jarros antropomorfos*, 2003.

[43] Niemeyer, H., "Excavación del Cementerio Alto del Carmen, Prov. del Huayco", 1988.

[44] González, P., "Presencia altiplánica en el Norte Semiárido. El tipo Saxamar en los diseños cerámicos Diaguita III", 1995.

[45] Cantarutti, G. y R. Mera, "Estadio Fiscal de Ovalle: redescubrimiento de un sitio diaguita-inca en el valle del Limarí", 2000.

[46] Togo, J., "Prospección arqueológica en el Departamento Santa Victoria, Pcia. de Salta", 1973; Ventura, op. cit.

[47] Ventura, op. cit.

[48] Nielsen, A., "Por las rutas del Zenta: evidencias directas de trafico prehispánico entre Humahuaca y las yungas", 2003.

[49] Garay de Fumagalli, M., "Del Formativo al Incaico, los Valles Sur orientales de Jujuy en los procesos de interacción macrorregionales", 2003, y "Diferenciación formal y cronológica de los yacimientos de la cuenca superior del río Corral de Piedra", 1997.

[50] Sitios Pta. Rinconada, Mayu Punku, Puka Puka, Quebrada Farillon, Pueblo Viejo de Guayatayoc, Antiguyu

[51] Albeck, M. E., "La puna argentina en los periodos medio tardío", 2001; Mamaní, H., "El paisaje arqueológico en el sector occidental de la cuenca de Pozuelos (Jujuy, Argentina)", 1998.

[52] Cremonte, M. B., "Algo más sobre el Pucará de Tilcara. Análisis de una muestra de superficie", 1992, "Tendencias en relación a la producción y distribución de la cerámica arqueológica de la Quebrada de

Como podemos observar el estilo Yavi se encuentra distribuido en un amplio rango geográfico y temporal, asociado a diversos contextos y materialidades. Su iconografía, o lo que se tomó como su configuración plástica representativa, está plasmada en más de un soporte, lo que conlleva la idea de imposición de una "imagen" como medio de identificación o delimitación de una entidad material, espacial o simbólica.

Más allá de la figura. Tiempo, espacio, soporte

Muchas veces el discurso arqueológico reduce las nociones de imagen y estilo a lo visual o a lo iconográfico, dejando de lado, por ejemplo, el soporte en el que ambos se materializan. Las iconografías se constituyen en el medio de representación y, por tanto, de identificación de una entidad social y hasta de una institución. Es así que los estilos prehispánicos parecieran interpretarse como imágenes *institucionales*: "La imagen institucional es el registro público de los atributos identificatorios del sujeto social. Es la lectura pública de una institución, la interpretación que la sociedad o cada uno de sus grupos o sectores colectivos tienen o construyen de modo intencional o espontáneo"[53]. Pero esta interpretación lleva consigo la idea de una imagen impuesta, intencional y consciente, por parte de un "grupo de personas" que identifica algo en particular, con voluntad de ser reconocido. En este sentido, los espirales y las volutas, los escalonados, etc. serían el *imagotipo* de la entidad Yavi, es decir, se asemejarían a la divisa punzó impuesta por Juan Manuel de Rosas en las décadas de 1830 y 1840 en Argentina como forma de filiación del grupo político Federal, que por su ausencia identificaba a los traidores y a los unitarios. La observación de cualquiera de estos motivos nos remitiría, indefectiblemente, a la única entidad que representan. ¿Pero cuál sería esta entidad en nuestro caso? ¿La cultura Yavi?

La forma de pensar las manifestaciones plásticas de esta manera conlleva, por un lado, la idea de que las imágenes se relacionan con un sólo tipo de prácticas posibles digitadas desde un único sector de la sociedad y, por otro, que lo único importante en cuanto a su significación es la iconografía misma. Llegaríamos nuevamente a una teoría esencialista. Pero si retomamos las concepciones de materialidad y prácticas que habíamos discutido anteriormente: los objetos mismos no constituyen entidades inertes sino que forman parte activa de una red de prácticas, y es en el accionar social en el que estos representan, generan y conforman las relaciones sociales[54]. De esta forma, podemos considerar las manifestaciones plásticas no como materializaciones de relaciones y prácticas sociales sino como partes constitutivas de las mismas y de esta forma entender a las experiencias sociales desde un mundo material[55]. Retomando el caso del estilo Yavi,

---

Humahuaca", 1994, y "Cerámicas con inclusiones blancas: un aporte a los estudios de producción y distribución", 1998; Nielsen, A., "Evolución social en Quebrada de Humahuaca (AD 700-1536)", 2001; Raffino, R. y J. Palma, "Los Artefactos", 1993; Rivolta, M. C., *Cambio social en la Quebrada de Humahuaca en tiempos prehispánicos (1100-1400 d.C.)*, 2005.

[53] Chaves, N., op. cit., p. 28.

[54] Jones, A., op. cit.

[55] Warnier, J., "A Praxeological Approach to Subjectivation in a Material World", 2001.

el mismo no se mantuvo homogéneo, ni en el tiempo, ni en el espacio, ni en relación al soporte. Si observamos la figura 2 veremos el amplio espectro de formas, motivos y configuraciones que se representan, en el que una sola de estas variables no alcanzaría para explicar el conjunto total[56].

Pensemos en la variable temporal, con el correr del tiempo las manifestaciones plásticas cambiaron de configuración, de técnica, de motivos. Estas particularidades pudieron estar afectadas o haber afectado distintas prácticas sociales, por ejemplo, de construcción de identidad, si pensamos que esos objetos comunican cierto carácter de las relaciones sociales que hacen que las personas se constituyan como tales: "La identidad no es algo que la gente posee, un conjunto inmutable de cualidades; más bien, es un acto continuo de producción –un conjunto de propiedades inherentemente fluido bajo construcción y revisión continua"[57]. En este sentido, "…son las cualidades de los objetos y su tratamiento en la práctica lo que nos informa sobre cómo son utilizados para crear diferentes tipos de personas."[58] Por otro lado, tenemos que considerar que la experiencia a lo largo del tiempo de las imágenes materializadas en los objetos difiere según sus características, emplazamiento, función, etc. No podemos comparar la experiencia diaria y continua que se tiene en la interacción con un puco de cerámica que con las imágenes de una pared tallada a la vera de un río. El desarrollo de prácticas, relaciones de memoria y construcción de los sujetos sociales tienen que haberse visto influenciadas por la permanencia o la transitoriedad de los objetos portadores de las imágenes.

Respecto de la variable espacial: ¿qué es lo que circula, los objetos, las representaciones, los modos de representar? Lo que hemos observado es que hay una gran dispersión del estilo con mayor o menor frecuencia en todos los Andes circumpuneños, acrecentándose esta tendencia en momentos incaicos. ¿Cómo se puede interpretar, a partir de esto, la dinámica de las redes de relaciones entre las personas? Además, corresponde observar la discordancia que hay entre la dispersión de las representaciones plásticas en el arte rupestre, circunscriptas a áreas específicas, y de la alfarería, ampliamente diseminada por una vasta región. La extensa y dispar distribución puede deberse a diversas causas: formas alternativas de circulación, traslados de personas a distintos puntos, ideas compartidas o prácticas de citación de eventos o lugares: "Las prácticas sociales relacionadas al hacer, usar y descartar objetos materiales pueden ser pensadas como "citas materiales", cada acto material referencia y adquiere su significado de lo que ha sucedido anteriormente"[59].

Por último, nos queda atender a una variable que pocas veces es tomada en cuenta: si pensamos en el soporte material de la imagen, ¿cómo cambia nuestra percepción y nuestra experiencia corporal caminando frente a un panel o bebiendo chicha en una escudilla

---

[56] Ávila, F, op. cit.

[57] Brück, J., "Material metaphors. The relational construction of identity in Early Bronze Age burials in Ireland and Britain", 2004, p. 311.

[58] Jones, A, op. cit., p. 199.

[59] Jones, A., op. cit., p. 200.

(figura 3); ¿de qué forma se comparten y significan estas materialidades?

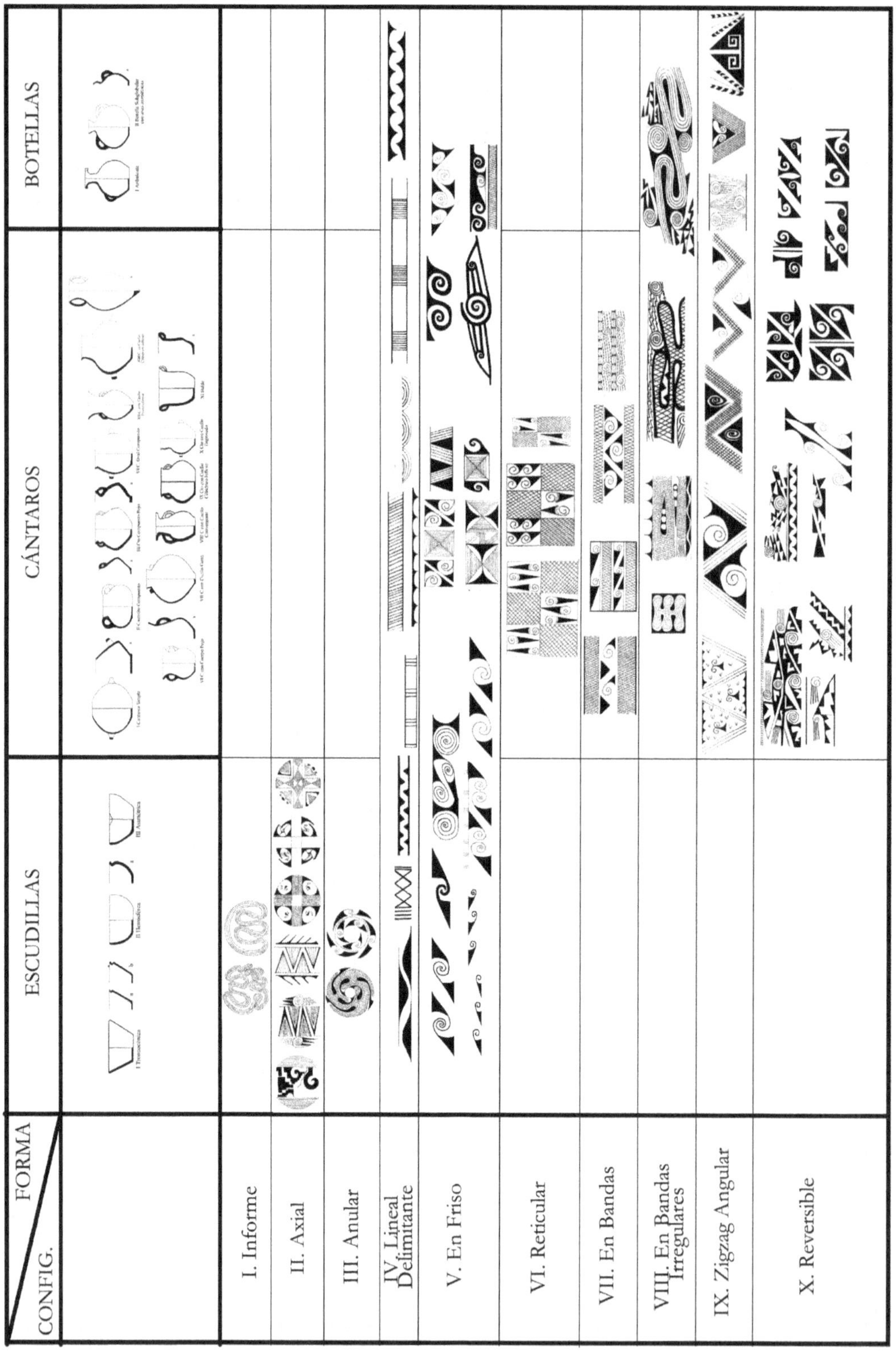

CONFIG. / FORMA	ESCUDILLAS	CÁNTAROS	BOTELLAS
I. Informe			
II. Axial			
III. Anular			
IV. Lineal Delimitante			
V. En Friso			
VI. Reticular			
VII. En Bandas			
VIII. En Bandas Irregulares			
IX. Zigzag Angular			
X. Reversible			

Figura 2: Resumen de la variabilidad morfológica e iconográfica de la alfarería yavi.

Figura 3: Motivos plasmados en calabazas pirograbadas (tomado de Hernández Llosas, 1983-85).

Las imágenes no son el simple reflejo de una realidad social sino que a través de la combinación entre materialidad e iconicidad las imágenes crean subjetividades[60]. La disposición de las manifestaciones plásticas, tanto en el paisaje como en el espacio social que ocupan, dan forma a la experiencia de los sujetos. Este espacio, material y social, y la práctica que conlleva contribuye a la formación de una subjetividad e identidad histórica y culturalmente situada.

La temporalidad, la cronología, la dispersión espacial, la ubicación, la materialidad y la iconicidad de los objetos contribuyen activamente en la producción y reproducción de la vida social, disparando determinadas respuestas: "Lo que deseamos investigar no son las cualidades inherentes de la forma, proposiciones invariables de configuraciones visuales, sino más bien la potencialidad del diseño para suscitar ciertas respuestas"[61].

Dentro del marco de una reflexión sobre la categoría de "arte indígena", comprobamos que la misma se desdibuja como una unidad de sentido único. Actualmente, muchas de las imágenes de arte prehispánico de distintos momentos y lugares han sido adoptadas de forma unificada como símbolos identitarios en la conformación de comunidades indígenas, en carácter de apropiación de referentes pasados con gran densidad histórica que representan una alternativa de legitimación de sus derechos. La forma quizás de pensar el "arte indígena" sería en tanto categoría relacional cuya significación varía en coyunturas sociales particulares. Tanto en el pasado, como en el presente.

---

[60] Lesure, R., "Linking theory and evidence in an archaeology of human agency: iconography, style and theories of embodiment", 2005.

[61] Gombrich, E., *El sentido del orden. Estudio sobre el sentido de las artes decorativas*, 1999, p. 118.

Disciplina, plasticidad y alteridad.
Un epílogo para el arte indígena

Alejandro F. Haber

David Blanarsi vivía en Wugularr, Arnhem Land (Australia), y era un reconocido pintor y fabricante y ejecutante de *didjeridu*. Sus pinturas sobre corteza y sus discos vendían por millares, tenía contratos con sellos discográficos, hacía giras por el mundo; la prensa especializada lo consideraba un artista aborigen de primer orden. Aunque ganaba mucho dinero, una medida incuestionable del éxito -también artístico- dentro de la sociedad capitalista, se evaporaba de sus manos tan pronto como llegaba a su comunidad. Daba entrevistas, le hacían notas, aparecía en TV. David encajaba perfectamente bajo el rótulo de artista. Los auditorios extraños apreciaban su arte musical. Un día se fue. Es decir, salió a caminar por el monte, por el desierto, sin decir nada a nadie. Probablemente se cobijó al pie de unas rocas y se puso a cantar los cantos masculinos de su clan hasta que, como indica la tradición, se convirtió en espíritu. Hay quienes aseguran haberse comunicado con él[1].

Este cuento sobre David Blanarsi (tengo otros pero aburriría) va en el siguiente sentido: el que se pueda hacer una lectura categorial desde la episteme hegemónica (tal como sería considerarlo un artista a Blanarsi y obras de arte lo que hizo) sólo habla de la dificultad que tiene esa episteme (normalmente la occidental) para advertir las propias condiciones de reproducción de la hegemonía. Hay otra lectura al otro lado de las cosas -generalmente la hay, pero más aún en los casos traídos como ejemplo en los textos de este volumen-; muchas veces son lecturas que no se molestarían si se les dice 'arte', no porque se lo crean ni porque lo necesiten sino porque han aprendido la coexistencia con lenguajes hegemónicos[2]. "Esa imagen se puede ver, pero la historia es un secreto", dijo David Blanarsi[3]. Es decir, incluso dicen en lenguaje artístico lo que lingüísticamente no-dicen o, mejor, porque no pueden decir lo no-dicen. Se expresan en frecuencias que el lenguaje hegemónico no capta o mal interpreta (las artes populares, las costumbres folklóricas, la broma y el juego, en fin, géneros que, siendo comprendidos como secunda-

---

[1] La historia de David Blanarsi me fue contada por Claire Smith, quien también me introdujo en su música. Más información y referencias se encuentran en su libro *Country, Kin and Culture. Survival of an Australian Aboriginal Community*, 2004.

[2] En diálogo con las editoras acerca de la repentina subjetivación del objeto *lecturas* entre la primera parte de esta oración y la segunda, he resuelto dejar la redacción en la forma en la que se presenta, con la intención transitiva de *molestar* la lectura que en este instante acontece, y llamar la atención sobre cierta indistinción fenomenológica entre *lecturas, lectores* y *las cosas que cobijan a ambos en su interior.*

[3] "That picture you can see but that story him secret", dijo David Blanarsi a Claire Smith. Smith, op. cit., p. 174. Traducción mía.

rios, hilvanan haceres y decires [de]generados pero generatrices). Esos haceres y decires subalternos tienen sentido en y dan sentido a teorías locales de relacionalidad[4]. Fuera de ellas pueden ya pasar inadvertidos o ser denominados, clasificados y cosificados como otra cosa. Incluso pueden medir exitosamente en el mercado. En ninguno de estos casos pierden necesariamente sus sentidos locales. Al contrario, muchas veces pueden expresar sus sentidos locales dado que tienen sentidos hegemónicos. Entonces, están tan enredados en relacionalidades locales como contrapuntean los sentidos hegemónicos. David Blanarsi ejecutaba con su *didjeridu* las músicas de los espíritus de las aves, los peces, los canguros y los dingos, junto a un cantante, dos percusionistas y algún aprendiz que finalmente heredó su conocimiento. Tras la muerte de su amigo cantante, partió. El sentido de su partida -muy cerca del sentido de su vida- tal vez haya tenido muy poco que ver con que sus conocimientos se considerasen arte y él mismo artista, incluso artista aborigen. Que su relación con la música y con el *didjeridu* fuesen arte, religión o ciencia es una pre-ocupación que no forma parte del mundo que sostiene sus haceres y que estos ayudan a sostener. No es ningún privilegio el que se los considere arte o no, no representa ninguna justicia. La única justicia permanece en la manera localmente relevante de relacionarse con los seres del mundo, en la teoría local de relacionalidad, *law* en sus palabras.

En este libro, Gustavo Verdesio y Florencia Ávila lo sospechan y entreven algo en los confines de sus propios entendimientos. Guillermo Wilde se dedica con consecuencia a un marco relacional, inspirado en la obra final de Alfred Gell[5], que le abre el camino. Lucila Bugallo arriesga su propio domicilio más allá de sus confines. Los textos de Ticio Escobar, María Alba Bovisio y Marta Penhos, Pablo Wright y Marta Penhos, y María Hellemeyer se mantienen cercanos a lo artístico como tal, y procuran abrirlo para que en esa categoría calcen otros objetos y prácticas. Con esa intención de abrir lo artístico, ese campo es objetivado, criticado, y revisado. En fin, los distintos textos incluidos en este libro pueden ser más o menos ubicados a lo largo de un espectro de respuestas a la pregunta que este volumen se hace acerca del estatus de un conjunto de cosas a las que cabría considerar arte indígena, o acerca de la justicia o pertinencia de considerar una cosa

---

[4] Debo disculparme con los amantes del castellano por este barbarismo, que asumo con todo el peso que tiene el concepto de barbarie para denotar, a la vez que denunciar, la violencia epistémica en que se sostiene la diferencia colonial. 'Relacionalidad' refiere a teorías otras acerca de relaciones posibles y/o correctas entre los seres en el mundo. David lo llama *law* en criol (que he traducido aquí como *ley*). He utilizado, en otros textos, otras designaciones para la misma idea: metapatrón (traducido de *meta-pattern* de Herzfeld) y *uywaña* (verbo aymara aru por criar, cuidar, proteger, entre otras acepciones). Otros antropólogos han tenido similar dificultad, optando, por ejemplo, por 'ciencia social melanesia' (Marilyn Strathern), 'relationality' (James Weiner), 'perspectivismo' (Viveiros de Castro). Es para mí el contexto de la justicia no sólo en términos culturales como interculturalmente hablando, lo cual tiene consecuencias serias para el multiculturalismo. En este texto abordo sólo algunas de ellas. Una de las primeras consecuencias es que no hay traducciones directas de 'relacionalidad' en las lenguas imperiales, y por ello prefiero forzar el idioma para hacerlo decir aquello para lo cual está hecho para callar. Es más, cuanto más pienso en ello más me doy cuenta cuán pertinente es esta palabra bárbara para la discusión que este libro ha planteado.

[5] *Art and Agency: An Anthropological Theory*, 1998.

tal como el arte indígena. ¿Qué implica preguntarse por la pertinencia del arte indígena? ¿Y, ya que es esa la pregunta central que este volumen formula, qué significa este libro? Este epílogo, topográficamente al final del libro, es etimológicamente sobre el mismo: más un comentario situado que una conclusión equilibrada.

Tal vez haya yo inaugurado este texto trayendo a la memoria a David Blanarsi como contrapeso a la presentación de Ángel PitaGat por parte de Marta Penhos y Pablo Wright. Y es que la presencia de Ángel PitaGat en el libro quiere sustanciar el punto central de la propuesta de las editoras de este libro, esto es, que en lo plástico existe alguna experiencia estética que, con independencia del contexto cultural, lo hace merecedor de ser considerado arte, y si se trata de contextos indígenas debe ser, pues, arte indígena. El caso de Ángel PitaGat es sin dudas un caso de detalle para explorar la categoría de arte indígena, con el añadido de presentar una situación intercultural. Me intriga, no obstante, el pretendido alcance de la experiencia estética como clave de entrada a la categoría de arte. El que Ángel PitaGat responda "por que queda más lindo" no significa, en mi modo de ver las cosas, que al hacer el objeto tenga la intención de producir en él o en otro una experiencia estética. Es decir, el "queda lindo" dicho por Ángel PitaGat no es lo mismo que el "queda lindo" dicho por Pablo Wright (aún cuando sólo conocemos el 'queda lindo' de Ángel PitaGat mediante el particular trabajo de descontextualización y recontextualización realizado por el etnógrafo y los autores-editores de sus dibujos y palabras). Entre uno y otro 'queda lindo', cabe suponer, hay algo más que la socialización en técnicas de representación visual (TV, dibujo, pintura, etc.[6]); lo que discurre en el medio es la experiencia moderna de lo estético como campo autónomo, tal como en este libro lo señalan en otros capítulos Lucila Bugallo, Guillermo Wilde, en cierta medida Gustavo Verdesio y en alguna Florencia Ávila. Claro que existe la experiencia de lo bello[7], pero el campo de experiencia que esa belleza supone es diferente (y utilizo esta palabra con un sentido que excede a la no equivalencia).

Las flores en la señalada andina están allí para producir belleza; incluso la belleza de los animales es materia de comentario durante el acontecimiento. Ahora bien, leer esa belleza como marcada en un género autónomo de lo bello es ya sólo posible si tenemos la experiencia de lo artístico como un campo, es decir, y como nos lo ilustra Lucila Bugallo, independientemente de que los sujetos que deban disfrutar la belleza de las flores (o cuyas miradas esa belleza pretenda atraer) sean otro tipo de otros, esta vez los dioses. El que quede más lindo debería ser comprendido como una frase muy distinta de acuerdo con el marco epistémico en el cual se lo enuncia, y el contexto intercultural del enunciado;

---

[6] Respecto de los medios técnicos en el 'arte indígena', es muy importante el contrapunto entre J. Weiner, 'On Televisualist Anthropology: Representation, Aesthetics, Politics", 2002; J. Sanjinés C., "Mestizaje cabeza abajo". La pedagogía al revés de Felipe Quispe, El Mallku", 2002; y F. Schiwy, "Descolonizando el encuadre: video indígena en los Andes", 2006, en torno al video indígena.

[7] Y en ese sentido es relevante el argumento de James Weiner en "The Community as a Work of Art", 2002, y "On Televisualist …", op. cit.

por más que materialmente corresponda a las mismas palabras. Lo mismo vale para el ejemplo del brazalete del cacique de Ticio Escobar. Gustavo Verdesio pareciera develar más agudamente el riesgo implicado en asimilar experiencias otras a una categoría tal como arte indígena, una categoría que no ha sufrido ella misma aún una reconstrucción desde un marco epistémico otro (tal como lo propone Lucila Bugallo, y como podrían sugerir Guillermo Wilde y Florencia Ávila). El que Ángel PitaGat (sus dibujos) puedan ser leídos en clave de 'obra de arte' no significa que lo sean para él o su mundo, o mejor, que el sentido que sus dibujos tienen en su mundo pase centralmente por ser considerados obras de arte[8].

Así, no es que no sea lícito hablar de "arte indígena". Claro que lo es. Aún así insisto en que no se trata de cambiar o expandir las categorías del lenguaje para que lo diferente sea llamado con los nombres de lo hegemónico. Cuando el objetivo se enuncia en términos de una convivencia en la diversidad, suele perderse de vista la manera en la cual la hegemonía se constituye en la diferencia, y se nubla la visión del propio lugar hegemónico. Y si de lo que se trata es de pensar en el 'arte indígena', ha de tenerse en cuenta que es una categoría que atraviesa al menos dos campos relacionales ya constituidos (cada uno por su cuenta, aunque en el fondo en una misma historia) en la diferencia[9]: lo indígena y lo artístico. Tanto lo indígena como lo artístico se constituyen en la diferencia respecto de su otro, aunque de manera respectivamente inversa: cada uno en sus respectivos campos, lo indígena ocupa la posición estructural opuesta a la de lo artístico. El que el intento consista en nombrar a lo indígena desde el lugar del arte, y no a la inversa, nombrar el arte occidental desde el lugar de lo indígena, habla a las claras sobre cuáles son las geografías de enunciación hegemónica. Aunque no explícitamente, la constitución independiente de ambos campos aparece también en este volumen. El texto de Gustavo Verdesio nos muestra, no en sus palabras sino en las huellas que estas dejan, la constitución hegemónica de lo indígena en el discurso de la normalidad.

El autor, incluso esforzado por reivindicar a las víctimas del coloniaje, se muestra mejor equipado para ver lo invisible en los Estados Unidos que en su Uruguay. Aún aludiendo a lo indígena como parte de la fantasmática identitaria, permanece solidario con el imaginario de desaparición de los indígenas del Uruguay. En este sentido, y forzando a Verdesio a decir lo que tal vez no disponga, es probable que haya que considerar que

---

[8] "If that story gada meaning we can't tell him, just leave him that and don't talk that name, don't tell anyone. Just leave that picture in that book but no story, that's the way him go. Might be sometime you can put it. I got a lot of story for that art, can't tell him name, sometime you might put him longa book and you put my name too, might be I get killed. Too many law". [Smith, op.cit., p. 174]. ("Si esa historia tiene significado no podemos contarlo, sólo déjalo así y no hables ese nombre, no le digas a nadie. Sólo deja la imagen en ese libro pero sin historia, esa es la manera en que anda. Podría ser que alguna vez puedas ponerlo. Tengo un montón de historia para ese arte, no puedo decir su nombre, alguna vez podrías ponerlo en un libro y poner también mi nombre, yo podría ser muerto. Demasiada ley", Entrevista de Claire Smith a David Blanarsi, traducción mía).

[9] Lo que Sanjinés, op. cit., y Schiwy, op. cit., insinúan en discusión con Weiner.

el espectro no es el indio sino su ausencia. Es decir, no hay manera de acercarse al 'de dónde salieron' los uruguayos sin partir de un piso en el que los indios ESTÁN ausentes (remarco el verbo en presente del indicativo porque no es que no estén, sino que están en su carácter de ausentes, negados). Podría ser, entonces, en relación con esa ausencia que se configura el imaginario identitario uruguayo en el texto de Verdesio (y tal vez sea lícito extender lo mismo para los rioplatenses en general[10]). La dificultad de examinar críticamente el proceso histórico de exterminio de los otros reside en que es el mismo proceso mediante el cual se constituye el *nosotros*. Si se examinara de cerca el proceso histórico se vería, tal vez, que en el exterminio también hay continuidad (de las prácticas, aunque no de las categorías de enunciación). Llegados aquí, los cerritos, como signo del discurso hegemónico acerca de lo indígena, no como práctica cultural indígena, operan de manera distinta, en los distintos regímenes de invisibilidad, como propone Gustavo Verdesio.

Tal vez sea en el texto de María Hellemeyer donde se deje entrever la dificultad que supone que el 'arte indígena' se encuentre en la encrucijada de dos campos constituidos inversamente respecto de la diferencia colonial. Y es que, en su comparación de tres museos argentinos metropolitanos genéricamente diversos (bellas artes, etnografía y ciencias naturales) el texto quiere mostrar la manera en la cual el evolucionismo ha contribuido a la invisibilización de la historia y el arte indígenas. Ahora bien, el que en un museo etnográfico o naturalista no se enfatice el carácter estético o artístico de un objeto, puede deberse tanto a una cuestión de evolucionismo como a una de género. Es decir, las maneras en las cuales cada museo describe el mundo están enmarcadas, además de teorías y prejuicios históricamente contextuales, en géneros discursivos y disciplinarios. Esos marcos genéricos hacen que la belleza sea o no relevante como criterio museográfico. Ni un museo de ciencias naturales ni uno de etnografía son menos o más evolucionistas porque recurran a criterios estéticos para conformar sus discursos de exposición, sino que lo son en los términos en que sus propios encuadres disciplinarios establecen sus objetos y métodos. La sombra que la diferencia deja en el texto de María Hellemeyer es la no observación de la ausencia de lo inverso: en un museo de bellas artes no se incluye una interpretación cultural del artefacto-cuadro ni una explicación de las formas de vida representadas en el mismo. Ante el supuesto, sostenido todo a lo largo del texto de Hellemeyer, de que funge como medida de evolucionismo o de su ausencia el que un objeto sea incluido o no dentro de una categoría como 'arte', cabe preguntarse: ¿no es ese un supuesto netamente evolucionista en sí mismo? Tal vez no sea la categoría 'arte' una medida simple de evolucionismo, ni de negación o afirmación del pasado o el presente. Tal vez debamos preguntarnos por el género de cada museo, es decir, por los marcos disciplinarios, pues la propia existencia de ellos mismos como campos diferentes podría ser lo que renueva el evolucionismo, preteriza la alteridad, y recapitula la cultura

---

[10] J. L. Grosso examinó de qué maneras la constitución de la ausencia (en la diferencia) se expresa en Santiago del Estero, *Indios muertos, negros invisibles*, 2008.

colonial. El que exista algo que sea 'arte' distinto a algo que es 'cultura' distinto a algo que es 'naturaleza' (las tres esferas cuya existencia independiente sostienen, entre muchas otras cosas, la posibilidad de museos de 'bellas artes', 'etnografía' y 'ciencias naturales') es en sí mismo un fuerte supuesto tan evolucionista como colonial. Ese es, precisamente, el supuesto ignorado en la obra inicial de la arqueología del noroeste argentino[11]. Cuando Ambrosetti dejó de ignorar ese supuesto, se disciplinó; Lafone Quevedo lo hizo en menor medida, tal vez prefirió el silencio que caracterizó a la última década de su vida; no sabemos qué hubiera hecho Quiroga de no haber muerto. Se trata de un supuesto evolucionista el que el paso de la naturaleza a la cultura y de esta al arte estén alineados con el paso del tiempo; pero antes de ser evolucionista se trata del supuesto de la modernidad europea. Lo que hace el evolucionismo, o las ciencias naturales y la antropología que abrazan el credo evolucionista, es disciplinar ese supuesto, es decir, incorporarlo a las metafísicas de cada una de las ciencias y disciplinas. De resultas que el evolucionismo no estaría ya en la manera en la cual la ciencia interpreta y narra la diversidad, sino en el edificio mismo del museo, y en la definición misma de la ciencia, donde pasaron a tener lugar la interpretación y la narración. Que los pioneros del norte[12] hayan sido soslayados de la historiografía disciplinaria (Ambrosetti es el 'padre' por su obra disciplinaria en Pampa Grande y La Paya y no por su arqueología calchaquí), dice mucho acerca de la manera en la cual ésta se comprende a sí misma. Ello ha quedado consolidado como el canon historiográfico popularizado por Madrazo[13], según el cual la disciplina antropológica argentina surge mediante la institucionalización de un campo ya sólo habitado por el positivismo evolucionista, en lugar de ocurrir mediante un proceso de disciplinamiento en el transcurso del cual se dibujaron los límites. Estos fueron las definiciones de objetos y métodos que consagraron unas visiones y excluyeron otras. Nuevamente tenemos en este caso una constitución de los lugares de enunciación de la diversidad (aquí los museos) en el mismo sitio de producción de diferencia colonial. La diferencia que se enuncia en el tiempo, la diacronización de la alteridad o negación de la contemporaneidad[14], es el nudo del evolucionismo como antes lo fue de otros discursos europeos[15].

La dificultad de reconocer el trabajo de la constitución hegemónica de la diferencia lleva a su reproducción en el mismo discurso que pretende revelar los mecanismos de producción de la desigualdad. Así, toda pretensión de corrección política del discurso del 'arte indígena' podría mostrar su arraigo hegemónico cuando refiere tanto al pasado como al presente indígena. No es que 'arte indígena' no refiera al pasado y al presente, sino

---

[11] De lo que me he ocupado en "Supuestos teórico-metodológicos de la etapa formativa de la arqueología de Catamarca (1875-1900)", 1995, pp. 31-54.

[12] A los que he llamado filólogos-historiadores, en Haber, op. cit., 1995.

[13] Que aquí Hellemeyer reproduce en buena medida.

[14] En términos de J. Fabian, *Time And The Other. How Anthropology makes its Object*, 1983.

[15] Tal vez comenzando por la propia inauguración de la historiografía en la Grecia clásica, ver T. Abercrombie, *Pathways of Memory and Power*, 1998.

que probablemente no refiera a la particular relación entre pasado y presente implicada en ese enunciado, sino a otra relación. Esta otra relación tal vez sea más cercana a la que en el texto de Bugallo convoca tanto al pasado como al futuro en la comunicación con los dioses en la que las flores y otras plasticidades se hacen y se muestran. La diferencia entre estas posiciones es más una distancia epistémica que una diversidad teórica[16]. Y he aquí, de acuerdo a mi lectura, el significado de este libro. La descripción cartográfica a la que Bovisio y Penhos convocan deviene en este libro un alimento para el pensamiento; tal vez no tanto por representar posiciones dentro del campo del arte indígena, sino por inspirar movimientos de ese campo en sí mismo. Prefiero leer los textos aquí incluidos (también éste) más como movimientos que como posiciones, aunque probablemente las convenciones escriturales nos exhiban más estáticos que dinámicos. Este libro significa una suma de cuestionamientos que atraviesan distintos planos de aquello que sea el arte indígena; aporta una serie concatenada de tensiones en las que las políticas del conocimiento se dan cita en un campo cuya integridad es en sí misma parte de las tensiones en juego. Este libro muestra las encrucijadas entre la disciplina de la plasticidad de los otros y la plasticidad otra de la indisciplina.

---

[16] Tal como lo ejemplifica Sanjinés, op. cit.

Bibliografía

ABERCROMBIE, Thomas, *Pathways of Memory and Power*, Madison, University Of Wisconsin, 1998.

---------- *Caminos de la memoria y del poder. Etnografía e Historia en una comunidad andina*, Col. Cuarto centenario de la Fundación de Oruro, La Paz, Ed IFEA IEB Asdi, 2006.

ACOSTA, José de, *Historia natural y moral de las Indias*, Fondo de Cultura Económica, México [1590], 1979.

ADÁN, Leonor y Mauricio URIBE, El dominio inka en la localidad de Caspana: un acercamiento al pensamiento político andino (río Loa, norte de Chile), en *Estudios Atacameños* 29, San Pedro de Atacama, 2005.

AGÜERO, Carolina *et al*, "Variabilidad Textil durante el periodo intermedio tardío en el Valle de Quillagua: una aproximación a la etnicidad", en *Estudios Atacameños* 14, San Pedro de Atacama, 1997.

ALBECK, María Esther, La puna argentina en los periodos medio tardío, en Berberian, Eduardo y A. Nielsen (comps.), *Historia Argentina Prehispánica*, Tomo I. Córdoba, Ed. Brujas, 2001.

ALLIENDE ESTÉVEZ, María del Pilar, *La colección arqueológica Emil de Bruyne de Caspana*. Tesis para optar al Título de Arqueólogo, Santiago de Chile, Universidad de Chile, 1981.

ALPERS, Svetlana, *El arte de describir. El arte holandés del siglo XVII* [1ª ed. en inglés 1983], Madrid, Blume, 1987.

ALVARADO, Margarita, "Perfiles para una genealogía del textil", en *Arte textil contemporáneo en Chile*, Santiago de Chile, Museo Nacional de Bellas Artes, 1996.

---------- "La tradición textil mapuche y el arte del tejido", en catálogo de la *26° Muestra Internacional de Artesanía Tradicional*, Santiago de Chile, Pontificia Universidad Católica de Chile, 1999.

AMBROSETTI, Juan B., "El símbolo de la serpiente en la alfarería funeraria de la región Calchaquí" en *Boletín del Instituto Geográfico Argentino*, t: XVII, Buenos Aires, 1896.

ANDERMANN, Jens y Á. FERNÁNDEZ BRAVO, "Objetos entre tiempos: Coleccionismo, soberanía y saberes del margen en el Museo de La Plata y el Museo Etnográfico", en *Relics and Selves: Iconographies of the National in Argentina, Brazil and Chile (1880-1890)*. Web exhibition, London. www.bbk.ac.uk/ibamuseum, 2003.

ARELLANO Jorge, "La cultura Tarija: Aportes al conocimiento de los señoríos regionales del sur boliviano", en *Arqueología Boliviana* 1, La Paz, 1984.

ARGUEDAS, José María, "Notas elementales sobre el arte popular religioso y la cultura mestiza de Huamanga" (1951), en *Formación de una cultura nacional indoamericana*, pp.148-172, México, Siglo XXI editores, 1981.

ARNOLD, Denise, "El camino de Tata Quri: Historia, hagiografía y las sendas de la memoria en ayllu Qaqachaka", en Arnold, Denise, Elvira Espejo Ayca y Juan de Dios Yapita, *Hilos sueltos: los Andes desde el textil*, pp.181-240, Edición ILCA- Plural, La Paz, 2007.

Arte indígena. Tesoros precolombinos del Noroeste Argentino (textos de Ana María Llamazares, Carlos Martínez Sarasola y Nicolás Kriscautzky), catálogo de la exposición realizada en el Museo de Arte Hispanoamericano, Buenos Aires, 2006.

Augusta, Revista de Arte, Buenos Aires, 1918, vol. I.

ÁVILA, Florencia, "Un universo de formas, colores y pinturas. Caracterización del estilo alfarero yavi de la Puna nororiental de Jujuy", en *Intersecciones en Antropología* 9, 2009.

BAER, Gerhard, M. GUTIÉRREZ ESTÉVEZ y M. MÜNZEL (coords.), *Arte indígena y antropología, Boletín de la Sociedad Suiza de Americanistas* 64-65, 2000-2001.

BARCELOS, Artur, *O Mergulho no Seculum: exploração, conquista e organização espacial jesuítica na América espanhola colonial*, Tese de Doutorado, PUCRS, Porto Alegre, 2006.

BAUDRILLARD, Jean, *El sistema de los objetos,* México, Siglo XXI, 1985.

BENNET, Wendell, E. C. Bleiler y F. H. Sommer, *Northwest Argentine archaeology*, New Haven, Yale University Publications in Anthropology 38, 1948.

BLANCO, José M., *Historia documentada de la vida y gloriosa muerte de los padres Roque González de Santa Cruz, Alonso Rodríguez y Juan del Castillo,* Sebastián Amorrortu, 1929.

BOMAN, Eric, *Antigüedades de la región andina de la Republica Argentina y del desierto de Atacama* [1908], San Salvador de Jujuy, Universidad Nacional de Jujuy, 1992.

BOTANA, Natalio, *El orden conservador*, Buenos Aires, Hyspamérica, 1986.

BOURDIEU, Pierre y Loic J. D. WACQUANT, *Respuestas. Por una antropología reflexiva*, México, Grijalbo, 1995.

BOUYSSE-CASSAGNE, Thérèse y Olivia HARRIS, "Pacha: en torno al pensamiento Aymara", en Albó, Xavier (comp.) *Raíces de América. El Mundo Aymara*, Madrid, Alianza América UNESCO, 1988.

BOVISIO, María Alba, "Problemas acerca del estudio de la producción plástica prehispánica", en Berenguer, Cornejo, Gallardo y Sinclaire (eds.), *Arte y Arqueología*. Segundas Jornadas de Arte y Arqueología, Santiago de Chile, Museo Chileno de Arte Pre-colombino, 2001.

---------- *Arte vs. artesanía: algo más sobre una vieja cuestión*, Buenos Aires FIAAR, 2002.

---------- Leyendo el pasado: los caminos del Arte y la Arqueología en la Argentina, Buenos Aires, MS, 2004.

---------- "Itinerarios simbólicos del arte prehispánico o el periplo del objeto mitológico", *Actas del Encuentro itinerarios y rutas culturales. Vías de comunicación e intercambio de experiencias, bienes y costumbres. El patrimonio desde una mirada integral*, Buenos Aires, Centro Internacional para la Conservación del Patrimonio, 2005. CD Rom.

BOVISIO, María Alba y M. PENHOS, "La 'construcción' de América en la obra de Ricardo Rojas y Ángel Guido", en *Actas de las III Jornadas de Historia Moderna y Contemporánea*, Rosario, Facultad de Humanidades y Artes, Universidad Nacional de Rosario, 2002. CD Rom.

BRACCO, Roberto, "Dataciones 14C en sitios con elevación", en *Revista Antropología*, 1.1, Montevideo, 1990.

BREGANTE, Odilla, *Ensayo de clasificación de la cerámica del noroeste argentino*. Estrada Editores, Buenos Aires, 1926.

BRÜCK, Joanna M, "Material metaphors. The relational construction of identity in Early Bronze Age burials in Ireland and Britain", en *Journal of Social Archaeology*, Vol. 4 (3), Sage Publications, 2004.

BUGALLO, Lucila, "El ritual dentro de la tecnología. La *señalada* de animales en la Puna de Jujuy, Argentina", ponencia presentada en el Simposio coordinado por Juan van Kessel, *Tecnología andina y desarrollo con identidad, 51° Congreso Internacional de Americanistas*, Santiago de Chile, Julio 2003.

CABRERA, Leonel, "Presentación al Simposio 'Etnohistoria'", en Consens, M., J. M. López Mazz y M. del C. Curbelo (eds.), *Arqueología en el Uruguay. VIII Congreso Nacional de Arqueología Uruguaya*, Montevideo, 1995.

CANAKIS, Ana E., "Cómo se formó la colección Di Tella", en *Arte Precolombino de la Argentina. Colección Di Tella*, Museo Nacional de Bellas Artes., Buenos Aires, 1992.

CANTARUTTI, Gabriel y Rodrigo MERA Alfarería de la fase inca en el Valle de Limarí: Evidencias de influencia yavi o chicha en jarros Antropomorfos, MS, 2003.

---------- "Estadio Fiscal de Ovalle: redescubrimiento de un sitio diaguita-inca en el valle del Limarí", en *XIV Congreso Nacional de Arqueología Chilena*,

Arica, en prensa.

CARDIEL, José, "Breve relación de las Misiones del Paraguay" [1770], en Hernández, P., *Misiones del Paraguay - Organización social de las doctrinas guaraníes de la Compañía de Jesús*, vol. II, Barcelona, Gustavo Gili, 1913.

---------- "Costumbres de los Guaraníes", en Muriel, F., *Historia del Paraguay desde 1747 a 1767* [1747], V. Suárez, Madrid, 1919.

CERECEDA, Verónica, "Aproximaciones a una estética aymara-andina: de la belleza al tinku", en Albó Xavier (comp.) et al. *Raíces de América: El Mundo Aymara*, Madrid, Alianza América, 1988, pp.283-355.

CHARTIER, Roger, "Poderes y límites de la representación", en *Escribir las prácticas. Foucault, de Certeau, Marin*, Buenos Aires, Manantial, 2006.

CHAVES, Norberto, *La imagen corporativa. Teoría y metodología de la identificación institucional* [1986], Barcelona, Gustavo Gili, 2005.

CLASTRES, Hélène, *La tierra sin mal*, Buenos Aires, Ed. del Sol, 1989.

CLASTRES, Pierre, *La société contre l´État*, Paris, Les édition de minuit, 1974.

CLIFFORD, James, *Dilemas de la cultura* [1ª edición en inglés 1988], Barcelona, Gedisa, 1995

CONKEY, Margaret y C. HASTDORF, *The Uses of style in archaeology. New direction in Archaeology*, Cambridge, Cambridge University Press, 1990.

COOTE, Jeremy y A. Shelton. *Anthropology, Art and Aesthetics*, Oxford, Clarendon Press, 1992.

CREMONTE, María Beatriz, "Algo más sobre el Pucará de Tilcara. Análisis de una muestra de superficie", en *Cuadernos 3,* San Salvador de Jujuy, Universidad Nacional de Jujuy, 1992.

---------- "Tendencias en relación a la producción y distribución de la cerámica arqueológica de la Quebrada de Humahuaca", en Albeck, M. E. (ed.), *Taller de costa a selva. Producción e intercambio entre los Pueblos Agroalfareros de los Andes Centro Sur*, Instituto Interdisciplinario Tilcara, Facultad de Filosofía y Letras, Universidad de Buenos Aires, 1994.

---------- Cerámicas con inclusiones blancas: un aporte a los estudios de producción y distribución, MS, 1998.

CUMMINS, Tom, "From Lies to Truth: Colonial Ekphrasis and the Act of Crosscultural Translation", en Farago, Claire (ed.), *Reframing the Renaissance. Visual Culture in Europe and Latin America 1450-1650*, New Haven and London, Yale University Press, 1995.

CUNO, James, "Foreword", en Townsend, R. F. y R. V. Sharp (eds.), *Hero, Hawk, and Open Hand. American Indian Art of the Ancient Midwest and South*, New Haven, Yale University Press, 2004.

DEBENEDETTI, Salvador, *L'Ancienne Civilisation des Barreales, la Cienaga et la Aguada, d'apres les collections privées et les documents de Benjamin Muniz Barreto*, Paris, G. Van Oest, 1931.

DEMARRAIS, Elizabeth *et al*, *Rethinking Materiality: The Engagement of Mind with the Material World*. McDonald Institute for Archaeological Research, Exeter, 2004.

DIDI-HUBERMAN, Georges, *Ante el tiempo. Historia del arte y anacronismo*, Buenos Aires, Adriana Hidalgo Editora, 2006.

EMERSON, Thomas E., *Cahokia and the Archaeology of Power,* Tuscaloosa, University of Alabama Press, 1997.

ESCOBAR, Ticio, *El mito del arte, el mito del pueblo*, Asunción, Peroni, 1987.

---------- *La belleza de los otros. Arte indígena del Paraguay.* Asunción, RP Ediciones, 1993.

---------- *La maldición de Nemur. Acerca del arte, el mito y el ritual de los indígenas ishir del Gran Chaco Paraguayo*, Asunción, Centro de Artes Visuales-Museo del Barro, 1999.

---------- "El Barroco Misionero: lo propio y lo ajeno", en *El barroco en el mundo guaraní. Colección Latourrette Bo*, Asunción, Centro Cultural de la Embajada del Brasil, 2004.

FABIAN, Johannes, *Time And The Other. How Anthropology makes its Object*, NewYork, Columbia University, 1983.

FAUSTO, Carlos, "Se Deus fosse jaguar: canibalismo e cristianismo entre os guarani (séculos XVI-XX)", en *Mana, Estudos de Antropologia Social* 11 (2), Rio de Janeiro, Museo Nacional, 2005.

FEMENÍAS, Jorge *et al*, "Tipos de enterramiento en estructuras monticulares ('cerritos') en la región de la cuenca de la Laguna Merín (R. O. U.)", en *Revista do CEPA*, Vol. 17, N° 20, Rio Grande do Sul, 1990.

FERNÁNDEZ, J., "Los Chichas, los Lípez y un posible enclave de la cultura de San Pedro de Atacama en la puna limítrofe argentino-boliviana", en *Estudios Atacameños* 6, San Pedro de Atacama, 1978.

FIADONE, Alejandro E., *Mitogramas*, Buenos Aires, Editora La Marca, 2004.

FRANCASTEL, Pierre, *Sociología del arte*. Editorial Alianza. Madrid, 1984.

FURLONG, Guillerrno, *Cartografía jesuítica del Río de la Plata*, Buenos Aires, Facultad de Filosofía y Letras, 1936.

GALESIO, María Florencia *et al*, "El Arte Precolombino Andino en el Museo Nacional de Bellas Artes", en Herrera, M. J. (dir.), *Exposiciones de Arte Argentino 1956-2006. La confluencia de historiadores, curadores e instituciones en la escritura de la historia*, Buenos Aires, AAMNBA, 2009.

GARAY DE FUMAGALLI, Mercedes, "Diferenciación formal y cronológica de los yacimientos de la cuenca superior del río Corral de Piedra", en *Cuadernos* 9, San Salvador de Jujuy, Universidad Nacional de Jujuy, 1997.

---------- "Del Formativo al Incaico, los Valles Sur orientales de Jujuy en los procesos de interacción macrorregionales", en Ventura, B. y G. Ortiz (eds.), *La Mitad verde del mundo andino. Investigaciones arqueológicas en la vertiente oriental de los Andes y las tierras bajas de Bolivia y Argentina*, Universidad Nacional de Jujuy, 2003.

GARCÍA CANCLINI, Néstor, *Las culturas populares en el capitalismo*, Nueva Imagen, México, 1982.

---------- *Culturas híbridas. Estrategias para entrar y salir de la modernidad*, México, Grijalbo, 1990.

GELL, Alfred, *Art and Agency An Anthropological Theory*, Oxford, Oxford University Press, 1998.

---------- *The art of anthropology: essays and diagrams* (Eric Hirsch, ed.), London, School of Economics Monographs on Social Anthropology, 1999.

GIBSON, Jon L., *Poverty Point. A Terminal Archaic Culture of the Lower Mississippi Valley*, Baton Rouge, Department of Culture, Recreation and Tourism, Louisiana Archaeological Survey and Antiquities Commission, 1999.

GIBSON, Jon L. and Ph. J. CARR, *Signs of Power. The Rise of Cultural Complexity in the Southeast*, Tuscaloosa, University of Alabama Press, 2004.

GISBERT, Teresa, *Iconografía y mitos indígenas en el arte* [1ª ed. 1980], La Paz Editorial Gisbert y Cía., 2004.

GOMBRICH, Ernst, "El espejo y el mapa: teorías de la representación pictórica", en *La Imagen y el Ojo, Nuevos estudios sobre la psicología de la representación pictórica*, 1989.

---------- "La imagen visual: su lugar en la comunicación", en Woodfield, Richard (ed.), *Gombrich esencial*, Madrid, Debate, 1997.

El sentido del orden. Estudio sobre el sentido de las artes decorativas, Madrid, Ed. Debate, 1999.

GONZÁLEZ, P., "Presencia altiplánica en el Norte Semiárido. El tipo Saxamar en los diseños cerámicos Diaguita III", en *Museos* 19, Santiago de Chile, 1995.

GONZÁLEZ, Ricardo, *Imágenes de dos mundos. La imaginería cristiana en la Puna de Jujuy*, Buenos Aires, Fundación Espigas-FIAAR-Fundación Telefónica, 2003.

GOOD ESHELMAN, Catherine, *Haciendo la lucha. Arte y comercio nahuas en Guerrero*, México, FCE, 1986.

GOSDEN, Chris, "What do objects want?" en *Journal of Archaeological Method and Theory* 12:193-211, 2005.

GROSSO, José Luis, *Indios muertos, negros invisibles*, Córdoba, Encuentro-Universidad Nacional de Catamarca, 2008.

GRUZINSKI, Serge, *La colonización de lo imaginario*, México, FCE, 1995.

---------- *La guerra de las imágenes. De Cristóbal Colón a Blade Runner* (1492-2019), México, 1995.

GUARDIA MAYORGA, César, *Diccionario Kechwa Castellano*, ed. Peisa, Lima, (1959) 1970

GUIDO, Ángel, *Redescubrimiento de América en el arte*, Buenos Aires, Emecé, 1944.

HABER, Alejandro, *Supuestos teórico-metodológicos de la etapa formativa de la arqueología de Catamarca (1875-1900)*, Publicaciones CIFFyH, 47, Córdoba, 1995.

HEIDEGGER, Martin, *Ser y Tiempo* (Trad. Jorge Eduardo Rivera C.), Madrid, Trotta, 2006.

---------- "La cosa" (Trad. Eustaquio Barjau), disponible en http://www.heidegge-riana.com.ar/textos/la_cosa.htm

HERNÁNDEZ LLOSAS, María Isabel, "Las calabazas prehispánicas de la Puna centro-oriental (Jujuy, Argentina): análisis de sus representaciones", en *Anales de Arqueología y Etnología* 38-40, Buenos Aires, 1983-85.

HIRSCH, Eric, *The art of anthropology: essays and diagrams*, London School of Economics Monographs on Social Anthropology, 1999.

ILLARI, Bernardo, "Villancicos, guaraníes y chiquitos: hispanidad, control y resistencia", en Page, C. (ed.), *Educación y Evangelización. La experiencia de un Mundo Mejor, X Jornadas Internacionales sobre Misiones Jesuíticas*, Córdoba, Universidad Católica de Córdoba, 2005.

Imaginarios Prehispánicos en el Arte uruguayo: 1970-1970, Catálogo de la exposición (textos de Thiago ROCCA y otros), Montevideo, MAPI, 2006.

INWOOD, Michael, *Heidegger. A Very Short Introduction*, London, Oxford University Press, 1997.

IRIARTE, José *et al*, "Evidence for Cultivar Adoption and Emerging Complexity during the Mid-Holocene in the La Plata Basin", en *Nature* 432 (December 2), 2004.

JACOB, Christian, *L'empire des cartes. Approche théorique de la cartographie à travers l'histoire*, Paris, Albin Michel, 1990.

JONES, Andy, "Lives in Fragments? Personhood and the European Neolithic", en *Journal of Social Archaeology* 5 (2), 2005.

KESSEL, Juan van y Porfirio ENRÍQUEZ SALAS, *Señas y señaleros de la madre tierra. Agronomía andina*, Quito, Edición Abya-Yala – Iecta, 2002.

KRAPOVICKAS, Pedro, "Arqueología de la Puna Argentina", en *Anales de Arqueología y Etnología,* tomos XIV-XV, Mendoza, Universidad Nacional de Cuyo, 1960.

---------- "La cultura Yavi, una nueva entidad cultural puneña", en *Etnia* 2, Olavaria, 1965.

---------- "Subárea de la Puna Argentina", en *XXXVII Congreso Internacional de Americanistas* (Mar del Plata 1966), Tomo II, Buenos Aires, 1968.

---------- "Arqueología de Yavi Chico (provincia de Jujuy, Republica Argentina)", en *Revista del Instituto de Antropología de la ciudad de Córdoba* IX, Córdoba, 1973.

---------- "Arqueología de Cerro Colorado (departamento de Yavi, Provincia de Jujuy, Republica Argentina)", en *Obra del Centenario del Museo del La Plata*, Tomo II, La Plata. 1977.

KRAPOVICKAS, Pedro y S. ALEKSANDROWICZ., "Breve visión de la cultura Yavi", en *Anales de Arqueología y Etnología*, tomos XLI-XLII, Mendoza, Universidad Nacional de Cuyo, 1990.

KRAPOVICKAS, Pedro y E. M. CIGLIANO, "Investigaciones arqueológicas en el Río Grande de San Juan (Puna Argentina)", en *Anales de Arqueología y Etnología*, tomos XVII-XVIII, Mendoza, Universidad Nacional de Cuyo, 1964.

KRAPOVICKAS, P y M. OTTONELLO, "Ecología y arqueología de cuencas en el sector oriental de la puna, Republica Argentina", en *Publicaciones de la Dirección de Antropología e Historia de Jujuy*, N° 1, San Salvador de Jujuy, 1973.

KRAPOVICKAS, Pedro *et al*, "Reconstruyendo el pasado: la arqueología, la cultura yavi y los chichas", en *Revista de Antropología* 8, Buenos Aires, 1996.

KUBLER, George, *The Shape of Time. Remarks on the History of Things*, New Haven, Yale University Press, 1962.

La Escuela del Sur. El taller Torres García y su legado, Catálogo de la exposición, Madrid, Museo Nacional Centro de Arte Reina Sofía, 1991.

LAFONE Quevedo, Samuel, Prólogo a *La cruz en América* de Adán Quiroga [1901], Ed. Americana, Buenos Aires, 1977.

LAGO, Tomás, *Arte popular chileno*, Santiago de Chile, Editorial Universitaria, 1985

LATOUR, Bruno, *Reassembling the Social: An Introduction to Actor-Network-Theory*. Oxford University Press, Oxford, 2005.

LAUER, Mirko *Crítica de la artesanía (plástica y sociedad en los Andes perua-*

nos), Lima, Desco, 1982.

LAYTON, R., *Art and Agency: A Reassessment*, Royal Anthropological Institute of Great Britain and Ireland, 2003.

LESURE, Richard, "Linking theory and evidence in an archaeology of human agency: iconography, style and theories of embodiment", en *Journal of Archaeological Method and Theory* 12 (3), 2005.

LLAMAZARES, Ana María y C. MARTÍNEZ SARASOLA, *El lenguaje de los dioses. Arte, chamanismo, y cosmovisión en Sudamérica*, Buenos Aires, Editorial Biblos, 2004.

LOIS, Carla, Plus Ultra Equinoctialem. El 'descubrimiento' del hemisferio sur en mapas y libros de ciencia del Renacimiento, Tesis de Doctorado, Facultad de Filosofía y Letras, Universidad de Buenos Aires, 2008.

LÓPEZ MAZZ, José M., "Aproximación a la génesis y desarrollo de los cerritos de la zona de San Miguel (Departamento de Rocha)", en Pi Hugarte, R. *et al.* (eds.), *Ediciones del Quinto Centenario*, Vol. I, Montevideo, Universidad de la República, 1992.

MACDONALD, W., "Symbols and skin", trabajo presentado en el *50 Annual Meeting of the Society for American Archaeology*, Denver, 1985

MADRAZO, Guillermo B., "Determinantes y orientaciones en la antropología Argentina", en *Boletín del IIT*, Buenos Aires, Facultad de Filosofía y Letras de la UBA, Instituto Interdisciplinario Tilcara, 1985.

MAMANÍ, H., "El paisaje arqueológico en el sector occidental de la cuenca de Pozuelos (Jujuy, Argentina)", en Cremonte, M. B. (ed.), *Los desarrollos locales y sus territorios. Arqueología del NOA y sur de Bolivia*, San Salvador de Jujuy, Universidad Nacional de Jujuy, 1998.

Manuscritos da Coleção de Angelis (7 vols.), Rio de Janeiro, Biblioteca Nacional, 1952-1969.

MARTÍNEZ, José Luis, "Acerca de las etnicidades de la puna árida en el siglo XVI", en Arze, S., R. Barragán, L. Escobari, X. Medinaceli (comps.), *Etnicidad, economía y simbolismo en los Andes*, Actas del II Congreso de Etnohistoria, La Paz, HISBOL- IFEA-SBU-ASUR, 1992a.

---------- "Textos y palabras. Cuatro documentos del siglo XVI", en *Estudios Atacameños* 10, Santiago de Chile, 1992b.

MARTÍNEZ MASSA, Pedro, *Artesanía en Iberoamérica. Un solo mundo,* Lunwerg Editores/Agencia Española de Cooperación Internacional, 1992.

MEGE, Pedro, *Arte textil mapuche*, Santiago de Chile, Ministerio de Educación, Departamento de Extensión Cultural, 1990.

MÉTRAUX, Alfred, *La religion des tupinamba et ses rapports avec celle des autres tribus tupi-guarani*, Paris, Librarie Ernest Leroux, 1928.

México artesanías. Identidades mexicanas, catálogo de la exposición realizada en el marco del Quinto Centenario en el Patio de la Cultura de Tabacalera, S.A., Madrid, 1992.

MIGNOLO, Walter, *The Darker Side of the Renassaince. Literacy, Territoriality and Colonization*, Ann Arbor, University of Michigan Press, 1995.

MILLER, Daniel, *Material Culture and Mass Consumption.* Oxford, Basil Blackwell, 1987.

---------- "Why some things matter", en *Material Cultures: Why Some Things Matter*, Chicago, University of Chicago Press, 1998.

---------- *Materiality*, Durham, Duke University Press, 2005.

MORDO, Carlos, *El cesto y el arco. Metáforas de la estética Mbyá-guaraní*, Asunción, CEADUC, 2000.

MORPHY, Howard, "The anthropology of art", en *Companion Encyclopedia of Anthropology* (T. Ingold, ed.), London, Routledge, 1994.

MORPHY, Howard y M. PERKINS, *The Anthropology of art. A reader,* Oxford, Blackwell Publishing, 2006.

MUÑOZ COBEÑAS, Leticia, *Arte indígena actual. Noroeste argentino*, Buenos Aires, Ediciones Búsqueda, 1987.

Museo Etnográfico "Juan Bautista Ambrosetti", folleto general, Buenos Aires, s/f.

---------- "En el confín del mundo", folleto, Buenos Aires, s/f.

---------- "Más allá de la frontera", folleto, Buenos Aires, s/f.

Museo Nacional de Bellas Artes, "Arte Precolombino de la Argentina. Colección Di Tella". Catálogo de la muestra permanente, Buenos Aires, 1992.

---------- "Arte Precolombino". Folleto de la sala permanente, Buenos Aires, 2005.

NASTRI, Javier, "El estilo cerámico santamariano de los Andes del sur (siglos XI a XVI)", en *Baessler-Archiv, Neue Folge, Band* XLVI I, 1999.

NEUMANN, Eduardo, *Práticas letradas guarani: produção e usos da escrita indígena (séculos XVII e XVIII)*. Tesis de Doctorado, Universidade Federal do Rio de Janeiro, 2005.

NICOLINI, Alberto, "Jujuy y la Quebrada de Humahuaca", en *Estudios de Arte Argentino*, Buenos Aires, Academia Nacional de Bellas Artes, 1981.

NIELSEN, Axel, "Tendencia de larga duración en la ocupación humana del Altiplano de Lípez (Potosí, Bolivia)", en Cremonte, M. B. (ed.), *Los desarrollos locales y sus territorios. Arqueología del NOA y sur de Bolivia,* San Salvador de Jujuy, Universidad Nacional de Jujuy, 1998.

---------- "Evolución social en Quebrada de Humahuaca (AD 700-1536)", en Berberian, E. y A. Nielsen (eds.), *.Historia Argentina Prehispánica*. Tomo I, Córdoba, Ed. Brujas, 2001.

---------- "Por las rutas del Zenta: evidencias directas de trafico prehispánico entre Humahuaca y las yungas", en Ventura, Beatriz y Gabriela Ortiz (eds.), *La Mitad verde del mundo andino. Investigaciones arqueológicas en la vertiente oriental de los andes y las tierras bajas de Bolivia y Argentina*, Universidad Nacional de Jujuy, 2003.

NIELSEN, Axel *et al*, "Prospecciones Arqueológicas en la Reserva Ǽduardo Avaroaé (Sud Lípez, Dpto. de Potosí, Bolivia)", en *Relaciones de la Sociedad Argentina de Antropología* XXIV, Buenos Aires, 1999.

NIEMEYER, Hans, "Excavación del Cementerio Alto del Carmen, Prov. del Huayco", en *Boletín de la Sociedad Chilena de Arqueología* 8, Santiago de Chile, 1988.

PAGANO, José León, *El arte de los argentinos: desde los aborígenes hasta el período de los organizadores*, Buenos Aires, Ed. del autor, 1937.

PASZTORY, Esther, *Thinking with things: towards a new vision of art*, University Texas Press, 2005.

PATERNOSTO, César, *Piedra abstracta. La escultura inca: una visión contemporánea*, Buenos Aires, FCE, 1989.

---------- *Abstracción el paradigma amerindio*, Valencia, IVEM, 2001.

Patrimonio Artístico Nacional. Inventario de bienes muebles. Provincia de Jujuy, Investigación dirigida por Héctor Schenone, equipo de investigadores: Iris Gori y Sergio Barbieri, Academia Nacional de Bellas Artes, Buenos Aires, 1991.

PAUKETAT, Timothy R, *Ancient Cahokia and the Mississippians*, London, Cambridge University Press, 2004.

PENHOS, Marta, "Nativos en el Salón. Artes plásticas e identidad en la primera mitad del siglo XX", en Penhos, M. y D. Wechsler (coord.), *Tras los pasos de la norma, Salones Nacionales de Bellas Artes (1911-1989)*, Serie Archivos del CAIA 2, Buenos Aires, Ediciones del Jilguero, 1999.

---------- *Ver, conocer, dominar. Imágenes de Sudamérica a fines del siglo XVIII*, Buenos Aires, Siglo XXI editores, 2005.

---------- "De categorías y otras vías de explicación: una lectura historiográfica de los *Anales* de Buenos Aires (1948-1971)", en *Memoria del III Encuentro sobre Barroco. Manierismo y transición al Barroco*, La Paz, Unión Latina/ Viceministerio de Cultura de la República de Bolivia/ Centro de Estudios Indianos de la Universidad de Navarra/ Fundación Cultural del BCB, 2005.

---------- "Mirar, conocer, dominar. Imágenes de viajeros en la Argentina", en Catálogo de la Exposición *Mirar, conocer, dominar. Imágenes de viajeros en la Argentina*, Buenos Aires, MNBA, 2007.

---------- "Hispanismo/Indigenismo: una tensión permanente", en *Materiales para el estudio de la pintura iberoamericana. Siglos XVI-XVIII*, México, Fomento Banamex-OEI, en prensa.

PENNEY, David W., "The Archaeology of Aesthetics" en Townsend, R. F. y R. V. Sharp (eds.), *Hero, Hawk, and Open Hand. American Indian Art of the Ancient Midwest and South*, New Haven, Yale University Press, 2004.

PERASSO, José Antonio, *El Paraguay del siglo XVIII en tres memorias*, Asunción, Peroni Ediciones, 1986.

PÉREZ GOLLÁN, José Antonio, "Arqueología de las culturas agroalfareras de la Quebrada de Humahuaca, provincia de Jujuy, Republica Argentina)", en *América Indígena XXXIII*, 1973.

---------- *Caminos sagrados. Arte Precolombino Argentino*. Catálogo de la colección de la Cancillería argentina exhibida en la Fundación Proa, marzo-abril de 1999, Buenos Aires, Ediciones Banco Velox, 1999.

PLÁ, Josefina, *Las imágenes peregrinas (Las migajas de una herencia). Barroco en el Paraguay*, Asunción, s/ed, 1975.

---------- "Rasgos generales de un barroco desconocido", en *Simposio internazionale sul Barroco Latino Americano*, Roma, 1980.

PODGORNY, Irina y M. M. LOPES, *El desierto en una vitrina. Museos e historia natural en la Argentina 1810-1890*, Limusa, México, 2008.

POWER, Susan C., *Early Art of the Southeastern Indians. Feathered Serpents & Winged Beings*, Athens, University of Georgia Press, 2004.

PUEYRREDÓN, Manuel, "Campaña de Misiones en 1828" [1828], en *Revista de Buenos Aires. Historia Americana, literatura y derecho. Periódico destinado a la República Argentina, la Oriental del Uruguay y la del Paraguay VI-VII*, Buenos Aires, Imprenta de Mayo, 1865.

QUIROGA, Adán, "Calchaquí, epopeya de las cumbres", en *Revista del MNLP*, vol. 5, La Plata, 1893.

RAFFINO, Rodolfo A. y J. PALMA, "Los Artefactos", en *Inka. Arqueología, Historia y Urbanismo del altiplano andino*, Buenos Aires, Ed. Corregidor, 1993.

RAFFINO, Rodolfo A. *et al*, "La instalación inka en la sección andina meridional de Bolivia y extremo boreal de Argentina. El imperio Inka: actualización y perspectivas por registros arqueológicos y etnohistóricos", en *Comechingonia*, Córdoba, 1986.

RAMÍREZ, Mari Carmen, "La Escuela del Sur: el legado del Taller Torres García en el arte latinoamericano", en *La Escuela del Sur. El taller Torres García y su legado*, Madrid, Museo Nacional Centro de Arte Reina Sofía, 1991.

RICOEUR, Paul, *Freud: Una Interpretacion de la Cultura* [1ª ed. 1965], México, Siglo XXI, 1983.

RIVERAS CASANOVA, Claudia, "Settlement patterns and regional interaction in the Cinti valley, Chuquisaca, Bolivia", Ponencia presentada en la *63 Reunión de la Sociedad de Arqueología Americana*, Seattle, Washington, 1998.

---------- "Complejidad social y esferas de interacción durante el Horizonte Medio y el período Intermedio Tardío en los valles interandinos del suroeste de Chuquisaca, Cinti, en Lechtman, H. (ed.), *Esferas de interacción prehistóricas y fronteras nacionales modernas: los Andes sur centrales*. Historia andina 32, IEP, Lima, 2006.

---------- "Identidades compartidas en el sur de Bolivia: interacciones entre las poblaciones prehispánicas del valle de Cinti y las tierras bajas del sudeste", en Ventura Beatriz y Gabriela Ortiz (eds.), *La Mitad verde del mundo andino. Investigaciones arqueológicas en la vertiente oriental de los andes y las tierras bajas de Bolivia y Argentina*, Universidad Nacional de Jujuy, 2003.

RIVOLTA, María Clara, *Cambio social en la Quebrada de Humahuaca en tiempos prehispánicos (1100-1400 d.C.),* Instituto Interdisciplinario Tilcara, Facultad de Filosofia y Letras, Universidad de Buenos Aires, 2005.

ROCA, Andrea, *Objetos alheios, histórias compartilhadas. Os usos do tempo em um museu etnográfico*, Rio de Janeiro, MinC/ IPHAN/ DEMU, 2008.

ROJAS, Ricardo, *La Restauración Nacionalista. Informe sobre educación*, Buenos Aires, Ministerio de Justicia e Instrucción Pública, 1909.

---------- *Eurindia. Ensayo de Estética fundado en la experiencia histórica de las culturas americanas.* Buenos Aires, Losada, 1924.

---------- *Eurindia. Ensayo de Estética fundado en la experiencia histórica de las culturas americanas.* [1924], Buenos Aires, Centro Editor de América Latina, 1993.

---------- *Silabario de la decoración americana* [1º edición 1930], Buenos Aires, Losada, 1953.

ROMAIN, William F., *Mysteries of the Hopewell. Astronomers, Geometers, and Magicians of the Eastern Woodlands*, Akron, University of Akron Press, 2003.

ROSEN, Eric von, *Un mundo que se va,* San Miguel del Tucumán, Fundación Miguel Lillo-Instituto Miguel Lillo, Universidad Nacional del Tucumán, 1957.

ROSSI, Juan José, *Diseños nativos de la Argentina. Clásicos y actuales*, Buenos Aires, Galerna/Búsqueda de Ayllu, 2005, con CDRom.

RUIZ DE MONTOYA, Antonio, *Arte bocabulario, Tesoro y Catecismo de la Lengua Guarani*. Julio Platzmann (4 tomos), Leipzig, 1876.

---------- *La Conquista espiritual del Paraguay* [1640], Equipo Difusor de Estudios de Historia Iberoamericana, Rosario, 1989.

RUSSO, Alessandra, *El realismo circular, Tierras, espacios y paisajes de la cartografía novohispana, siglos XVI y XVII*, UNAM-IIE, México, 2005

---------- "On aesthetic condensation in the mexican colonial graffiti of Actopan, 1629. A tale of two bodies", en *Res, Anthropology and aesthetics 49/50*, 2006.

RYDEN, Stig, *Contributions to the archaeology of the Rio Loa region*, Göteborg, Elanders Boktrykeri Aktiebolag, 1944.

SACKETT, J. R., "The meaning of style in archaeology", en *American Antiquity 42*, 1977.

---------- "Style, function and assemblage variability: a reply to Binford", en *American Antiquity 51* n° 3, 1986.

SAID, Edward W., *Orientalismo* [1978], Madrid, Libertarias, 1990.

SANJINÉS C., Javier, Mestizaje cabeza abajo. La pedagogía al revés de Felipe Quispe, El Mallku, Walsh, Catherine, Freya Schiwy y Santiago Castro- Gómez (eds.), *Indisciplinar las ciencias sociales*, Universidad Andina Simón Bolívar, AbyaYala, Quito, 2002.

SAUNDERS, Joe and Th. ALLEN, "The Archaic Period", en *Louisiana Archaeology* N° 22, 1998.

SCHADEN, Egon, "Desenhos de indios Kayová-guarani", en *Revista de Antropología* 11, São Paulo, 1963.

SCHAPIRO, Meyer, *Modern Art*, New York, Braziller, 1979.

SCHIAFFINO, Eduardo, *La pintura y la escultura en la Argentina*, Buenos Aires, Ed. del autor, 1933.

SCHIWY, Freya, "Descolonizando el encuadre: video indígena en los Andes", en Schiwy, F. y N. Maldonado-Torres, *(Des)Colonialidad del ser y del saber*, Buenos Aires, Signo-Duke University, 2006.

SCOCCO, Graciela, "El despertar de la cerámica: trabajo, compromiso y renacimiento", en *VI Jornadas de Estudios e Investigaciones*, Instituto de Teoría e Historia del Arte Julio E. Payró, Buenos Aires. Facultad de Filosofía y Letras UBA), 2005.

SEPP, Antón, *Continuación de las labores apostólicas* [1701], Buenos Aires, EUDEBA, 1973.

SERRANO, Antonio [1958], *Manual de la Cerámica Indígena*. Córdoba, Assandri, 1966.

Sesiones Ordinarias de la Cámara de Diputados de la Nación, Comisión de Cultura, Orden del día N° 2691, 17 agosto de 2001.

SEVERI, Carlo, *Le Principe de la Chimère. Une anthropologie de la Mémoire*, Paris, Éditions Rue D'Ulm, 2007.

SILVERBERG, Robert, *The Mound Builders* [1970], Athens, Ohio University Press, 1986.

SMITH, Claire, *Country, Kin and Culture. Survival of an Australian Aboriginal Community*, Kent Town, Wakefield Press, 2004.

SONDEREGUER, CÉSAR, *Arquitectura precolombina*, Buenos Aires, Corregidor, Col. Amerindia Arte, 1998.

---------- *Arte cósmico amerindio*, Buenos Aires, Corregidor, Col. Amerindia Arte, 1999.

---------- *Amerindia, introducción a la etnohistoria y a las artes visuales precolombinas*, Buenos Aires, Corregidor, Col. Amerindia Arte, 1999.

SONDEREGUER, César y C. PUNTA, *Civilización amerindia, Tipología histórico plástica*, Buenos Aires, Corregidor, Amerindia Arte, 1998.

SPADAFORA, Ana M., "Ogwa, Basybüky, los antropólogos y los museos", disponible en www.museohernandez.org.ar, 3 de agosto de 2007.

SPADAFORA, Ana. M. y R. BAYARDO, "Ogwa: pintar el pasado para reinventar el futuro. Aproximaciones al arte de los chamacoco o ishir del Chaco Boreal Paraguayo", en *KAIRÓS, Revista de Temas Sociales*, Universidad Nacional de San Luis, Año 10 – N° 17, febrero 2006, disponible en http://www.revistakairos.org

STAGNARO, Adriana. A., "La antropología en la comunidad científica: entre el origen del hombre y la caza de cráneos- trofeo (1870-1919)", en *Alteridades* n° 6, México D.F., 1993.

STOVEL, Emily, *The importance of being atacameño: political identity and mortuary ceramics in northern Chile*, Tesis de Doctorado, Graduate School of Binghamton University, State University of New York, 2002.

SUSTERSIC, Darko, "Las artes plásticas y la música de las Misiones según el testimonio del friso de Trinidad", en *Actas de las VII Jornadas Internacionales sobre las Misiones jesuíticas*, Resistencia, Universidad Nacional del Nordeste, 1998.

---------- "Las Imágenes conquistadoras. Un nuevo lenguaje figurativo en las misiones del Paraguay", en *Suplemento Antropológico* XL (2), Asunción, MEAB, 2005.

TARRAGÓ, Myriam N., "Secuencias culturales de la etapa agroalfarera de San Pedro de Atacama (Chile)", en *XXXVII Congreso Internacional de Americanistas* (Mar del Plata 1966), Tomo II, Buenos Aires. 1968.

---------- Contribuciones al conocimiento arqueológico de los oasis de San Pedro de Atacama en relación con los otros pueblos puneños, en especial, el sector septentrional del valle calchaquí. Tesis doctoral, Universidad Nacional de Rosario, MS,1989.

THOMAS, Nicholas, *Entangled Objects: Exchange, Material Culture, and Colonialism in the Pacific*, Harvard University Press, Cambridge MA, 1991.

THROWER, Norman, *Maps and civilization. Cartography in Culture and Society* [1ª ed. 1977], Chicago and London, The University of Chicago Press, 1996.

TOGO, José, "Prospección arqueológica en el Departamento Santa Victoria, Pcia. de Salta", Actualidad Antropológica, *Suplemento de Etnía* 12, 1973.

TORRES GARCÍA, Joaquín, *Historia de mi vida*, Montevideo, ARCA, 2000.

---------- *Metafísica de la prehistoria indoamericana*, Montevideo, Asociación de Arte Constructivo, 1939.

TOWNSEND, Richard F. "Acknowledgements" en Townsend, R. F. y R. V. Sharp (eds.), *Hero, Hawk, and Open Hand. American Indian Art of the Ancient Midwest and South,* New Haven, Yale University Press, 2004.

---------- "American Landscapes, Seen and Unseen" en Townsend, R. F. y R. V. Sharp, eds. *Hero, Hawk, and Open Hand. American Indian Art of the Ancient Midwest and South,* New Haven, Yale University Press, 2004.

TOWNSEND, Richard F. y R. V. SHARP, eds. *Hero, Hawk, and Open Hand. American Indian Art of the Ancient Midwest and South*, New Haven, Yale University Press, 2004.

TRELLES, Manuel R., "Único ejemplar. Traducción al guaraní de una obra de Nieremberg", en *Revista Patriótica del Pasado Argentino*, Tomo IV, Buenos Aires, Imprenta Europea, 1890.

URIBE, Mauricio, "La alfarería Caspana en relación a la prehistoria tardía de la subárea circumpuneña", en *Estudios Atacameños* 14, San Pedro de Atacama, 1997.

---------- *Alfarería, arqueología y metodología. Aportes y proyecciones de los estudios cerámicos del norte grande de Chile.* Tesis para optar al Grado de Magíster en Arqueología, Santiago de Chile, Universidad de Chile, 2004.

VENTURA, Beatriz, "Los últimos mil años en la arqueología de las yungas", en Berberian, Eduardo y A. Nielsen, *Historia Argentina Prehispánica*, Tomo I, Córdoba, Ed Brujas, 2001.

Viva o povo brasileiro. Artesanato e arte popular, catálogo de la exposición realizada en el Museo de Arte Moderno, Río de Janeiro, 1992.

VIVEIROS DE CASTRO, Eduardo, *A inconstancia da alma selvagem*, São Paulo, Cosac & Naify, 2002.

WARNIER, Jean Pierre, "A Praxeological Approach to Subjectivation in a Material World", en *Journal of Material Culture* 6 (1), London, University College, 2001.

WEINER, James F., *The Lost Drum: The Myth of Sexuality in Papua New Guinea and Beyond,* Madison, University of Wisconsin Press, 1995.

---------- "Too many meanings: a critique of the anthropology of aesthetics". *Social Analysis* (special issue) 38:18-311, 1995.

---------- 'The Community as a Work of Art", en *Tree Leaf Talk*, Oxford, Berg, 2002.

---------- "On Televisualist Anthropology: Representation, Aesthetics, Politics", en *Tree Leaf Talk*, Oxford, Berg, , 2002.

WIESSNER, Pauline, "Is there a unity to style?", en Conkey, M. y C. Hastdorf, *The Uses of style in archaeology. New direction in Archaeology*, Cambridge University Press, 1990.

WILDE, Guillermo, "Orden y ambigüedad en la formación territorial del Río de la Plata a fines del siglo XVIII", en *Horizontes Antropológicos* 19, Porto Alegre, PPGAS-URGRS, 2003a.

---------- "Poderes del ritual y rituales del poder: un análisis de las celebraciones en los pueblos jesuíticos de guaraníes", en *Revista Española de Antropología Americana* 33, Madrid, Universidad Complutense, 2003b.

---------- "Toward a political Anthropology of Mission Sound: Paraguay in the 17th and 18th Centuries", en *Music & Politics* II, Santa Barbara, University of California, 2007.

---------- "El enigma sonoro de Trinidad: ensayo de etnomusicología histórica , en *Revista Resonancias*, Santiago de Chile, 2008.

WOBST, H. M., "Stylistic behavior and information exchange", en Cleland, C. E., *For the Director: Research Essays in Honor of James Griffin*, Museum of Anthropology, Anthropological Paper 61, Ann Arbor, University of Michigan, 1977.

WRIGHT, Pablo G., "Cinco discursos y un mismo árbol. Problemas de iconografía y hermenéutica antropológica, en *Anthropologica"*, Lima, Pontificia Universidad Católica del Perú, vol. 13, 1995.

---------- *Ser-en-el-sueño. Crónicas de historia y vida toba*, Buenos Aires, Editorial

Biblos/ Culturalia, 2008.

Páginas web

Artfactsnet, international gallery guide for modern, contemporary and emerging art, http://www.artfacts.net/index.php/pageType/artistInfo/artist/110194/lang/1

Asociación Amigos del Museo Nacional de Bellas Artes: www.aamnba.com.ar/esp_mnba_precol.htm

Museo de La Plata: www.fcnym.unlp.edu.ar

Museo de Motivos Populares José Hernández , www.museohernandez.org.ar

Museo Etnográfico: www.museoetnografico.filo.uba.ar/Museo Nacional de Bellas Artes: www.mnba.org.ar

Las coordinadoras

María Alba Bovisio: Doctora en Historia y Teoría de las Artes por la Facultad de Filosofía y Letras de la Universidad de Buenos Aires, docente e investigadora en la cátedra de Arte Precolombino de esa institución, y Profesora Titular de la asignatura Arte Amerindio Prehispánico en la Maestría en Historia del Arte del IDAES. Es autora del libro *Algo más sobre una vieja cuestión: "arte" vs. "artesanía"* (2002) y participó de los volúmenes: *La artesanía urbana como patrimonio cultural.* (2004) y *Encuentro itinerarios y rutas culturales. El patrimonio desde una mirada integral* (2005). Su tesis, titulada "De imágenes y misterios: el problema de la interpretación del "arte" prehispánico", busca aportar una reflexión teórica y metodológica sobre el tema desde la perspectiva de la historia cultural del arte.

Marta Penhos: Doctora en Historia y Teoría de las Artes por la Facultad de Filosofía y Letras de la Universidad de Buenos Aires, y Profesora Adjunta en la cátedra de Historia del Arte Americano I (colonial) en esa institución. Dicta además otros cursos de grado y posgrado sobre historiografía del arte americano y relaciones entre arte y antropología en universidades y museos del país y el exterior. Es autora del libro *Ver, conocer, dominar. Imágenes de Sudamérica a fines del siglo XVIII* (2005). Su ensayo "Frente y perfil. Fotografía y prácticas antropológicas y criminológicas en Argentina a fines del siglo XIX y principios del XX" obtuvo el VIII Premio Fundación Telefónica en la Historia de las Artes Plásticas (2004) y fue publicado en el volumen *Arte y Antropología en la Argentina* (2005). Fue curadora de la muestra "Mirar, saber, dominar. Imágenes de viajeros en la Argentina" en el Museo Nacional de Bellas Artes de Buenos Aires (2007).

Los autores

Florencia Ávila: Licenciada en Ciencias Antropológicas de la Universidad de Buenos Aires, doctoranda en Arqueología de la misma Universidad, y becaria del CONICET. Sus investigaciones versan sobre las elecciones estéticas llevadas a cabo por poblaciones circumpuneñas del sur andino que vivieron entre los siglos XI a XVI. Estos trabajos abarcan tareas arqueológicas, etnográficas y etnoarqueológicas en poblaciones de las actuales regiones del sur de Bolivia y norte de la provincia de Jujuy, Argentina. Los resultados de los mismos han sido publicados en revistas de la especialidad y presentados en diversas reuniones científicas del país y el exterior. Entre sus artículos más recientes se destacan "Interactuando desde el estilo. Variaciones en la circulación espacial y temporal del estilo alfarero yavi" (2008), y "Un universo de formas, colores y pinturas. Caracterización del estilo alfarero yavi de la Puna nororiental de Jujuy" (2009).

Lucila Bugallo: estudió Sociología y Antropología en la Universidad de Ciencias Humanas de Estrasburgo (Francia), y luego realizó su DEA en la Escuela de Altos Estudios en Ciencias Sociales de París. Es profesora en el Instituto de Formación Docente de Tilcara, en la provincia de Jujuy (Argentina). Actualmente se encuentra en curso su tesis de doctorado sobre la relación de las poblaciones puneñas con la naturaleza, así como una especialización en pedagogía en la Universidad Nacional de Jujuy. Desde 1998 trabaja en la región andina jujeña sobre diversos temas relacionados con la antropología económica, en particular los rituales de producción, sobre los que ha publicado varios artículos. Entre 2007 y 2009 fue directora académica del *Postítulo en Interculturalidad y Bilingüismo* del Instituto de La Quiaca-Abra Pampa.

Ticio Escobar: Curador, crítico de arte y promotor cultural. Director del Museo de Arte Indígena, Centro de Artes Visuales, Asunción. Presidente del Capítulo Paraguayo de la Asociación Internacional de Críticos de Arte. Miembro del Claustro del Doctorado en Filosofía, Mención en Estética y Teoría del Arte de la Universidad de Chile. Actualmente se desempeña como Ministro de Cultura del Paraguay y Curador General de la Trienal de Chile. Ha sido distinguido con la Llave de Oro de la Ciudad de la Habana, el nombramiento de profesor *honoris causa* del Instituto Universitario Nacional de Arte de Buenos Aires, el Premio Prince Claus, de Holanda, la Beca Guggenheim , el Premio *Bartolomé de las Casas* otorgado *ex aequo* por Casa de América, Madrid y condecoraciones de los gobiernos de Argentina, Francia y Brasil. Algunos de sus libros: *La belleza de los otros* (1993); *El arte en los tiempos globales* (1997); *La maldición de Nemur* (1999); y *El arte fuera de sí* (2004).

Alejandro Haber es Profesor Titular de la Universidad Nacional de Catamarca e Investigador Independiente del CONICET, San Fernando del Valle de Catamarca, Argentina. Ha estado investigando los supuestos teóricos y metodológicos de la disciplina arqueológica desde la sociología, la historia y la filosofía de la arqueología. Se especializa regionalmente en los Andes centro-meridionales, y ha realizado investigación en la misma área durante décadas. Está particularmente interesado en desafiar los supuestos occidentales codificados dentro de la disciplina arqueológica al tiempo que en desarrollar conversaciones con epistemes locales y quechua-aymarás, en, el contexto poscolonial de la expansión de la frontera. Es co-editor de Arqueología Suramericana/Arqueología Sul-Americana, publicada en América del Sur en castellano y portugués. Sus libres recientes incluyen Hacia una Arqueología de las Arqueologías \ Sudamericanas (2004) y Domesticidad e Interacción en los Andes Meridionales (2008). Es responsable de la Serie ínter/Cultura = Memoria + Patrimonio de la Colección Con Textos Humanos del Doctorado en Ciencias Humanas de la Universidad Nacional de Catamarca, donde también es docente.

María Hellemeyer: Licenciada en Antropología Social y Becaria de Doctorado de la Facultad de Filosofía y Letras (UBA). Es Profesora Titular de la Cátedra de Arte y Percepción Visual de la Universidad del Cine. En su investigación doctoral se centra en el estudio de la cultura visual desde un enfoque interdisciplinario entre arte y antropología. Trabaja con niños en comunidades indígenas mocovíes de la provincia de Santa Fe, con quienes ha realizado numerosos talleres de plástica. Se desempeña como directora de arte en largometrajes y cortometrajes. Desde los últimos años se interesa por el desarrollo teórico y estético en distintas áreas, llevando a cabo obras plásticas con las que participó de muestras individuales y grupales.

Gustavo Verdesio: Associate Professor del Departamento de Romance Languages and Literatures y del Programa de American Culture en la University of Michigan. Da clases sobre la época colonial en América Latina, sociedades indígenas precolombinas y cultura popular. Una versión corregida y aumentada de su libro *La invención del Uruguay* (1996) ha aparecido como *Forgotten Conquests* (2001). Es coeditor (junto a Alvaro F. Bolaños) del libro *Colonialism Past and Present* (2002). Ha editado un número de la revista *Dispositio/n* (#52, 2005) dedicado a la evaluación del legado del grupo latinoamericano de estudios subalternos (*Latin American Subaltern Studies Group*). Sus artículos han aparecido en diversas revistas especializadas tanto de literatura y estudios culturales como de arqueología: *Trabajos de Arqueologia del Paisaje, Arqueología Suramericana, Bulletin of Hispanic Studies, Revista de Estudios Hispánicos,* y *Revista Iberoamericana,* entre muchos otros.

Guillermo Wilde: Doctor en Antropología Social de la Universidad de Buenos Aires, Investigador del Consejo Nacional de Investigaciones Científicas y Técnicas (CONICET) y profesor asociado en el Instituto de Altos Estudios Sociales de la Universidad Nacional de San Martín. Ha publicado numerosos artículos sobre etnohistoria de las misiones jesuíticas y etnografía de los guaraníes contemporáneos, además de ensayos sobre antropología histórica y estética. Es autor del libro *Religión y poder en las Misiones de Guaraníes* (2009) y, en colaboración con Pablo Schamber, ha organizado una trilogía sobre la antropología sociocultural argentina actual: *Historia, poder y discursos* (2005), *Simbolismo, ritual y performance* (2006) y *Culturas, comunidades y procesos urbanos contemporáneos* (2006). En 2008 recibió el Premio Latinoamericano de Musicología "Samuel Claro Valdés" (Pontificia Universidad Católica de Chile).

Pablo Wright: Doctor en Antropología por Temple University (Filadelfia, EEUU), Profesor Titular Regular en la cátedra Antropología Sistemática III (sistemas simbólicos) en la Carrera de Ciencias Antropológicas (FFyL-UBA); Investigador Principal del CONICET en el Instituto de Ciencias Antropológicas de esa institución. Asimismo es docente en la

Diplomatura y Maestría en Antropología Social y Política de FLACSO-Argentina y en la Maestría en Antropología Social de IDES-IDAES. Se dedica al estudio de los símbolos y la acción social en diferentes contextos (religiones, rituales, mitologías, conducta vial), y sobre teoría y metodología de la etnografía. Desarrolla investigaciones etnográficas en grupos tobas de la región chaqueña. Es autor del libro *Ser-en-el-sueño. Crónicas de historia y vida toba* (2008) y de numerosos capítulos de libros y artículos en publicaciones periódicas en la Argentina y el extranjero.

Reimpreso por Editorial Brujas en marzo de 2019 Córdoba - Argentina